Arthur Conan Doyle

»Heute dreimal ins Polarmeer gefallen«

Tagebuch einer arktischen Reise

Herausgegeben
von Jon Lellenberg und
Daniel Stashower

Aus dem Englischen
übersetzt und erweitert von
Alexander Pechmann

btb

»ICH WURDE ERWACHSEN AUF 80 GRAD NÖRDLICHER BREITE«

Einleitung von Jon Lellenberg und Daniel Stashower

An einem Nachmittag im März 1880 beschloss ein junger Medizinstudent namens Arthur Conan Doyle spontan, sein Studium zu unterbrechen und als Schiffsarzt auf einem Arktis-Walfänger anzuheuern. Die sechs Monate dauernde Reise führte ihn in unbekannte Regionen, bot ihm ungeahnte Erlebnisse und Erfahrungen und konfrontierte ihn mit einem so gefährlichen wie blutigen Handwerk auf den Eisschollen des Polarmeeres. Er arbeitete härter und unter schwierigeren Bedingungen als je zuvor, diskutierte mit seinen Schiffskameraden über Philosophie und Religion, und er entkam mehr als einmal um Haaresbreite dem Tod. Die Reise erwies sich, in seinen eigenen Worten, »als das erste außergewöhnliche Abenteuer meines Lebens«.

»Es ergab sich folgendermaßen«, erklärte er Jahre später in seiner Autobiografie *Memories and Adventures*:

> »An einem nasskalten Nachmittag in Edinburgh, als ich gerade fleißig für eine jener Prüfungen las, die das Leben eines Medizinstudenten überschatten, besuchte mich ein gewisser Currie, ein Kommilitone, den ich nur flüchtig kennengelernt hatte. Die ungeheuerliche Frage, die er mir stellte, ließ mich alle Gedanken an meine Studien vergessen.
> ›Würden Sie gern nächste Woche zu einer Walfangreise aufbrechen?‹, fragte er. ›Sie reisen als Bordarzt mit und verdienen dabei zwei Pfund zehn im Monat plus drei Shilling pro Tonne Öl.‹

›Wieso glauben Sie, dass man mich anheuern würde?‹, erwiderte ich natürlich.

›Weil es mein Posten ist. Mir ist im letzten Moment etwas dazwischengekommen, und nun suche ich einen Ersatzmann.‹

›Aber woher bekomme ich eine Ausrüstung für die Arktis?‹

›Nehmen Sie meine.‹

Die Sache war im Nu geregelt, und binnen weniger Minuten schlug mein Leben einen neuen Kurs ein.«[1]

Conan Doyle war zu diesem Zeitpunkt erst zwanzig und studierte im dritten Jahr Medizin an der Universität Edinburgh. »Was meine akademische Laufbahn im Allgemeinen betrifft«, erinnerte er sich später, »so war ich stets durchschnittlich, ohne zurückzuliegen oder den anderen voraus zu sein – die Prüfungen schaffte ich zu sechzig Prozent.« Seine typisch bescheidene Bemerkung verharmloste etliche Mühen und unter schwierigen Bedingungen erlangte Erfolge. In späteren Jahren erzählte er mit der für ihn charakteristischen Heiterkeit oft, er sei »in der rauen und belebenden Luft der Armut« herangewachsen, doch übertünchte diese Bemerkung beträchtliche familiäre Probleme und Strapazen, hatten die Doyles doch mindestens fünfmal den Wohnort gewechselt, ehe Arthur zehn war. Obwohl es sich um eine vornehme Armut handelte, litt sein Vater Charles Doyle jahrelang unter Krankheit und Trunksucht, bis sein Einkommen als Architekturzeichner im Alter von nur 44 Jahren versiegte.

Irgendwie gelang es, das Geld aufzutreiben, um dem jungen Arthur eine erstklassige Ausbildung in Stonyhurst, einem namhaften Internat der Jesuiten in England, zu ermöglichen, und nach dem Schulabschluss fühlte er sich verpflichtet, einige der Verantwortlichkeiten seines Vaters zu übernehmen und zum Auskommen der großen Fami-

1 »Whaling in the Arctic Ocean«, *Memories and Adventures* (London: Hodder & Stoughton, 1924), Kapitel 4, wird des Weiteren in dieser Einleitung ohne Referenz zitiert.

lie beizutragen. »Womöglich haben mir die harten Zeiten gutgetan«, schrieb er, »denn ich war wild, leidenschaftlich und ein wenig leichtsinnig, doch die Situation verlangte Energie und Tatkraft, sodass man unweigerlich versuchen musste, ihr gerecht zu werden. Meine Mutter war so wundervoll, dass wir sie nicht enttäuschen durften. Vermutlich wurde hauptsächlich deswegen beschlossen, dass ich Arzt werden sollte, weil Edinburgh ein so berühmtes Zentrum der medizinischen Forschung war.«

Inzwischen waren die ersten Samen der Sherlock-Holmes-Geschichten gesät. Im Knabenalter hatte Conan Doyle Edgar Allan Poe entdeckt, »den besten Kurzgeschichtenautor aller Zeiten«, und gelegentlich zog der Junge »unseren kleinen Familienkreis in den Bann«, indem er Poes Erzählungen laut vorlas. An der Universität von Edinburgh konnte er sich glücklich schätzen, Dr. Joseph Bell als Assistent dienen zu dürfen, einem Arzt, dessen Beobachtungsgabe und analytische Fähigkeiten verblüffend waren. Bell konnte oft nicht nur auf den ersten Blick erkennen, unter welcher Krankheit ein Patient litt, sondern auch zahlreiche Details über seinen Hintergrund und Beruf ermitteln. »Einem Publikum aus Watsons«, scherzte Conan Doyle Jahre später, »erschien das alles als reinste Magie, bis man es ihm schließlich erklärte, und dann war es eigentlich ganz einfach.« Der künftige Schöpfer von Sherlock Holmes hatte bereits mit zwanzig Jahren eine Kriminalgeschichte veröffentlicht und war damals begeistert, drei Guineen dafür zu erhalten, wo er doch oft aufs Mittagessen verzichtete, um sich ein antiquarisches Buch für zwei Pence leisten zu können.

Conan Doyles Entschluss, auf einer Walfangreise in die Arktis anzuheuern, mag zwar seiner fleißigen und sparsamen Mutter unüberlegt und waghalsig erschienen sein, doch ergab sich dadurch für ihn eine Reihe von seltenen Möglichkeiten. Er sollte seine wachsende Abenteuerlust befriedigen können und auch noch dafür bezahlt werden. Gleichzeitig würden ihm die sechs Monate an Bord eines Schiffes die Chance bieten, seine zunehmenden schriftstellerischen Ambitionen zu pflegen. Bevor Conan Doyle nach Peterhead aufbrach, dem schottischen Hafen, wo er den Walfänger *Hope* antreffen würde, ergänzte er Claud Curries Seemannsausrüstung um einige Bände Poesie, Philosophie und Literatur sowie Notizbücher, in denen er seine Reiseeindrücke festhalten wollte.[2] Diese sollten bald die ungemein persönliche Chronik eines jungen Mannes bilden, der sich selbst wie nie zuvor auf die Probe stellte.

Leider begann er erst kurz bevor die *Hope* aus Petershead auslief, seine Eindrücke aufzuzeichnen, würde man doch auch gern etwas über die ereignisreichen Tage davor erfahren. Wahrscheinlich wäre es unterhaltsam zu lesen, wie Conan Doyles schwer arbeitende Mutter auf den Einfall ihres zwanzigjährigen Sohnes reagierte, sein Medizinstudium für eine gefährliche Vergnügungsfahrt zu unterbrechen. »Kaum jemand hat eine Vorstellung davon, welchen Gefahren Walfänger in der Arktis ausgeliefert sind«, schrieb der Naturforscher Francis Buckland 1876. »Ihre Arbeit ist äußerst gefahrvoll.« Gelegentlich müssten ihre Schiffe sogar als Rammböcke herhalten, schrieb er weiter, um mittels schierer Gewalt »eine Fahrrinne zu sprengen«, da das Eis sie sonst »in ein fürchterliches Gefängnis zwängen und sie all den Schrecken des arktischen Winters aussetzen« würde.[3]

Ebenso interessant wären Conan Doyles erste Eindrücke von Kapitän und Crew der *Hope* und von dem Arktis-Walfänger selbst, der die nächsten sieben Monate sein Zuhause sein sollte. Die *Hope* war 1873 von Alexander Hall & Co. in Aberdeen gebaut worden.[4] 1882 wurde

2 Conan Doyles Aufzeichnungen bestehen aus zwei Notizbüchern mit annähernd 25000 Worten plus siebzig ergänzenden Bleistift- und Tintenskizzen, einige davon handkoloriert, die die Reise der *Hope* vom 28. Februar bis zum 11. August 1880 schildern. In vorliegender Ausgabe wurde der transkribierte Text um zwei Briefe ergänzt, die Conan Doyle während seiner Expedition schrieb; der erste stammt aus Lerwick, Hauptstadt der Shetlandinseln, der zweite wurde auf See verfasst und einem vorbeisegelnden Schiff mitgegeben.

3 Francis Trevelyan Buckland, *Log-Book of a Fisherman and Zoologist* (London: Chapman & Hall, 1876), S. 290.

sie für eine gefährliche Rettungsmission in der Arktis ausgewählt, da sie »in jeder Hinsicht für die Aufgaben der Expedition geeignet war. Solide gebaut, an der Wasserlinie doppelt beplankt, innen mit Eisenrahmen verstärkt und am Bug mit Eisen beschlagen, hatte sie sogar unter Walfängern den Ruf, ein Schiff zu sein, das mit schwerem Eis außergewöhnlich gut zurechtkam, und diejenigen, die auf ihr segelten, waren vollkommen davon überzeugt, dass sie für diesen Zweck das bestmögliche Schiff war.«[5]

Die Crew zählte, wie Conan Doyle erwähnt, 56 Mann. Die Mannschaftsliste ist nicht erhalten, doch auf einem vergleichbaren Walfänger, der *Arctic* aus Dundee, segelten ebenfalls 56 Personen: der Kapitän, Erster und Zweiter Offizier (die auch als Harpuniere dienten), ein Schiffsarzt, ein Steward, ein Erster und ein Zweiter Maschinist und ein Schmied, drei Heizer, ein Zimmermann und ein Zimmermannsmaat, ein »Flenser«, der das Schneiden des Walspecks beaufsichtigte (und selbst als Harpunier diente), zwei »feste« oder Meisterharpuniere und zwei »lose« Harpuniere, die ihr Handwerk noch lernten, ein Küfer, der ebenfalls als Harpunier diente, acht Leinenführer (deren Fähigkeit, die Leinen aufzurollen, über Leben und Tod entscheiden konnte), sechs Bootsführer für die Langboote, ein Bootsmann, ein »Stauer«, der sich um das Einlagern des Walspecks in den Schiffstanks kümmerte (beide arbeiteten auch als Bootsführer), ein Schiffslieger, ein Koch und ein Kochsmaat, zehn Vollmatrosen, fünf Leichtmatrosen und drei Kajütenjungen.[6] Die Crew der *Hope* bestand zu ungefähr gleichen Teilen aus Männern aus Peterhead und von den Shetlandinseln.

4 Verschiedene Quellen geben die Maße der *Hope* mit 13,85 Meter Länge, 8,79 Meter Breite und 5,18 Meter Höhe an, doch muss dies ein Irrtum sein, da britische Walfangschiffe in jener Zeit circa 30 bis 36 Meter lang waren.

5 »Experiences of a Naval Officer in Search of the Eira«, *Blackwood's Magazine*, November 1882, S. 599.

6 Albert Hastings Markham, *A Whaling Cruise to Baffin's Bay and the Gulf of Boothnia* (London: Sampson Low, 1874), S. 11.

Die *Hope* war maßgefertigt worden für Kapitän John Gray aus Peterhead, der zum Zeitpunkt der Reise fünfzig Jahre alt war. »Ich sehe ihn noch genau vor mir«, erinnerte sich Conan Doyle Jahre später, »sein gerötetes Gesicht, sein angegrautes Haupt- und Barthaar, seine sehr hellblauen Augen, die stets in die Ferne blickten, und seine aufrechte, muskulöse Gestalt. Wortkarg, sardonisch, gelegentlich streng, aber tief im Herzen immer ein guter, gerechter Mann.« John Gray und seine älteren und jüngeren Brüder David und Alexander stammten aus einer Walfängerfamilie aus Peterhead, die drei Generationen zurückreichte. Die »unbesiegbaren Grays« waren Stützpfeiler einer Industrie, die in den mittleren Jahrzehnten des Jahrhunderts ihren Höhepunkt erreicht hatte und nun, auch angesichts der Sorge über schwindende Walpopulationen, allmählich auslief. Die Grays reagierten auf die Herausforderung, indem sie über fortschrittliche Schutzmaßnahmen nachdachten und gleichzeitig ihre Schiffe, ergänzend zu den Segeln, mit Dampfmaschinen ausrüsteten, um weiter in die arktischen Gewässer vordringen zu können. 1880 hatten die Jahre des Niedergangs der Industrie bereits begonnen, doch der Walfang in Peterhead, schrieb ein Lokalhistoriker, »hatte dank der Hartnäckigkeit der Grays länger Bestand, als er es unter anderen Umständen gehabt hätte. Auch ist es wohl so, dass der Walfang letztlich nicht aufgrund der absterbenden Industrie endete, sondern weil die physische Kraft der Grays versiegte.«[7]

Das traurige Ende lag noch in ferner Zukunft, als Gray und seine Mannschaft sich 1880 auf ihre Reise vorbereiteten. Conan Doyle schloss den Kapitän sofort ins Herz, der bis zu ihrer ersten Begegnung vielleicht gar nicht wusste, dass sein neuer Arzt nicht der Mann war, den er eigentlich erwartet hatte. »Ich fand bald heraus«, schrieb Conan Doyle später, »dass die wichtigste Pflicht des Schiffsarztes darin bestand, dem Kapitän Gesellschaft zu leisten, der, so wollen es die Bräuche des Gewerbes, von allem außer sehr kurzen und techni-

7 Alexander R. Buchan, *The Peterhead Whaling Trade* (Peterhead: Buchan Field Club, 1999), S. 52.

schen Gesprächen mit seinen anderen Offizieren ausgeschlossen ist. Es wäre für mich unerträglich gewesen, wenn der Kapitän ein übler Bursche gewesen wäre, aber John Gray von der *Hope* war wirklich ein vortrefflicher Mann, ein großartiger Seemann und ein ernsthafter Schotte, sodass er und ich eine Kameradschaft schlossen, die während unserer langen Zweisamkeit nie beeinträchtigt wurde.«

Obwohl Conan Doyle sich nur kurze Zeit in Peterhead aufhielt, begriff er, wie sehr die Hoffnungen der Stadt auf dem Erfolg ihrer dezimierten Walfangflotte ruhten. Ein Artikel, der 1902 in der Edinburgher Tageszeitung *The Scotsman* erschien, bot einen wehmütigen Rückblick auf die »ruhmreichen Zeiten einer großen Industrie«:

> »Manche der heutigen Stadtbewohner können sich noch gut an die Zeit erinnern, als nicht weniger als 31 Schiffe den Hafen verließen, um auf Walfang zu gehen, und zahlreiche der Kaufleute viel Geld mit der Fracht verdienten, die diese Schiffe immer wieder heimbrachten. Dies waren, wie man sich nur zu gut vorstellen kann, herrliche Zeiten für die Bürger von Peterhead. In den Vierziger- und Fünfzigerjahren des vergangenen Jahrhunderts gab es nur wenige unter ihnen, die nicht auf die eine oder andere Weise mit der Industrie verbunden waren, ob als Reeder von Walfangschiffen, als Crewmitglied oder in den Transiedereien, wo der ›Blubber‹ oder Walspeck zu einer verkäuflichen Ware verarbeitet wurde. In den ersten Wochen des Frühlings pflegten regelrechte Scharen von Stadtleuten die Flotte zu verabschieden, sobald diese sich auf ihre Reise nach Norden begab; gegen Ende des Sommers wartete man sehnsüchtig auf Nachrichten über den Verlauf der Fangsaison, und wenn das sturmgebeutelte Schiff schließlich schwer beladen in den Hafen heimkehrte, so wie es damals häufig der Fall war, herrschten große Freude und Jubel.«[8]

8 »The Peterhead Whalers«, *The Scotsman* (Edinburgh), 19. November 1902.

Eine Studie über die britische Walfangindustrie hat ausgerechnet, dass während der drei Jahrzehnte ihres Bestehens mindestens 6000 Schiffe aus 35 Häfen in die Arktis ausliefen, entweder ins »Grönlandgebiet« – die Gewässer zwischen der Ostküste Grönlands und Norwegen, bis Spitzbergen – oder zur Davisstraße, westlich von Grönland, einschließlich der Hudson Bay und der Baffin Bay. Die *Hope* arbeitete im Grönlandgebiet, zunächst in den Sattelrobbenkolonien vor der Insel Jan Mayen, nördlich von Island, und dann weiter nördlich, in den Walfanggründen. »Die wichtigste Beute war der Grönlandwal, auch Grönland-Nordkaper oder ›Bowhead‹, *Balaena mysticetus* … ebenfalls gejagt wurden der Weißwal *Delphinapterus leucas*, der Narwal *Monodon monoceros*, der Nördliche Entenwal oder Dögling *Hyperoodon ampullatus*, das Walross *Odobenus rosmarus* sowie verschiedene Robbenarten.«[9] Walfänger verbrachten jedes Jahr zwischen sechs und sieben Monate auf hoher See, und vom Knabenalter bis zur Rente oder zum Tod im Meer erlebte keiner von ihnen je auch nur einen normalen Sommer unterhalb des nördlichen Polarkreises.

Als Conan Doyle auf dem Achterdeck der *Hope* stand, während die Flotte 1880 in See stach, wurde er von den Festivitäten und alten Bräuchen mitgerissen. »In meinem Logbuch lese ich, dass wir am 28. Februar um 2 Uhr nachmittags unter dem Jubel einer großen Menschenmenge aus Peterhead ausliefen«, schrieb er später.[10] Die Lebens-

9 Sidney Brown, Arthur Credlund, Ann Savours und Bernard Stonehouse, »British Arctic Whaling Logbooks and Journals: a Provisional Listing«, *Polar Record*, Januar 2008, S. 311 f.

10 Tatsächlich hätte Conan Doyle entweder sein persönliches Tagebuch zitieren können, das er sein Logbuch nannte, oder das offizielle Schiffslogbuch, das ihm ebenfalls vorlag. Der Bordarzt eines Walfängers »wurde oft von seinem Kapitän gebeten, das Logbuch auf dem neuesten Stand zu halten«, schreibt Buchan in *The Peterhead Whaling Trade*, S. 56, und dies war auch bei Conan Doyle der Fall. Das Logbuch der *Hope* ist seit 1937 verschollen, seitdem Basil Lubbock 1937 in *The Arctic Whalers* (Glasgow: Brown, Son & Ferguson Ltd.) schrieb, es sei »in Conan Doyles sauberer Handschrift« geschrieben. Lubbock zitierte den Eintrag vom 4. August, der wesentlich sachlicher ist als jener in Conan Doyles Notizbucheintrag desselben Tages, wie wir noch sehen werden.

wirklichkeit auf hoher See machte sich früh genug bemerkbar. Als die *Hope* auf Nordkurs Lerwick ansteuerte, den wichtigsten Hafen der Shetlands, segelte sie in schlechtes Wetter und bedrohliche Stürme. »Wir erreichten den Hafen von Lerwick, kurz bevor der Orkan mit ganzer Gewalt losbrach«, erinnerte sich Conan Doyle in seiner Autobiografie. »Der Sturm war so heftig, dass er uns in eine gefährliche Schieflage brachte, obwohl die Segel gerefft waren und wir an einer halbwegs windgeschützten Stelle ankerten. Wenn er uns ein paar Stunden früher erwischt hätte, hätten wir gewiss unsere Boote verloren – und die Boote bedeuten für den Walfänger alles.«

Es sollte länger als eine Woche dauern, bis sich das Wetter ausreichend beruhigte. Während dieser Zeit erhielt Conan Doyle die eine oder andere Kostprobe von der Abgeschiedenheit der Shetland-Bewohner auf ihrer entlegenen Inselgruppe. »Ich sprach dort mit einem alten Mann, der mich nach Neuigkeiten fragte«, notierte er. »Ich sagte, ›Die Tay-Brücke ist eingestürzt‹, was damals schon ein ziemlich alter Hut war. Er antwortete: ›Wie? Man hat eine Brücke über den Tay gebaut?‹« Conan Doyle konnte Lerwick nicht viel abgewinnen, doch tatsächlich war die Stadt während der elf Tage, die er dort Anfang März verbrachte, so geschäftig und ausgelassen wie nie zuvor in der längst vergangenen Ära der schottischen Walfangflotte. 1923 stellte ein Stadthistoriker folgende Frage:

> »Wie viele können sich noch an die Tage erinnern, als der Hafen Anfang Februar und März von der Flotte der Grönlandwalfänger geziert wurde, viele von ihnen schmucke Schiffe – Briggs, Barken, Barkschoner, die meisten dreimastig; Dampfer wie Segler, einige von ihnen mit aufgemalten Stückpforten, damit sie wie Kriegsschiffe aussahen; ihre Fahnen flatterten im Wind, ihre springlebendigen Crews an Land, wo sie in Höchstgeschwindigkeit für kurze Zeit noch lebhafter wurden und kurz darauf halb tot waren; als die Stadt voller Männer vom

Land war, die anheuern wollten, um in See zu stechen; als die Schifffahrtsbüros Tag und Nacht belagert wurden und mit Männern vollgestopft waren, die, wenn sie schließlich angeheuert hatten, mit all den notwendigen Ausrüstungsgegenständen für die Polarfahrt versorgt wurden?«[11]

Bis zum 11. März hatte das schlechte Wetter sich beruhigt, und als die *Hope* Lerwick verließ, um wieder auf Nordkurs zu gehen, begann Conan Doyles eigentliche Arbeit als Schiffsarzt. »Da meine Medizinkenntnisse denen eines durchschnittlichen Studenten im dritten Studienjahr entsprachen«, schrieb er später, »dachte ich oft, wie gut es war, dass meine Dienste nicht wirklich ernsthaft in Anspruch genommen wurden.«[12] Diese unbeschwerte Erinnerung aus späteren Jahren übergeht jedoch einen traurigen Meilenstein seiner Arztkarriere: den ersten Tod eines seiner Patienten durch eine Darmerkrankung, die der junge Medikus auf hoher See nicht wirksam behandeln konnte.

Conan Doyle hatte bereits Wunden versorgt, die er eigenhändig verursacht hatte: »In meinen Studententagen vertrieb ich mir die Zeit am liebsten mit Boxen«, erinnerte er sich, »denn ich hatte festgestellt, dass man, wenn man viel lesen muss, dadurch mehr Körperertüchtigung in kürzerer Zeit schafft als bei jeder anderen Sportart. Deshalb hatte ich ein Paar verbeulter und abgewetzter Boxhandschuhe in meinem Gepäck. Nun stellte sich zufällig heraus, dass der Steward ein wenig Boxerfahrung besaß; als ich also meine Sachen ausgepackt hatte, griff er aus eigenem Antrieb nach den Handschuhen und schlug vor, an Ort und Stelle einen Kampf zu wagen.«

Der Steward war ein stahlharter Bursche, der zu einem von Conan Doyles liebsten Schiffskameraden wurde. »Ich sehe ihn noch genau

11 Thomas Manson, *Lerwick During the Last Half Century* (Lerwick: T. & J. Manson, *Shetland News* Offices, 1923), S. 141.

12 »Life on a Greenland Whaler«, *The Strand Magazine*, Januar 1897 (siehe Anhang).

vor mir«, schrieb er in seinen Memoiren, »blauäugig, blonder Bart, klein, aber mit breiter Brust und den Säbelbeinen eines sehr muskulösen Mannes.« Kaum hatte Conan Doyle seine Handschuhe angezogen, da griff der Steward auch schon mit erhobenen Fäusten an. »Es war kein fairer Kampf«, berichtete Conan Doyle, »denn er hatte eine um mehrere Zoll geringere Reichweite und keine Ahnung vom Sparring, auch wenn er in einem Straßenkampf zweifellos einen Prachtkerl abgegeben hätte. Ich wehrte ihn immer wieder ab, wenn er auf mich zuraste, und schließlich, als ich merkte, dass er wirklich entschlossen war, seine Faust ins Ziel zu bringen, musste ich ihn ernsthaft k. o. schlagen.«

Doch dann:

»Ungefähr eine Stunde später, als ich im Salon saß und las, war ein Murmeln aus der Kajüte des Steuermanns zu vernehmen, die gleich nebenan lag, und plötzlich hörte ich den Steward im Brustton der Überzeugung sagen: ›Ehrenwort, Colin, er ist der beste Arrrzt, den wir je hatten! Er hat mir ein blaues Auge verpasst!‹«

Dass Conan Doyle zum besten Arzt der *Hope* befördert wurde, weil er dem Steward ein blaues Auge verpasst hatte, »schien mir ein bemerkenswerter Prüfstein meiner medizinischen Fähigkeiten zu sein, aber es hat wohl nicht geschadet«. (Conan Doyle hatte sich von Anfang an über den rotbärtigen Riesen Colin McLean gewundert. Es schien merkwürdig, dass der Kapitän den Posten des Ersten Offiziers mit einem »kleinen, klapprigen, gebrochenen Kerl, der absolut unfähig war, seine Pflicht zu tun«, besetzt hatte, während McLean ursprünglich als Gehilfe des Kochs angestellt worden war. Sobald das Schiff aber den Hafen verlassen hatte, tauschten die beiden ihre Posten: Der stämmige McLean übernahm die Pflichten des Ersten Offiziers, während der spindeldürre Kamerad in die Kombüse verschwand. McLean war Analphabet und somit für ein Steuermannspatent nicht qualifiziert.)

Weniger als eine Woche nach der Abfahrt aus Lerwick stieß die

Hope auf die offenen Eisfelder. »Was mich an der Polarregion am meisten überrascht hat«, berichtete Conan Doyle, »war, wie schnell man sie erreichte. Ich hatte mir nie vorgestellt, dass sie quasi direkt vor der Haustür lag.« Das Datum, das er in seinem Tagebuch notierte, war der 17. März. »Eines Morgens erwachte ich und hörte die Treibeisstücke gegen die Bordwand rumpeln«, erinnerte er sich, »und als ich an Deck ging, sah ich, dass das ganze Meer bis zum Horizont von ihnen bedeckt war. Keines der Stücke war groß, doch sie lagen so dicht beieinander, dass jemand, würde er von einem zum anderen springen, weit gekommen wäre. Ihr blendendes Weiß ließ das Meer im Kontrast umso blauer erscheinen, und mit dem ebenso blauen Himmel über mir und der herrlichen Polarluft in der Nase war es ein denkwürdiger Morgen.«

Eine Vereinbarung zwischen Großbritannien und Norwegen verbot die Robbenjagd bis zum Ende der Jungenaufzucht im März. Die Crew nutzte die Zeit, um Robbenschwärme zu ihren Hauptkolonien zu verfolgen. »Wenn man sich ihnen nähert, ist das ein wundervoller Anblick«, schrieb Conan Doyle. »Vom Krähennest an der Spitze des Großmastes aus scheint die Kolonie endlos. Auf dem letzten, gerade noch sichtbaren Eisfeld kann man immer noch jene verstreuten Pfefferkörner erkennen.« Allerdings wurde der Plan erneut durchkreuzt, von einem Schlechtwettergebiet. »Die *Hope* war eines der ersten Schiffe, die in jenem Jahr die Robbenkolonie entdeckten«, erzählte Conan Doyle, »doch vor dem ersten Tag, an dem die Jagd gestattet war, kam eine Reihe starker Stürme auf, gefolgt von heftigem Seegang, der die Eisschollen zum Kippen brachte und die Jungrobben vorzeitig ins Wasser beförderte. Und so ließ die Natur uns nur sehr wenig Arbeit übrig, als das Gesetz uns endlich erlaubte, ans Werk zu gehen.«

Trotzdem schwärmte die Crew am 3. April mit Keulen bewaffnet über das Eis aus. Conan Doyle war entschlossen, ebenso als Robbenjäger wie als Arzt zu dienen, doch als er sich der Jagd anschließen wollte, rief Kapitän Gray ihn zurück – er hielt das Eis für zu gefährlich für einen Novizen. »Mein Protest war zwecklos«, berichtete Conan Doyle, »und schließlich setzte ich mich in übelster Laune auf das Schanzkleid, ließ die Beine über Bord baumeln und leckte meine Wunden, während ich mit dem Rollen des Schiffs auf und ab schaukelte. Zufällig hatte ich mich jedoch auf einer dünnen Eisschicht niedergelassen, die sich auf dem Holz gebildet hatte, und als die Dünung die *Hope* in einen besonders steilen Winkel kippte, sauste ich hinab und verschwand im Wasser zwischen zwei Eisschollen.« Conan Doyle kraxelte zurück an Bord, wo er feststellte, dass sein Missgeschick einen unerwarteten Nutzen nach sich zog: »Der Kapitän bemerkte, dass ich, da ich offenbar so oder so in den Ozean stürzen würde, dies ebenso gut vom Eis wie vom Schiff aus tun könnte.«

Conan Doyle, dem es an Erfahrung auf dem Eis mangelte, fiel noch zweimal ins Wasser und beendete den Tag schließlich im Bett, während seine Kleider im Maschinenraum trockneten. »Noch lange Zeit später hing mir der Spitzname ›großer Eistaucher‹ nach«, gab er fröhlich zu.

Trotz des unglücklichen Starts kam Conan Doyle immer besser auf dem Eis zurecht und ging ebenso wie die anderen Crewmitglieder auf die Jagd. Eines Nachmittags, als er über einem eben erst getöteten Seehund kauerte, rutschte er rückwärts über den Rand der Scholle ins Meer. »Ich hatte mich von den anderen entfernt«, erzählte er, »und niemand bemerkte mein Missgeschick. Die Eisoberfläche war so glatt, dass ich nichts greifen konnte, um mich hochzuziehen, und mein Körper wurde in dem eiskalten Wasser rasch taub.« Binnen weniger Minuten würde er sterben, wenn es ihm nicht gelang, zurück aufs Eis zu klettern. Eine Zeit lang krallte er sich an den glatten Rand, bis er schließlich mit der Kraft der Verzweiflung die Hinterflosse der Robbe, die er gerade gehäutet hatte, zu fassen bekam. Einige angespannte Augenblicke lang kam es zu »einer Art albtraumhaftem Tauziehen«, wobei Conan Doyle versuchte, sich aufs Eis zu ziehen, bevor das Tier selbst herunterrutschen und auf ihn fallen würde. Endlich bekam er ein Knie aus dem Wasser und plumpste neben die tote Robbe auf das Eis. Erneut verbrachte der »große Eistaucher« den restlichen Tag im Bett: »Meine Kleider waren so hart wie eine Rüstung, als ich das Schiff erreichte, und ich musste mein erstarrtes Gewand erst auftauen, ehe ich es ausziehen konnte.«

Conan Doyle räumte später ein, dass er auf der Robbenjagd Gewissensbisse hatte. »Es ist eine brutale Arbeit«, schrieb er, »wenn auch nicht brutaler als die, die überall im Land für das Fleisch auf dem Mittagstisch sorgt. Und doch schienen jene schimmernden blutroten Pfützen auf dem blendenden Weiß der Eisfelder, unter der friedlichen Stille des blauen Polarhimmels, ein entsetzlicher Frevel zu sein. Doch unerbittliche Nachfrage erzeugt unerbittliche Beschaffung, und die Robben helfen mit ihrem Tod einer langen Kette von Seeleuten, Hafenarbeitern, Gerbern, Pöklern, Ausschmelzern, Kerzenmachern, Leder- und Ölhändlern zu überleben, die zwischen dem alljährlichen Gemetzel auf der einen Seite und dem vornehmen Herrn mit seinen weichen Lederstiefeln oder dem Gelehrten, der feines Öl für seine philosophischen Instrumente benutzt, auf der anderen Seite stehen.«

Im Juni setzte die *Hope* ihre Reise nach Norden fort, und die Waljagd begann. »Man trifft nur selten jemanden, der um den Wert eines Grönlandwals weiß«, schrieb Conan Doyle später. »Ein großer mit guten Barten ist heutzutage zwischen zwei- und dreitausend Pfund wert. Dieser enorme Preis kommt aufgrund des Werts von Fischbein zustande, einer sehr seltenen Ware, die dennoch für einige Branchen unverzichtbar ist.« Da er am Profit beteiligt war, hegte er ein natürliches Interesse am Erfolg der Jagd. Die *Hope* besaß acht Walboote, doch für gewöhnlich wurden nur sieben ausgesetzt, während die sogenannten Freiwächter – jene, die andere Pflichten hatten – an Bord blieben. Auf dieser Reise jedoch meldeten sich die Freiwächter freiwillig, vielleicht auf Betreiben von Conan Doyle, das zusätzliche Boot zu bemannen. Seiner Einschätzung nach machten sie es bald zu einem der erfolgreichsten. »Wir waren alle jung und stark und ehrgeizig«[13], erzählte er später in einem Interview, »und ich glaube, unser Boot war nicht schlechter als jedes andere.«[14]

»Es ist ein aufregendes Unterfangen, sich in einem Ruderboot einem Wal zu nähern«, schrieb er später.

> »Man rudert mit dem Rücken zu ihm, und das Einzige, was man über ihn weiß, liest man aus dem Antlitz des Bootssteuermanns. Er starrt einem über den Kopf hinweg, beobachtet das Geschöpf, das langsam durch das Wasser schwimmt, hebt hin und wieder seine Hand, um anzuzeigen, dass man aufhören soll zu schlagen, wenn er merkt, dass das Auge an der Seite erscheint, und dass man sich weiter heranpirschen soll, wenn der Wal wieder nach vorne blickt. Es gibt so viele Eisschollen, dass das Boot allein für das Tier kein Anlass ist, abzutauchen, solange man die Ruder still hält. So schleicht man sich langsam näher und ist schließlich so nah, dass der Bootsführer weiß, man kann den Wal erreichen, bevor er Zeit hat, abzutauchen – denn es braucht eine Weile, einen so großen Leib in Bewegung zu setzen. Man sieht einen plötzlichen Schimmer in den Augen des Bootssteuermanns, seine Wangen röten sich, und dann heißt es: ›Pullt los, Jungs! Pullt los, ihr alle! Feste!‹ Der Abzug der großen Harpunenkanone klickt, und die Gischt fliegt von den Ruderblättern. Sechs Ruderschläge vielleicht,

13 Er vergaß dabei, was er in sein Logbuch geschrieben hatte, dass nämlich ein Mann des »Mob-Boots« zu den ältesten Crewmitgliedern der *Hope* zählte.

14 Der Reporter, der ihn für die *New York World* vom 28. Juli 1907 interviewte, war der anglo-irische Theatermanager und Romancier Bram Stoker, dessen *Dracula* zehn Jahre zuvor veröffentlicht worden war. Das Interview, »Sir Arthur Conan Doyle Tells of his Career and Work, his Sentiments towards America, and his Approaching Marriage«, findet man in *Sir Arthur Conan Doyle, Interviews and Recollections*, herausgegeben von Harold Orel (London: Macmillan, 1991). In *Dracula*, Kapitel 6, wird die Ankunft des Grafen in Whitby (ein altes Zentrum des englischen Walfangs) an Bord eines russischen Schiffs aus dem Schwarzen Meer durch Geschichten über den Walfang in der Arktis eingeleitet, die ein alter Matrose namens Swales Mina Murray und Lucy Westenra erzählt.

dann stößt der Bug mit einem dumpfen, schmierigen Platschen gegen etwas Weiches, und die Bootscrew wird mitsamt den Rudern in alle Richtungen gewirbelt. Doch man schert sich kaum darum, denn sowie man gegen den Wal prallt, hört man den Knall der Kanone und weiß, dass die Harpune direkt in die riesige bleifarbene Rundung seiner Flanke geschleudert wurde. Das Tier sinkt wie ein Stein, der Bootsbug taucht wieder ins Wasser, und die Fangleine surrt rasch unter den Sitzen, zwischen den gestreckten Beinen hindurch und über den Bug.

Und dies ist die größte Gefahr – denn der Wal selbst hat selten genug Kampfgeist, um sich gegen seine Feinde zu wenden. Die Leine wird sehr sorgfältig von einem Spezialisten, dem Leinenführer, aufgerollt, sodass sie sich keinesfalls verknäult. Wenn sie es allerdings doch tut und die Schlinge Arm oder Bein eines Mitglieds der Bootscrew zu fassen bekommt, wird dieser Mann so schnell in den Tod gerissen, dass seine Kameraden sein Verschwinden kaum registrieren. Die Leine dann zu kappen, wäre Verschwendung an Fisch, denn das Opfer befindet sich bereits Hunderte Faden tief.

›Halt ein, Mann‹, rief der Harpunier einst bei solch einem Anlass, als ein Matrose schon sein Messer zückte. ›Der Füsch kommt der Wittfrau zugute.‹ Es klingt gefühllos, doch letztendlich ergibt diese Haltung Sinn.«

Conan Doyle wurde zu einem derart erfahrenen Walfänger, dass Kapitän Gray ihn einlud, im nächsten Jahr als Schiffsarzt *und* Harpunier an Bord zurückzukehren. »Gut, dass ich ablehnte«, erzählte er, »denn jenes Leben ist gefährlich faszinierend.« Trotzdem weckten die langen Monate auf hoher See eine Abenteuerlust, die ein Teil seiner Wesensart blieb. »Einen Lachs auszappeln zu lassen, ist ein königlicher Sport«, stellte er fest, »aber wenn dein Fisch mehr wiegt als eine Vorstadtvilla und zweitausend Pfund Reingewinn einbringt, wenn außerdem deine Angelschnur aus daumendickem Manilatau mit fünfzig Strängen besteht, wobei jeder Strang mit sechsunddreißig Pfund belastet werden kann, lässt dies alle anderen Erfahrungen gering erscheinen.«

Angesichts der »blutigen Ernte«, die er miterlebte, bekam Conan Doyle jedoch letztlich Gewissensbisse. »Bei all der Aufregung – und niemand, der zu solch einem Anlass nicht schon einmal ein Ruder geführt hat, kann nachvollziehen, wie aufregend es ist – hat man mit den armen gejagten Tieren Mitleid. Der Wal hat ein kleines Auge, wenig größer als das eines Stiers; doch den stummen Protest, den ich in einem von ihnen las, als das Tier in Reichweite meiner Hand sein Leben aushauchte, kann ich nicht einfach vergessen.«

Conan Doyle schilderte auch, wie ein Wal beinahe seine Rache bekam. Seine Crew hatte einen Wal harpuniert und fast zu Tode gehetzt. Als die Ruderer eine Position einnehmen wollten, wo sie nicht von der Schwanzflosse getroffen werden konnten, stieg die riesige Seitenflosse des Tiers aus dem Wasser und schwebte über ihrem Boot. »Ein Schlag hätte uns auf den Meeresboden befördert«, erinnerte sich Conan Doyle. »Ich werde nie vergessen, wie jeder von uns eine Hand nach oben reckte, um die große, drohende Finne abzuwehren, während wir unter ihr durchruderten – als ob all unsere Kraft etwas genutzt hätte, wenn der Wal sie hätte senken wollen.«

Die *Hope* nahm Anfang August Kurs auf die Heimat, an Bord eine »spärliche« Fracht aus zwei Walen, rund 3600 Robben und einer umfangreichen Sammlung von Eisbären, Narwalen und Polarvögeln. Aus der Sicht der Crew bedeutete diese tatsächlich eher magere Ausbeute wohl eine ereignislose Reise, doch Conan Doyle maß ihren Erfolg an anderen Maßstäben. »Ich ging als großer Junge, fast noch als Knabe an Bord des Walfängers«, erinnerte er sich später in seinen Memoiren, aber »verließ das Schiff als kräftiger, ausgewachsener Mann. Ich zweifle nicht daran, dass die körperliche Gesundheit meines ganzen Lebens seither durch jene herrliche Luft beeinflusst wurde.«

Conan Doyle vergaß auch nie das Gefühl der Isolation während jener langen Monate, in denen die Crew von der Zivilisation abgeschnitten war. »Wir waren in aufregenden Zeiten ausgelaufen«, erinnerte er sich, nicht zuletzt, weil ein Krieg mit Russland unausweichlich schien. Die Isolation machte sich auch auf andere Weise bemerkbar. Conan Doyle erinnerte sich, wie die Crew an der Nordküste Schottlands eine Frau sichtete, die aus einem Leuchtturm heraustrat, und alles in erregtes Murmeln ausbrach: »Das ist ja eine Frauuu!« »Um eine Frau wirklich würdigen zu können, muss man mindestens sechs Monate keine gesehen haben«, bemerkte er. »Alle glotzten. Sie war weit über fünfzig, trug einen kurzen Rock und Seestiefel – aber sie war eine ›Frauuu‹. ›Wenigstens so was in die Richtung!‹, pflegten die Seeleute zu sagen, und ich dachte nicht anders als sie.«

Conan Doyle verabschiedete sich von seinen Kameraden in Peterhead und kehrte zurück nach Edinburgh, wo das Wiedersehen mit der Mutter umso glücklicher ausfiel, als aus der Heuer und seinem Anteil am Ölgewinn rund fünfzig Pfund in die Familienkasse einflossen. »Nun musste ich mich sofort meinen Abschlussprüfungen widmen«, notierte er, »die ich am Ende des Wintersemesters 1881 gut, aber nicht überdurchschnittlich bestand. Dann war ich Bakkalaureus der Medizin und Magister der Chirurgie, auf gutem Wege ins Berufsleben.«

Sein Polartagebuch vergaß er vorübergehend, doch die Erfahrung hatte sich tief eingebrannt. Heute, 130 Jahre später, bietet Conan Doyles Tagebuch an Bord der *Hope* ein außergewöhnliches Fenster zur Vergangenheit. Es berichtet nicht nur vom Erwachsenwerden, sondern auch von der Erkundung der Arktis und schildert einen Arbeitsalltag auf hoher See, den es so nicht mehr gibt. Gegen Ende seines Lebens blickte Conan Doyle mit Ehrfurcht auf die Erfahrung zurück. »Man steht direkt an der Schwelle zum Unbekannten«, erklärte er, »und jede Ente, die man erlegt, trägt Kiesel im Magen, die aus Ländern stammen, die auf keiner Karte verzeichnet sind. Es war ein seltsames und faszinierendes Kapitel meines Lebens.«

Arthur Conan Doyle

Tagebuch einer arktischen Reise

Logbuch der S. S. *Hope* 1880
Grönlandwalfang und Robbenjagd

Samstag, 28. Februar

Ausgelaufen um 2 Uhr, inmitten einer großen Menschenmenge und unter noch größerem Jubel.[15] Die *Windward* unter Kapitän Murray[16] segelte uns voraus, ihr Kapitän brüllte »backbord« und »steuerbord« wie ein Büffel von Bashan[17]. Wir gingen es etwas ruhiger und nüchterner an. Wir sind so sauber wie die Jacht eines Gentlemans, das Kupfer glänzt, und die Decks sind schneeweiß.[18] Sah eine junge Dame, der ich vorgestellt worden war, deren Namen ich jedoch nicht mitbekommen hatte, am Ende des Piers stehen und mit einem Taschentuch winken. Zog vom Achterdeck der *Hope* aus meinen Hut, obwohl ich sie nicht von Urmutter Eva unterscheiden konnte. Ziemlich unwirtlich draußen, und das Barometer fällt zusehends. Kreuzten mehrere Stunden lang in der Bucht und hatten Champagner zum Essen, zu Ehren von Baxter[19] und der Granden an Bord. Lotsenboot kam

15 Aufgrund eines unter Walfängern verbreiteten Aberglaubens vermied man es, am Freitag auszulaufen.

16 Kapitän Alexander Murray (1838–1894) kommandierte jahrelang die Schraubenbark *Windward* aus Peterhead. 1893 war die *Windward* der letzte Walfänger, der von dort auslief, mittlerweile unter Befehl von David Gray, dem älteren Bruder des Kapitäns der *Hope*.

17 Psalm 21,13–14: »Es umringen mich mächtige Stiere, / die Büffel von Baschan schließen mich ein. Ein Rachen tut sich auf wider mich, / wie eines Löwen, brüllend vor Raubgier.«

18 »Ich hatte mir einen Walfänger ganz anders vorgestellt«, räumte Conan Doyle in seiner Autobiografie *Memories and Adventures* (1924) ein.

19 William Baxter, Reeder der *Windward*. »Die Männer, die die Walfangflotte von Peterhead finanzierten und verwalteten, waren meist in der Stadt ansässige Kaufleute«, heißt es rückblickend in »The Peterhead Whalers« (*The Scotsman*, 19. No-

und nahm sie letztlich allesamt mit, zusammen mit einem glücklosen blinden Passagier, der versucht hatte, sich in den Zwischendecks zu verstecken.[20] Segelten nach den Shetlands bei rauem Wind, Barometer fällt wie verrückt[21]. Solange ich an Deck bleibe, komme ich schon klar.

Sonntag, 1. März[22]

Um 7.30 abends in Lerwick eingelaufen. Hatten verdammtes Glück, weil ein Sturm aufkommt, und wenn wir die Küste nicht erreicht hätten, hätten wir vielleicht Boote und Schanzkleid verloren. Wir machten uns Sorgen deswegen, sichteten aber gegen 5.30 den Bressay-Leuchtturm[23]. Kapitän hocherfreut, dass wir vor der *Windward* einlaufen, obwohl sie 5 Stunden Vorsprung hatte.

Montag, 1. März

Es stürmt in Orkanstärke. *Windward* lief gerade noch rechtzeitig um 2 Uhr morgens ein. Der ganze Hafen ist ein einziger Gischtteppich. Fühle mich sehr wohl an Bord. Habe eine gemütliche kleine Kabine. Keine Telegrafenverbindung zwischen hier und Peterhead. Ödes Kaff.

vember 1902). »Sie waren kluge, umsichtige Männer, doch scheuten sie nicht davor zurück, große Geldsummen auszulegen, wenn sie dem Kapitän und der Crew, die ihre Schiffe bemannten, vertrauten. Mancher erwirtschaftete auf dem Höhepunkt der Walfangära ein beträchtliches Vermögen.« Ein weiterer »Grande« war Robert Kidd, der ältliche Reeder der *Hope Seal and Whale Fishing Company* und somit offizieller Eigner der *Hope*.

20 Laut *Shetland Times* vom 6. März 1880 war die Anzahl der Schiffe auf dem niedrigsten Stand seit Jahren, und in Lerwick wurden entsprechend wenige Seeleute angeheuert – rund 244, von denen neunzehn auf der *Hope* anheuerten und sich den Crewmitgliedern aus Peterhead anschlossen. »Meist werden alte Matrosen eingestellt«, schrieb die Zeitung; viele andere Bewerber fanden keinen Platz.

21 Das fallende Schiffsbarometer kündigt schlechtes Wetter an.

22 Ein Irrtum des Autors: 1880 war ein Schaltjahr und jener Sonntag der 29. Februar.

23 Der Leuchtturm steht zweieinhalb Meilen südöstlich von Lerwick.

Dienstag, 2. März

Barometer auf 28,375 gesunken. Kapitän hat noch nie einen so niedrigen Stand gesehen.[24] Draußen stürmt es wie die Hölle. Stellte die Strickwarenliste auf.[25] Tait über Religion und Atheismus. Er ist unser Agent auf den Shetlands, nicht halb so dumm, wie er aussieht.[26]

Mittwoch, 3. März

Schöner Tag. Barometer immer noch sehr tief. Ging nach dem Frühstück mit dem Kapitän an Land. Unsere Shetland-Matrosen angeworben. Schrecklicher Wirbel und Krawall in Taits kleinem Büro. *Jan Mayen*[27] & *Victor* liefen ein. Murray von der *Windward* scheint ein anständiger Kerl zu sein. Kapitän [Gray] und ich wollten gerade Taits Laden verlassen, als sich ein betrunkener Shetlander an ihn klammerte. »Käpn, ich (hicks!) komm mit Ihnen. O so ne Fahrt, Käpten, so ne Fahrt hat die Welt noch nicht gesehen! (Hicks!) Dreihundertfünfzig Tonnen, Sir. Ich bin ein Glücksbringer.« Gray kehrte zurück ins Hinterzimmer und wirkte verärgert. »Ich werfe ihn raus, wenn Sie wollen, Kapitän«, sagte ich. Er antwortete: »Ach, ich weiß schon,

24 »Der niedrigste Stand während all meiner Ozeanreisen, an den ich mich erinnern kann«, schrieb auch Conan Doyle 43 Jahre später. (»Whaling in the Arctic Ocean«, in: *Memories and Adventures*.)

25 »Der Job des Arztes war der leichteste an Bord«, schreibt Alexander R. Buchan in *The Peterhead Whaling Trade* (1999). »Abgesehen von den Gelegenheiten, zu denen er sein spärliches medizinisches Wissen anwenden musste …, war seine wichtigste Tätigkeit die eines Sekretärs.« Conan Doyles Strickwarenliste ist hierfür ein Beispiel.

26 George Reid Tait »führte ein reges und erfolgreiches Geschäftsleben als Stoff- und Kleiderhändler und Schiffsmakler«, schreibt Thomas Manson in *Lerwick During the Last Half Century* (Lerwick 1923). »Mr. Tait besaß beträchtliche Anteile an Wal- und Robbenfangschiffen, von denen er einige als Makler vertrat, und zu den Zeiten, da die Männer angeheuert wurden, ging es in seinem Laden hektisch zu.« Conan Doyle schildert dies im nächsten Eintrag.

27 Ein Schiff aus Peterhead, benannt nach der vulkanischen Polarinsel westlich des Nordkaps, die im 17. Jahrhundert von holländischen und englischen Walfängern entdeckt wurde. Gehört heute zu Norwegen.

dass Sie ihm gern eine verpassen würden, Doktor. Ich würd's selbst am liebsten auch, aber das hat ja alles keinen Zweck.« Wir hatten die Tür des Hinterzimmers geschlossen, als sich hinter dem Rauchglasfenster, das den oberen Teil der Tür bildete, eine Hand und ein Arm abzeichneten. Rumms! Krawumm! Holz und Glas stürzten krachend ins Zimmer, und wir sahen unseren unbezähmbaren Shetlander, dessen Hände blutende Schnittwunden aufwiesen, durch das Loch hereinschauen. »Holz und Eisen werden mich nicht von Ihnen fernhalten, Kapitän Gray. Ich werde mitkommen.« Der Kapitän rauchte währenddessen gleichmütig seine Pfeife und verließ kein einziges Mal seinen Platz am Kamin. Der Mann wurde strampelnd & zappelnd fortgetragen – vermutlich ins Gefängnis, obwohl er im Irrenhaus weitaus besser aufgehoben wäre. Das war das beste Beispiel für DT[28], das ich je gesehen habe. Murray von der *Windward* und Tait kamen zum Essen, sprachen über Freimaurer, Walfang etc. Diskutierte mit Murray über die Wirksamkeit von Drogen. Jede Menge guten Wein getrunken. Beendete den Abend sehr angenehm in Gesellschaft des Kapitäns.[29] Übrigens tauchte heute ein weiterer blinder

28 *Delirium tremens*, Säuferwahn. Dr. Robert S. Katz, ein beratender Pathologe, der sich besonders für A. Conan Doyle interessiert, weist auf einen Widerspruch in dessen Diagnose hin: Wäre der Shetlander zu diesem Zeitpunkt betrunken gewesen, hätte er nicht gleichzeitig unter *Delirium tremens* leiden können. »Dies ist ein Alkoholentzugssyndrom, unter welchem man nicht leiden kann, wenn man gerade trinkt.«

29 Conan Doyle stellte fest, dass seine wichtigste Aufgabe darin bestand, »dem Kapitän Gesellschaft zu leisten«, weil »das soziale Gefälle zwischen dem Skipper und der Crew nicht größer hätte sein können« (Gavin Sutherland, *The Whaling Years: Peterhead*, 1788–1893, University of Aberdeen 1993). Klassenunterschiede wurden an Bord beibehalten, die Offiziere aßen zusammen zu Abend, »während der Skipper seine Scherze macht, seine endlosen Geschichten erzählt und wir über die Ereignisse des Tages sprechen«, berichtete Commander Albert Hastings Markham, Royal Navy, ein Beobachter an Bord des Walfängers *Arctic*, in seinem oben zitierten Tagebuch. Unter Deck ging es freilich ganz anders zu. Sutherland schreibt: »Ein ständiger Nebel aus Tabakrauch füllte die engen Mannschaftsquartiere, und der Gin floss in Strömen. Shetland-Fiedeln spielten auf, während lautstark unzüchtige Lieder gegrölt wurden.« Viele waren um die zwanzig wie

Passagier auf, ein elend aussehendes Geschöpf. Der Kapitän jagte ihm zunächst Angst ein, indem er ihm weismachte, er müsse zurückfahren, er unterschrieb aber letztlich den Vertrag[30].

Donnerstag, 4. März

Morgens Tabak ausgegeben.[31] Vormittags geschlafen. Abends an Land gegangen. Ging zunächst mit dem Zweiten Steuermann und Stewart[32] ins Queen's[33] und hatte einen Kurzen, wie er es nannte. Dann zu Mrs. Brown[34], wo ich die beiden aus den Augen verlor. Wurde dort sehr

Conan Doyle, der an beiden Seiten des Bordlebens teilnehmen konnte und dies auch tat.

30 Vertrag, der die Pflichten eines Seemanns an Bord aufzählte.

31 Eine weitere Aufgabe des Schiffsarztes, die eher einer Sekretärsstelle entsprach.

32 Eigentlich »Steward«. Conan Doyle benutzt die schottische Schreibweise, erwähnt aber nie den Namen des Stewards, obwohl dieser ihm bekannt war: Jack Lamb, dem er an seinem ersten Tag an Bord ein blaues Auge verpasst hatte. »Ich weiß nicht, ob Jack Lamb noch lebt«, schrieb Conan Doyle in einem Artikel in *The Strand Magazine*, Januar 1897, »aber wenn, dann erinnert er sich bestimmt noch an den Zwischenfall.« Jack Lamb, der zum Zeitpunkt der Reise 27 Jahre alt war, lebte 1897 wirklich noch und grüßte Conan Doyle: »Mein lieber alter Schiffskamerad, wenn ich Ihren Artikel im Strand Magazine sehe, blicken wir siebzehn Jahre zurück, und es scheint erst gestern gewesen zu sein. Die Art, wie Sie alles schildern, ist herrlich. Mir scheint, ich könne immer noch jedes gesprochene Wort hören, und so, wie Sie mich beschreiben, wird mich jeder meiner Mitarbeiter wiedererkennen. Ich habe keinen Backenbart mehr, aber Körperbau und Säbelbeine sind noch wie früher.« Während Conan Doyle inzwischen ein weltberühmter Autor war, hatte auch Lamb Karriere gemacht. Er hatte 1881 das Meer verlassen, war dem königlichen Haushalt in Balmoral beigetreten und arbeitete nun als Bäcker der Königin in Windsor.

33 Queen's Hotel, Anfang der 1860er direkt am Hafen von Lerwick erbaut, heute noch in Betrieb.

34 Vielleicht ein Privathaushalt, aber laut Douglas Garden von der Shetland Library keine Pension, denn in den Ortsverzeichnissen von 1879 und 1882 findet sich keine Seemannspension in Lerwick, die von einer Mrs. Brown geführt wurde. Möglicherweise handelt es sich um ein Bordell, da Conan Doyle seine Kameraden »aus den Augen verlor«. Buchan schreibt in *Peterhead Whaling Trade*, »dass die Jungs aus dem Süden in Lerwick die Gasthäuser, Läden, Wahrsager und Prostituierten der Inseln noch weidlich ausnutzten, bevor harte Zeiten anbrachen«. Robert Smith schreibt in *The Whale Hunters* (Edinburgh 1993): »Lerwick, mit seinen schmalen, schmutzigen Gassen und schäbigen Läden, seinen Whiskyverkäufern und Prostituierten, hatte einen zwielichtigen Ruf.«

gastfreundlich empfangen. Man sagte mir, ich solle mich ganz wie zu Hause fühlen. Ging zum Commercial[35] hinunter, wo ein F&E[36] im Gange war. Hörte einige gute Lieder und sang *Jack's Yarn*[37]. Plauderte mit Kapitän über Prinz Jerome[38] etc.

Freitag, 5. März

Der Kapitän und ich waren bei Tait zum Essen eingeladen. Fanden diese Aussicht beide schrecklich langweilig. Gingen ins Queen's und spielten Billard. Dann zu Tait hinuntergebummelt. Trafen Murray von der *Windward* und Galloway, Letztgenannter ist ein kleiner Anwalt, unerträglich eingebildet – hasse den Kerl[39]. Hatten ein schweres, ermüdendes Essen mit äußerst minderwertigem Champagner. Der alte Tait zeigte sich sehr erstaunt, als ich sagte, ich sei RDs Neffe[40] – das alte Rindvieh, später fand ich heraus, dass der Kapitän es ihm kurz zuvor bereits erzählt hatte. Er besitzt einen Hund, dem man beigebracht hat, den Namen Napoleons zu lieben. Wenn man sagt, man wolle Napoleon erschießen, springt das Tier einen an und zieht am Ende wahrscheinlich mit einigen Andenken, Hautfetzen, Beinkleidern und dergleichen, von dannen. Murray erzählte, wie ihm drei Mann unter das Eis geraten sind, wie zehn Mann bei Straßenunruhen erschossen wurden, und andere merkwürdige Geschichten. Um neun Uhr waren wir zurück am Boot und freuten uns beide, wieder an Bord zu sein und friedlich die Beine ausstrecken zu können. Wind

35 Heute das Grand Hotel, Commercial Street 149, mit Blick auf Lerwicks Hafen.

36 »free and easy«: eine Versammlung in einem Pub oder Gasthaus, bei der man gemeinsam trinkt und singt.

37 Ein Seemannslied, das den Widerstand der Royal Navy gegen den Sklavenhandel im 19. Jahrhundert feiert. Musik von Louis Diehl, Text von Frederic Weatherly, der auch »Danny Boy« schrieb.

38 Jérôme Bonaparte (1784–1860), Napoleons jüngster Bruder.

39 James K. Galloway, ein 34 Jahre alter Anwalt aus Lerwick, der ihn möglicherweise gönnerhaft behandelte.

40 Richard Doyle (1824–1883), Conan Doyles Onkel, der in London als Illustrator und Karikaturist u. a. für die satirische Zeitschrift *Punch* arbeitete.

wird stärker. Sichteten etwas, das der Kapitän als Römerlager erkennt, halte es aber für einen Rundturm der Pikten.[41]

Samstag, 6. März

Heftiger Regen und Sturm. Den ganzen Tag lang nichts getan. Colin McLean[42] und Männer gingen an Land und riefen nach dem Boot, das wir ihnen trotz ziemlich hohem Seegang schicken mussten. Boswells Johnson-Biografie begonnen.[43]

Sonntag, 7. März

Nichts los, außer dass der Postdampfer *St. Magnus* einlief und Briefe von zu Hause und von Letty[44] mitbrachte, dazu noch die letzten sieben Ausgaben des *Scotsman*[45]. Erfreuliche Nachrichten. Gestern verlegten wir unseren Ankerplatz im Hafen und liegen nun abseits der anderen Schiffe, neben der *Windward*. Der Steuermann Colin war letzte Nacht im Queen's dabei, als eine Schar Männer aus Dundee von jenen zwei verd---ten Peterheadern sprachen, die für sich allein Trübsal geblasen hätten. Colin stand auf, und nachdem er erklärt hatte, dass er von der *Hope* sei, lief er durch die versammelte Gesell-

41 Auf den Shetlandinseln finden sich tatsächlich zahlreiche Artefakte der Pikten, wie Steinkreise und auch die hier erwähnten Rundtürme oder »brochs«.

42 Der vierzig Jahre alte Erste Steuermann der *Hope*, der mangels Patent zunächst als Küchenhilfe angeheuert hatte und von dessen Führungsqualitäten Conan Doyle sehr beeindruckt war.

43 *Life of Johnson* (1791) von James Boswell, eine der bedeutendsten Biografien der englischen Literatur. Samuel Johnson (1709–1784) war ein einflussreicher Kritiker, Autor und Essayist. Conan Doyle erwähnt in seinem Tagebuch immer wieder Bücher, die er selbst mitgebracht oder vom Kapitän und von anderen Crewmitgliedern, deren Belesenheit ihn zuweilen erstaunte, geliehen hatte.

44 Möglicherweise Frances Letitia Foley, die in Familienkreisen allerdings »Letz« gerufen wurde, eine ältere Cousine zweiten Grades aus dem County Waterford in Irland. Im November 1880 bat Conan Doyle seine Mutter um Lettys Adresse. 1881 besuchte er die Familie Foley auf deren Anwesen Ballygally bei Lismore.

45 *The Scotsman*, Edinburghs wichtigste Tageszeitung.

schaft Amok, wobei er einen Arzt aus Dundee[46] niederschlug. Als ich ihn heute Morgen abholte, sagte er zu mir: »Zum Glück war ich nüchtern, Doktor, sonst wäre ich noch in eine richtige Schlägerei geraten.« Ich frage mich, was Colin sich unter einer richtigen Schlägerei vorstellt. Lerwick ist eine schmutzige kleine Stadt mit sehr gastfreundlichen, schlichten Einwohnern. Die Hauptstraße wurde von einem schielenden Mann angelegt, ihr Verlauf gleicht einem Korkenzieher.[47] Stellte heute fest, dass einige der Schiffe im Hafen Freimaurerflaggen zeigten, Murray hat den Wimpel der Royal Ark gehisst, ein Zirkel auf blauem Grund[48]. Fischer verkaufen hier Kabeljau zu 5 Shilling pro Zentner und fangen in einer Nacht teilweise bis zu 2800 Pfund. Übrigens quetschte sich der Maschinist der *Windward* gestern seine beiden Zeigefinger in der Maschine, und ich musste vor dem Frühstück hinüber, um sie zu verbinden. Zwanzig Walfänger in der Bucht.

Montag, 8. März

Nichts geht über einen Federkiel für Tagebucheinträge, aber dieser ist ein verflixt schlechter. Ging heute an Land, und nachdem ich mich eine Weile herumgetrieben hatte, zog ich los, mir ein Fußballspiel zwischen Orkney und Shetland anzusehen – ziemlich schwaches

46 Dundee ist ein Hafen an der Küste Schottlands. Conan Doyle nennt ihn 1900 in einem Brief an seine Mutter einen »abscheulichen Ort, der nur Nachteile hat«.

47 Thomas Manson schrieb in seiner Chronik der Stadt: »Lerwick ist ein merkwürdig angelegter Ort, daran besteht kein Zweifel, und die Hauptstraße ist ein einziger Witz – wenn man sie als Straße betrachtet. Als Irrgarten ist sie allerdings perfekt.« Zwanzig Jahre vor Conan Doyle schrieb J. F. Taplin, Schiffsarzt der *Windward*: »Ein sehr kleiner Ort mit nur 3000 Einwohnern, die Straßen sind sehr schmal, sodass keine Kutsche hindurchpasst, und so wie ich die Dinge sehe, können sie hier wohl ohnehin nichts Größeres als sehr kleine Ponys benutzen … Nachdem ich meinen Brief abgegeben hatte, ging ich an Bord meines Schiffes und dachte dabei, dass ich keinerlei Wunsch verspürte, Lerwick jemals wiederzusehen.«

48 Der Wimpel verweist auf die 1739 gegründete Freimaurerorganisation »Royal Ark Mariners«, die auch in Peterhead eine Loge (»Keith Lodge 56«) hatte und dort einigen Einfluss ausübte, da viele Kapitäne Freimaurer waren. Conan Doyle selbst schloss sich 1887 vorübergehend einer Freimaurerloge an.

Spiel. Traf die Kapitäne der *Jan Mayen* (Denchars), *Nova Zembla*[49] und *Erik*, zudem einen Londoner, Brown, Arzt auf der *Erik*. Sechs von uns gingen nach dem Spiel ins Queen's, tranken erst schlechten Whisky und gingen dann über zu Kaffee. Dann bestellte Brown eine Flasche Champagner, und Murray und ich gingen auf die Einladung ein. Zigarren und Pfeifen. Ich glaube, wir alle haben reichlich getrunken. Brown erlitt letztes Jahr Schiffbruch mit der *Ravenscraig*[50]. Hält sich für einen außerordentlich guten Schützen.[51] Kapitän und ich kamen um ungefähr halb zehn heim.

Brief vom selben Tag an seine Mutter Mary Foley Doyle in Edinburgh

S. S. *Hope*
Lerwick
Montag

Liebste Ma'am,
ich schreibe Dir mithilfe eines Federkiels und eines Tintenfasses, um Dir alle Neuigkeiten aus dem Norden mitzuteilen:

49 Holländische Bezeichnung für Nowaja Semlja (»Neues Land«), eine Inselgruppe im Polarmeer.

50 Ein Walfänger aus Dundee, der 1879 in einem heftigen Sturm gegen ein Riff getrieben wurde und unterging. Zuvor, am 13. Mai desselben Jahres, hatte der *Scotsman* von einem tragischen Zwischenfall an Bord des Schiffes berichtet: »Der Kapitän, der Befehl erteilt hatte, die Segel zu reffen, bevor man den Lotsen an Bord holte, sprang plötzlich von der Brücke ins Wasser, wobei er seine Tat lediglich durch ein kurzes ›Leb wohl‹ an den Steuermann ankündigte. Zwei Boote wurden so schnell wie möglich bemannt und ausgeschickt, und nach einer Viertelstunde fand man den Kapitän, der jedoch bereits tot war.«

51 Dies wurde wegen der Robbenjagd für die wichtigere Eigenschaft eines Schiffsarztes gehalten, wichtiger als seine Fähigkeiten als Mediziner. Die Anzeige eines Walfängers aus dem Jahr 1876 forderte: »Ein Medizinstudent, der für die Stelle infrage kommt, muss ein guter Schütze sein.« Die Handelskammer beharrte im Übrigen darauf, dass Walfänger einen vollständig ausgebildeten Arzt an Bord nahmen. Meist wurden jedoch Medizinstudenten aus Aberdeen, Glasgow oder Edinburgh angeheuert.

Gestern lief der Postdampfer ein, mit Deinem Brief und einem sehr freundlichen von diesem lieben Mädchen Letty, das sich anscheinend einbildet, dass ich nach Grönland fahre, um eine Prüfung zu bestehen oder vor irgendein medizinisches Komitee zu treten, wenn man von ihren guten Wünschen für meinen Erfolg und ihrer Bemerkung ausgeht, ich käme dann wohl als vollendeter Doktor heim. Was ist sie doch für eine herzige kleine Seele! Die *Scotsman*-Ausgaben kamen ebenfalls an, mitsamt den Pinzetten. Was Deine Fragen angeht, will ich sie so gut wie möglich beantworten.

1. Ich habe Deine Briefe, Pakete etc. erhalten.
2. Meinen [?] habe ich nicht bekommen, hätte ihn aber gern.
3. Ich war <u>nicht</u> krank.
4. Ich habe Mrs. Hoares Brief beantwortet.[52]
5. Ich war ein braver kleiner Junge und habe die Rodgers besucht. Das Baby auch, zumindest sah ich ein Paar riesiger wässriger Augen, die mich aus einem Kleiderbündel anstarrten, eine Art weiblicher Oktopus mit vier Tentakeln (Oktopus, knödelförmig). Es war keineswegs stumm, aber »Son et oculi et prosterea nihil«[53], abgesehen von einem leicht süßlichen Geruch. O ja, Beelzebub ist ein schönes Kind – verzeih, ich meine natürlich Christabel.[54] Und nun, da ich Deine besorgte Seele mit beruhigenden Antworten beschwichtigt habe, lass mich nach etwas angeln, das Dich vielleicht interessiert. Und an erster Stelle wirst Du erfreut

52 Amy Hoare, Frau von Dr. Reginald Ratcliffe Hoare aus Birmingham, unter dem Conan Doyle als Assistent gearbeitet hatte. Die Hoares waren ihm wie zweite Eltern, und ihre Freundschaft hielt viele Jahre lang an.

53 Fehlerhaftes Latein: »Stimme und Augen und sonst nichts«.

54 Die Rodgers waren Freunde seiner Mutter in Aberdeen. »Christabel 19!«, rief er 1899, als er die Familie erneut besuchte. »Das letzte Mal, als ich sie gesehen habe, lag sie noch in der Wiege.«

sein zu hören, dass ich mein Leben lang nie glücklicher war. Ich fürchte, ich habe eine starke bohemehafte Ader, und dieses Leben scheint wie für mich geschaffen.[55] Die Männer sind gute, ehrliche Kerle und eine starke Truppe. Du kannst Dir nicht vorstellen, wie autodidaktisch einige von ihnen sind. Der Erste Maschinist kam letzte Nacht aus dem Kohlenloch hervor & verwickelte mich auf dem mondbeschienenen Deck in ein Gespräch über den Darwinismus. Ich machte ihn gnadenlos nieder, doch dann kam er mit Colensos Kritik am Pentateuch[56], und diese Runde ging an ihn. Der Kapitän ist ebenfalls ein hochgebildeter Mann. Zurzeit liegen fast 30 Walfangschiffe in der Bucht von Lerwick. Darunter nur 2 Schiffe aus Peterhead, die *Windward* & die *Hope*. Zwischen beiden Mannschaften gibt es viel böses Blut, Gray und Murray werden beide als Aristokraten angesehen.[57]

55 Conan Doyle war davon überzeugt, ein Bohemien zu sein, obwohl einiges dagegenspricht. In seiner Autobiografie schreibt er über seinen ersten Besuch bei seinen Londoner Verwandten: »Ich war für sie zu bohemehaft, und sie waren mir zu konventionell.« Er machte dies zum Thema seines ersten Romans *The Narrative of John Smith* (1883) und beschrieb Sherlock Holmes auf ähnliche Weise. Dieser hasst jede Form von Gesellschaft »aus der Tiefe seines bohemehaften Herzens« (*The Adventures of Sherlock Holmes*, »A Scandal in Bohemia«, 1892).

56 John William Colenso (1814–1883), ein umstrittener anglikanischer Theologe. Zum Missfallen seiner Kollegen und Glaubensbrüder bestritt er, dass die ersten fünf Bücher des Alten Testaments, der Pentateuch, historische Fakten überlieferte.

57 David Gray (1828–1896), Kapitän der *Eclipse*, war tatsächlich als »Prince of Whalers« bekannt, doch mittlerweile hatte die Industrie in Dundee Peterhead abgehängt, da Dundee einen größeren Hafen besaß und größere Schiffe ausrüsten konnte. »Peterhead besaß 1871 noch elf Schiffe, doch mit Ausnahme von Grays *Eclipse* konnte man sie nicht mit den Dampfseglern aus Dundee vergleichen, und dass Peterhead sich in den Siebziger- und Achtzigerjahren wieder dem Walfang zuwandte, war fast ausschließlich den Gray-Brüdern zu verdanken« (Lubbock, *The Arctic Whalers*). 1880 umfasste die Flotte von Peterhead laut Lubbock nur noch sieben Walfänger, von denen einer in jener Saison nicht auslaufen konnte. Die Grays beschlossen, in moderne Dampfschiffe zu investieren, um bessere Fangergebnisse zu erzielen und ihre finanziellen Verluste auszugleichen (vgl. Buchan, *Peterhead Whaling Trade*).

Unser 1. Steuermann Colin McLean war samstags im Queen's, als ein halbes Dutzend Offiziere aus Dundee begann, über die *Hope* herzuziehen. Colin ist ein großer, rotbärtiger Schotte und ziemlich wortkarg, also stand er auf und sagte: »Ich bin auch von der *Hope*«, und begann sogleich, durch die Gesellschaft Amok zu laufen. Er schlug einen Arzt zu Boden & verletzte einen Kapitän & ging siegreich von dannen. Morgens sagte er zu mir: »Zum Glück war ich nüchtern, Doktor, sonst wäre ich noch in eine richtige Schlägerei geraten.« Ich frage mich, was Colin unter einer richtigen Schlägerei versteht. Lerwick ist die Stadt der krummen Gassen und hässlichen Mädchen & der Fische. Ein äußerst trübseliges Loch mit 2 Hotels & 1 Billardtisch. Die Landschaft rundum ist kahl & hässlich. Keine Bäume auf der Insel. Ging freitags zu unserem Agenten Tait zum Essen, schweres, piekfeines Mahl, Champagner & dergleichen, aber ziemlich langweilig. Übrigens haben wir feinsten Champagner & jede Art von Wein an Bord & futtern wie die Mastschweine. Lange Zeit wusste ich nicht mehr, was es heißt, mit Appetit zu essen, und was mir fehlt, ist mehr Bewegung – genau das fehlt mir. Ich boxe ein wenig, aber das ist wirklich alles.[58] Kürzlich sind wir gerade noch rechtzeitig in den Hafen eingelaufen, um der vollen Wucht eines Sturms zu entkommen. Der Kapitän meint, wenn wir draußen geblieben wären, hätten wir unsere Boote und das Schanzkleid verloren, wahrscheinlich auch unsere Masten. Jetzt ist das Wetter besser. Ich vermute, dass wir um den Donnerstag herum absegeln.

58 Tatsächlich boxte er sehr oft, was seinem Ruf auf dem Schiff sehr guttat.

So, meine Liebe, das ist ungefähr alles, was ich an Neuigkeiten habe. Gott segne Dich, während ich fort bin. Du wirst in etwas mehr als 2 Monaten von mir hören. Es gibt einen Parlamentsbeschluss, der uns verbietet, vor dem 2. April Robben zu jagen, das ist der Grund, weswegen wir hier herumzappeln. Liebe Grüße an alle und beste Wünsche an Greenhill Pl.[59]

Dein liebender Sohn

A C D

Der Kapitän hat mir Erlaubnis erteilt, heute mit einigen der größten Unteroffiziere ins Queen's zu gehen, um zu sehen, ob wir nicht eine Schlägerei anzetteln können.

Mrs. Drummond muss Dir den falschen Namen genannt haben.[60]

Lotties[61] Brief war sehr klug & amüsant.

Dienstag, 9. März

Vor dem Essen mit dem Kapitän an Land gegangen. Jack Webster[62] war betrunken und machte auf der Straße Randale. Der Kapitän schnappte ihn und schickte ihn im Lotsenboot an Bord der *Hope*, aber auf halber Strecke sprang er ins Wasser und schwamm zurück an Land. Cane und eine Bootscrew fingen ihn hernach wieder ein. Hatte einen sehr langweiligen Morgen, während ich von einem Laden zum anderen zog. Morgen segeln wir ab, wenn das Wetter einigermaßen

59 Greenhill Place, Edinburgh, war der Wohnsitz enger Freunde, der Ryans. Die verwitwete Margaret Ryan war eine weitere »zweite Mutter« für Conan Doyle und ihr Sohn James ein Freund seit der Schulzeit.

60 Charlotte Thwaites Drummond aus Edinburgh, eine Freundin der Mutter, mit deren Tochter Jessie Conan Doyle zuweilen tanzen ging.

61 Seine sechs Jahre jüngere Lieblingsschwester Caroline Mary Burton Doyle.

62 Jack Websters Rang in der Crew bleibt ungewiss, und man weiß nicht, warum der Kapitän ihn trotz seines widerspenstigen Wesens unbedingt an Bord haben wollte. Die Mannschaftsliste der *Hope* von 1880 ist nicht erhalten.

mitspielt. Tait kam später an Bord, und wir führten ein angenehmes Gespräch. Er ist ein gescheiter Bursche, wenn auch ziemlich langweilig. Blätterte im Scoresby.[63] Kapitän erzählte mir ein paar kuriose Geschichten über den Walfang. Die große Entfernung, auf die diese Tiere einen Dampfer hören können, und wie es sie erschreckt.[64] Öl kostet rund £ 50 die Tonne und Fischbein ungefähr £ 800. Das ganze Fischbein wird auf dem Festland verkauft. Narwale sind sehr verbreitet, ebenso Haie und Delfine, doch die lokale Kuriosität sind die mikroskopisch kleinen Tierchen, von denen der Wal sich ernährt.

Mittwoch, 10. März

Ein Nordwind verhinderte, dass wir ausliefen. Die alte *Eclipse* dampfte um ungefähr vier Uhr würdevoll herein und wurde von jedem Schiff, an dem sie vorbeifuhr, bejubelt.[65] Ging an Bord und traf Kapitän Da-

63 William Scoresby Jr. (1789–1857), wird von Conan Doyle in »Der Zauber der Arktis« als »letzter der großen englischen Kapitäne« bezeichnet. Sein Vater war ein überaus erfolgreicher Walfänger aus Whitby, England, und der junge Scoresby reiste mit zehn Jahren zum ersten Mal in die Arktis. Nachdem er an der Universität Edinburgh Naturwissenschaften studiert hatte und bereits zehn Mal ins Polarmeer gesegelt war, übernahm er 1810 im Alter von 21 Jahren das Kommando über das Schiff seines Vaters, die *Resolution*. Weitere fünfzehn Jahre verbrachte er nicht nur mit Walfang, sondern auch mit Forschungsexpeditionen und wissenschaftlichen Erkundungen der Arktis, bevor er nach dem Tod seiner ersten Frau Geistlicher wurde. Seine teils anekdotischen, teils wissenschaftlichen Aufzeichnungen, *An Account of the Arctic Regions with a History and Description of the Northern Whale-Fishery* (1820), wurden zu einem wichtigen Führer für die Meere und Länder des Polarkreises. Der Scoresbysund in Grönland sowie ein Mondkrater wurden nach ihm benannt.

64 Die zusätzliche Ausstattung der Segelschiffe mit Dampfmaschinen war bei den Walfängern sehr umstritten. Obwohl die Technologie sich 1880 bereits weitgehend durchgesetzt hatte, wurde sie zum Teil für die zurückgehende Anzahl erbeuteter Wale verantwortlich gemacht.

65 Die *Eclipse* galt als bester Walfänger von Peterhead. Sie wurde »für fast £ 12 000 aus massiver Eiche gebaut, als Vollschiff getakelt und für die Fahrt durch das Eis befestigt. Ihre Maschinen brachten mehr als 60 PS, sie führte acht Walboote mit sich und hatte eine fünfundfünfzig Mann starke Crew« (Sutherland, *Whaling Years*). Sie wurde 1866 für die Grays gebaut, gefolgt von ihrem Schwesterschiff *Hope*, 1872–73.

vid, Alec und Crabbe.[66] Ging abends an Land und spielte Captain[67], hatte außerdem die Ehre, Crabbe im Billard zu besiegen. Er hat vor Ort einen sehr guten Ruf. Vergaß meine Meerschaumpfeife und Handschuhe im Raucherzimmer.

Donnerstag, 11. März

Ein großer Tag für Leith[68]. Die Schiffe begannen nach dem Frühstück, den Lerwick-Sund zu verlassen. Es war herrlich, die Männer vom anderen Ende der Bucht an diesem wundervoll klaren und ruhigen Tag zum Klack, Klack der Anker singen zu hören. Jedes Schiff bekam beim Auslaufen ein dreifaches Hurra von allen anderen. Kapitän und ich gingen an Land, und die Bootscrew und ich machten uns auf die Suche nach Jack Webster, diesem Schelm. Wir fanden ihn letztlich, und fünf von uns trugen ihn unter schrecklichen Flüchen die Hauptstraße von Lerwick entlang zum Boot, wo ich ihn festhalten musste, damit er nicht über Bord sprang. Wir legten um ungefähr ein Uhr ab und dampften bis ungefähr sieben zwischen den Inseln hindurch, wonach wir mit der *Jan Mayen*, der *Erik* und der *Active* in einer schmalen Bucht vor Anker gingen.[69] Wir lieferten uns ab Lerwick ein Wettrennen mit der *Jan Mayen* und waren ihr auf der ganzen Strecke

66 David Gray war zudem ein bedeutender Naturforscher und Experte für die Polarregion. »Alec« ist wahrscheinlich der jüngste Bruder, Alexander Gray (1839–1910), der unter David diente. 1883 übernahm er das Kommando des später im Tagebuch mehrfach erwähnten Walfängers *Erik*, des größten Schiffs der Flotte von Peterhead. Crabbe ist vermutlich ein Crewmitglied der *Eclipse*.

67 Vermutlich das Spiel namens »The Captain's Mistress«.

68 Leith ist ein Stadtteil und Hafen von Edinburgh. Warum er an dieser Stelle erwähnt wird, ist unklar.

69 Nach dem Verlassen des Hafens von Lerwick war es üblich, in einer der nördlich gelegenen Buchten vor Anker zu gehen, um die Crew in Wachen einzuteilen und sich auf die Überfahrt über den Atlantik vorzubereiten (Douglas Garden, Shetland Library). Einer anderen Quelle zufolge waren die Crews nach den Abschiedsfeierlichkeiten üblicherweise zu betrunken, um ihren Pflichten nachkommen und die Reise fortsetzen zu können (Clements Markham, Tagebuch von 1874).

voraus, ankerten dann einen Steinwurf entfernt von der *Erik*. Sprach abends mit McLeod und Kapitän über die Eroberung des Nordpols.[70] Niemand zweifelt daran, dass bislang alle auf dem Holzweg gewesen sind. Um den Pol zu finden, muss man sich über den weiten Ozean nähern, nicht über einen allmählich schmaler werdenden Kanal, durch den das Eis auf natürlichem Wege abfließt, so wie in der Davisstraße[71].

Freitag, 12. März

Ich fürchte, wir werden den ganzen Tag lang hierbleiben müssen, denn es weht auf halber Sturmstärke, auch wenn das Barometer hoch steht. Den ganzen Tag lang nichts zu tun. Das Land ist eine Abfolge von niedrigen Bergen, wo man Torf sticht, und seltsamen kleinen Bauernhäusern mit Strohdächern. Kapitän ging abends hinüber zur *Erik*. Die Fische schienen bei ihnen zu beißen, wir aber hatten keine passenden Köder, also gingen der Steuermann und ich mit einer Bootscrew an Land, um ein paar Muscheln zu besorgen. Es war beinahe dunkel, sodass wir sie nicht sammeln konnten, aber wir machten die Runde bei den kleinen Bauernhäusern und bettelten nach ihnen. Solch elende Bruchbuden, sogar die Eskimos haben bessere Häuser. Jedes hatte ein kleines viereckiges Loch in der Decke, damit der Rauch eines großen Torffeuers in der Mitte des Zimmers abziehen konnte. Sie waren alle recht höflich. Traf sogar an diesem barbarischen Ort ein ziemlich hübsches, aber schüchternes Mädchen.[72] Bekamen ein paar Schnep-

70 Die für Conan Doyles Zeitgenossen wichtige Frage, wie man den Nordpol erreichen könnte, wird in seinen Artikeln und Vorträgen über die Arktis immer wieder aufgegriffen (siehe Anhang).

71 Das Meer zwischen der Westküste Grönlands und Baffin Island, Kanada. Conan Doyle wiederholte diese Ansicht, die er später erfahrenen Walfangkapitänen zuschrieb, in seinem Vortrag »The Arctic Seas«, den er am 4. Dezember 1883 in Portsmouth hielt (siehe Anhang).

72 »Seltsame, barbarische, freundliche Menschen, die von der Welt keine Ahnung hatten … Ich wurde von einem wilden, langhaarigen Mädchen mit einer Fackel zurück zum Schiff begleitet, denn der Weg ist nachts wegen der Torflöcher gefährlich. Ich sehe sie jetzt noch vor mir, ihr wirres schwarzes Haar, ihre nackten

fenmesserfische als Köder und zogen siegreich ab. Standen bis zu den Oberschenkeln im ein- und ablaufenden Schlick. Abends dann erschien ein Zollkutter, und der Leutnant, der zu uns an Bord kam, konnte nur durch einen Riegel Kautabak friedlich gestimmt werden. Ich fürchte, Colin wird all unsere Köder aufessen. Kapitän ziemlich verärgert, weil wir in diesem Loch festsitzen. Barometerstand hoch.

Samstag, 13. März

Heftiger Wind und starker Regen. *Active* und *Jan Mayen* bereits abgesegelt. Wir folgen ihnen bald. Sie lichten gerade den Anker und singen »Goodbye, Fare-thee-well, Goodbye, Fare-thee-well«[73]. Ein wirklich hübsches Lied. Seegang war draußen nicht besonders rau. Segelten zwischen den Inseln; als wir weit rechts an der Nordspitze der Shetlands entlangliefen, kamen wir an einem eigenartigen Felsen im Meer vorbei, den man Ramna Stacks nennt.[74]

Den ganzen Tag lang heftiger Regen. Wir lieferten uns ein Rennen mit der *Erik* und schnitten dabei noch am besten ab. Kein bisschen seekrank. Sah Burrafiord Holms[75], den nördlichsten Punkt Großbritanniens, und verlor dann um ungefähr vier am Nachmittag das Land aus den Augen. Liefen die ganze Nacht mit schräg einfallendem Wind und drei Viertel Dampf. Träumte, dass ich von einem Gorilla verprügelt wurde und in einem Oxford-Boot ruderte[76]. 167 Meilen.

Beine, der schlammbespritzte Unterrock und die wilden Gesichtszüge im Fackelschein« (Conan Doyle, *Memories and Adventures*).

73 Ein Shanty, das die Heimkehr nach Liverpool und die dortigen Prostituierten besingt.

74 Eine Felseninselgruppe nördlich von Mainland, der größten Shetlandinsel. Heute Vogelschutzgebiet.

75 Eine weitere Gruppe von Felseninseln. Standort des Muckle-Flugga-Leuchtturms, damals North Unst genannt.

76 Wahrscheinlich ein Skullboot im jährlichen Bootsrennen der Universitäten Oxford und Cambridge, das seit 1829 stattfindet. Conan Doyle war zwar ein begeisterter Sportler, hat aber nie an einem solchen Rennen teilgenommen.

Sonntag, 14. März

Erik ziemlich weit vor uns und nur gelegentlich in Sicht. Starke atlantische Dünung, den ganzen Tag lang heißt es »Auf nach Norden!«[77] unter Dampf und Segeln. Auf nach Norden! Unter diesem Motto rund 150 Meilen zurückgelegt. Auf dem Weg zum Pol läuft der Golfstrom an Spitzbergen[78] vorbei, weswegen dies natürlich der richtige Kurs ist. Es ist einer der außergewöhnlichsten Irrtümer der Geschichte, dass hier ein Schiff nach dem anderen in eine Sackgasse segelte, denn die Davisstraße ist auch nicht besser. Lese Boswell. Stimme keinesfalls mit Macauley[79] [sic] überein, der Boswell für einen geistlosen Menschen hält. Wenn irgendjemand je von dem von ihm so bezeichneten »morbus Boswellianus« befallen war, dann Lord Macauley selbst in seiner Darstellung von Willy dem Schweigsamen.[80]

Zeichnung
→ Seite 146

77 Im Original »Northward Ho!«, eine mögliche Anspielung auf ein gleichnamiges Buch über die Arktis von Albert Hastings Markham (1879) oder ein populäres Lied dieses Titels von 1875 über britische Arktisexpeditionen von John P. Cheyne (Text) und Odoardi Barri (Musik).

78 Größte Insel der norwegischen Inselgruppe Svalbard.

79 Thomas Babington Macaulay (1800–1859), britischer Politiker, Essayist und Historiker, dessen fünfbändige *History of England* großen Einfluss ausübte. Conan Doyle lobte in seinem Buch über persönliche Leseerfahrungen, *Through the Magic Door* (1907), Macaulays Essays: »Wenn ich das eine Buch aus all den vielen wählen sollte, das mir das größte Vergnügen und den größten Nutzen brachte, dann würde ich auf jenes stockfleckige Exemplar von Macaulays *Essays* deuten. Wenn ich zurückblicke, scheint es mit meinem ganzen Leben verknüpft zu sein. Es war mein Kamerad in Studententagen, es begleitete mich an die schwülheiße Goldküste und war Teil meiner bescheidenen Ausrüstung, als ich in der Arktis auf Walfang ging. Ehrenwerte schottische Harpuniere haben sich darüber den Kopf zerbrochen, und man kann immer noch die Ölflecken sehen, wo der Zweite Maschinist mit Friedrich dem Großen rang. Verknittert und schmutzig und zerlesen, kann es mir kein in Saffianleder gebundener Band mit Goldschnitt ersetzen.«

80 Wilhelm I. von Oranien (1533–1584), Anführer des holländischen Widerstands gegen die spanische Vorherrschaft. »Morbus Boswellianus« bedeutet »Boswell'sche Krankheit« und meint wohl vor allem Ungenauigkeit.

Montag, 15. März

Erst unter Dampf und Segeln, dann nur unter Segeln. Müssen heute ungefähr die halbe Strecke zurückgelegt haben. Blieb bis abends in der Kabine. Las Boswell. Mir gefällt der alte Knabe Johnson trotz all seiner Wichtigtuerei. Ein alter Gelehrter durch und durch, so mein Eindruck. Anscheinend war er ein paar Tage in Plymouth, wo beträchtlicher Unfrieden zwischen den Stadtleuten und den Hafenarbeitern herrschte. Johnson, der rein gar nichts mit der Angelegenheit zu tun hatte, wurde oft gehört, wie er ausrief: »Ich hasse Hafenarbeiter!« Dergleichen gefällt mir. Himmel sah heute Abend nach Eis aus. Oberflächentemperatur an einem Tag von 6,7° auf 3,3 Celsius gefallen.

Dienstag, 16. März

Immer noch unter Segeln, Wind gleichbleibend günstig. Ich habe mich als Glücksbringer erwiesen. Zwei Entenwale tummelten sich heute Morgen rund um das Schiff, allerdings habe ich sie nicht gesehen. Anscheinend durchqueren wir gerade einen ihrer liebsten Futterplätze. Rechnen damit, morgen auf Eis zu stoßen. Gestern 159 Meilen zurückgelegt. Befinden uns Hunderte Meilen nördlich von Island, rund sechzig südöstlich von Jan Mayen. Alte Matrosen an Bord sagen, sie hätten noch nie so eine gute Überfahrt erlebt, aber man soll den Tag nicht vor dem Abend loben. Wassertemperatur ist seit 12 Uhr um 2° gefallen, was auf Eis schließen lässt. Weiße Linie am Horizont. Jeder scheint zu glauben, dass wir vor morgen Eis sichten werden. Anhand der Windstille können wir erkennen, dass wir uns im Lee des Eises befinden. Kapitän erzählte mir einige seiner merkwürdigen Träume, bemerkenswert war der über die Deutschen und die schwarzen Färsen.

Zeichnung
➼ Seite 148/149

Mittwoch, 17. März

Dies creta notanda.[81] Ungefähr um fünf Uhr hörte ich den Zweiten Steuermann dem Kapitän mitteilen, dass wir uns im Eis befanden. Er stand auf, aber ich war zu faul. Ungefähr um acht Uhr an einem Norweger vorbeigefahren. Als wir um neun aufstanden, bewies mir die scharfe, frische Luft, dass Frost herrschte. Ich ging an Deck, und da war das Eis. Es handelte sich nicht um eine ununterbrochene Eisfläche, sondern der ganze Ozean war mit kleinen Hügeln bedeckt, die mit den Wellen auf und ab schaukelten, über der Oberfläche reines Weiß, darunter ein wundervolles Grün.[82] Keiner ragte höher als anderthalb oder zwei Meter aus dem Wasser, doch ihre Formen waren mannigfaltig. Keine Robben. Morgens das Krähennest eingerichtet.

Den ganzen Tag über dampften oder vielmehr segelten wir zwischen Eisklumpen, die das Wasser manchmal derart dicht übersäten, dass man Hunderte Meter weit von einem zum anderen hätte springen können, während dann wieder nur einer oder zwei sichtbar

81 »Ein freudiger Tag für Kreta«, aus den Oden des Horaz.

82 In seinem Vortrag vor der Literary & Scientific Society in Portsmouth, im Dezember 1883, schilderte Conan Doyle die Reise ins Polarmeer ausführlicher. Die *Portsmouth Times* berichtete: »Nach vier Tagen unter Segeln ließen sie den Leuchtturm von Unst hinter sich, das letzte sichtbare Zeichen der Zivilisation. …
Nach weiteren vierundzwanzig Stunden erreichten sie den Breitengrad von Island, und dann stießen die Reisenden auf Treibeisströme, die sich vom Packeis gelöst hatten. Der Vortragende schilderte die Wirkung dieser Veränderung auf den unerfahrenen Reisenden sehr anschaulich. Hinter dem 76. Breitengrad gerieten sie zwischen Eisschollen, große schwimmende Eisfelder, von denen einige das Ausmaß einer englischen Grafschaft erreichen und keines kleiner ist als Southsea Common. Nachdem Dr. Doyle geschildert hatte, wie gefährlich es ist, in den Fahrrinnen zwischen den Eisschollen zu navigieren, führte er seine Zuhörer in die Walfanggebiete, wo das Wasser so dick wie Erbsensuppe war, wegen Millionen von winzigen Lebewesen, die dem großen Wal als Nahrung dienen. Als sie nach vielen Enttäuschungen bis zum 80. und 81. Breitengrad vorgedrungen waren, sahen sie eine riesige Eiswand, die sich ohne Unterbrechung von Ost nach West, von der nördlichen Küste Spitzbergens bis zur Ostküste Grönlands erstreckte. Hier hätten sie ihre Jacht nach Süden wenden können, ohne sich Schande zu bereiten, denn sie hatten sich bis auf 120 Meilen dem nördlichsten Punkt genähert, den je ein europäisches Schiff erreichte.«

waren. Das große Eisfeld scheint sich zu unserer Linken zu befinden. Sehe ein Schiff rund 5 Meilen hinter uns, vermutlich die *Jan Mayen*, während weit voraus sich ein Segel vage abzeichnet. Cane sagt, er könne von der Mastspitze aus 9 Schiffe erkennen.

Zeichnung
➛ Seite 151

Donnerstag, 18. März

Stewart träumte letzte Nacht, er befände sich inmitten einer großen Schweineherde, weswegen wir sicher sind, heute Robben zu sichten. Wenn jemand landwirtschaftliche Träume hat, bedeutet dies stets, dass Robben irgendwo in der Nähe sind. Eine kuriose Tatsache. Eis treibt in Klumpen, fast genauso wie gestern. Stewarts Traum scheint sich zu erfüllen, denn wir sichteten unsere erste Robbe, eine Klappmützenrobbe, um ungefähr 11 Uhr vormittags. Sie war schwarz-weiß gesprenkelt, lag auf dem Eis, als das Schiff nur rund ein Dutzend Meter entfernt vorbeidampfte, und bedachte es mit ruhigen Blicken. Armes Vieh, wenn die alle so zahm sind, scheint es schändlich, sie zu töten. Kapitän sah eine große gefleckte Eule ein paar Hundert Meter vom Schiff entfernt, sah ein paar Sterntaucher und Gryllteisten[83], aber wir sind zu weit vom Land entfernt, um wirklich viele zu sichten. Wir sind nun ziemlich weit nördlich von Jan Mayen. Sind an einer weiteren Mützenrobbe und später an einer Sattelrobbe vorbei. Einige weitere wurden später im Wasser gesichtet. Ein wunderschöner Morgen, aber gegen Abend wurde es neblig. Sprachen mit der *Erik* und gratulierten uns gegenseitig zu unserer Überfahrt. Übrigens sagte Walker in Lerwick zu mir: »Hätte ich letztes Jahr gewusst, wer Sie sind, Sir, wäre einiges anders gelaufen.« Heute bin ich noch wesentlich besser, aber das sagte ich ihm nicht.[84]

83 Arktische Seevögel.

84 Dr. Robert Walker von der *Eclipse*, der an Land eine Arztpraxis führte, könnte einer der Ärzte gewesen sein, bei denen Conan Doyle sich 1879 vergeblich um eine Assistentenstelle beworben hatte.

Freitag, 19. März

Ein dichter Nebel mit daraus herausragenden Eisklumpen. Man konnte in jede Richtung ungefähr hundert Meter weit sehen. Vorbei an zwei großen Mützenrobben, Männchen & Weibchen, auf einer Eisscholle. Wir versuchten, das Pfeifen nachzuahmen, und das Männchen hielt tatsächlich inne und lauschte, das Weibchen war nicht so leicht zu beeindrucken, sondern glitt sofort an der Seite runter. Das Männchen war ungefähr 3 Meter lang, schätze ich, das Weibchen 2 bis 2,5 Meter. Wenn nur der Nebel aufklaren würde. Es nieselt ein wenig. Nebel hielt den ganzen Tag lang an, also drehten wir abends bei. Cane und Stewart machten am Abend Sparring. Sprach mit Kapitän über Literatur, er hält Dickens im Vergleich zu Thackeray für eine Null.[85] Buckland scheint ein liebenswerter Kerl zu sein.[86]

Samstag, 20. März

Nur eine Woche von den Shetlands entfernt und schon weit hinein in die Eisfelder. Es war gewiss eine herrliche Reise bisher. Schöner Tag, wundervoll klar. Eisfelder, schneeweiß auf sehr dunkelblauem Wasser, so weit das Auge reicht. Wir pflügen würdevoll mittendurch. Fünf Segler in Sicht, einer davon die *Erik*. Stewart will mir unbedingt einen hübschen Eskimo-Tabaksbeutel schenken; vermutlich möchte er sich für die Pfeife revanchieren, die ich ihm gab. Bislang keine Robben gesichtet. Näherten uns abends schwerem Eis und drehten

85 Charles Dickens (1812–1870) war indes beim Publikum weitaus populärer als sein Freund und Rivale William Makepeace Thackeray (1811–1863), dessen Gesellschaftsroman *Vanity Fair* bis heute als Meisterwerk gilt.

86 Francis Trevelyan Buckland (1826–1880), englischer Arzt und Naturforscher. Seine anekdotischen Bücher und Vorträge, wie *Log Book of a Fisherman and Zoologist* (1876), waren in den 1860er- und 70er-Jahren populär. Als notorischer Feinschmecker hatte er eine kulinarische Vorliebe für exotische Tierarten. In seiner Funktion als Fischereibeamter hatte er die Gray-Brüder persönlich kennengelernt und war für die von Conan Doyle erwähnte Schonzeit für Robben mitverantwortlich.

bei. Etliche Mützenrobben tummelten sich rund um das Schiff. Vom Krähennest aus sieht man ungefähr hundert Robben, wir scheinen uns also der Kolonie zu nähern. Elf Segel in Sicht. Adam Carner entdeckte Bärenspuren auf dem Eis.[87]

Sonntag, 21. März

Wegen dichtem Nebel den ganzen Tag beigedreht. Dutzende Mützenrobben rundum. Einige Sattelrobben. Der Kapitän meint, die Kolonie sei rund 20 Meilen vor uns. Johnny[88] hatte am Abend eine Zusammenkunft, der Gesang vom Deck klang gut.[89] Entkorkten eine Flasche Portwein nach dem Essen. Kapitän erzählt mir, er habe versucht, einen Kegel voll Blausäure an einer Harpunenspitze zu montieren. Er schoss sie von seinem kleinen Dampfer auf einen Finnwal. Das Tier sauste so rasend schnell davon, dass der Bug durch die Reibung beinahe in Brand geriet. Die Leine riss, und der Wal entkam, scheint aber verendet zu sein, da man einige Tage lang an der Küste keine Hundshaie sichtete. Viele Finnwale sind 30 Meter lang. Übrigens hat mir Carner einige Eskimoworte beigebracht. Amalang (ja), piou (sehr gut), piou smali (schlecht), kisi-micky (Eis-Hund, d.h. Bär).

Zeichnung ➵ Seite 153

87 Obwohl Conan Doyle den Namen im ganzen Logbuch »Carner« schreibt, könnte es sich um Adam Cardno handeln, der 1833 in Peterhead geboren wurde, ein Bootsmann, der spätestens 1871 auf einem älteren Schiff unter Kapitän Gray den Rang eines festen Harpuniers erreichte.

88 Der Erste Maschinist, John McLeod.

89 »Die Wal-Jungs waren eine raue, aber zuverlässige Bande, extrem abergläubisch und gottesfürchtig bis zum letzten Mann. Kein Sonntag verstrich, ohne dass man sich Zeit für eine Messe nahm, die nach dem anglikanischen Gebetsbuch für Seeleute gehalten wurde. Obwohl nur wenige Crewmitglieder dieser Konfession angehörten, wurde dieser Brauch eingeführt, um weder Presbyterianer noch Katholiken zu bevorzugen. Da auf einigen Schiffen morgens und nachmittags Messen gehalten und abends zusätzlich aus der Bibel vorgelesen wurde, kam es nicht selten dazu, dass die Zusammenkunft vom Blasen eines Wals unterbrochen wurde. Die Männer sprangen dann mit der Bibel in der Hand in die Boote und kehrten, nachdem sie das arme Tier abgeschlachtet hatten, zurück zu Psalmen und Gebeten« (Sutherland, *Whaling Years*).

Montag, 22. März

Wieder sehr neblig, aber wir sind an ein paar Sattelrobben mit ihrem kleinen, dicken, gelben Nachwuchs vorbeigetrieben. Holten die Seitenboote und die Gewehre heraus. Müssen jedoch noch lange warten, bis zum 3. April, Samstag in einer Woche. Nebel hielt sich den ganzen Tag, also drehten wir bei. Abends geboxt. Boswell Bd. I. fertig gelesen. Von G. P. geträumt.[90]

Dienstag, 23. März

Klarer Morgen, recht viele Robben in Sicht. *Eclipse* endlich eingetroffen, und Kapitän ging vor dem Essen an Bord. Dampften ein paar Meilen in die richtige Richtung. Den ganzen Tag Sturm. 6 Grad unter null. Sehr kalter Wind. Takelage mit Eis bedeckt. Vor dem Tee ins Krähennest aufgeentert, doch der Kapitän rief mich herunter, gerade als ich oben angekommen war, da er befürchtete, ich könnte mir Erfrierungen holen. Bekam schönen Beutel von Cane. Carner erzählt mir, dass ein Dockarbeiter in New Orleans vor dem Krieg £ 1 am Tag verdienen konnte. Heute verdienen sie nur einen Dollar. Kapitän hat während des Kriegs Blockadebrecher[91] aus Liverpool auslaufen gesehen, lange, sehr schnelle, spinnenförmige [spindelförmige?] Dampfer, bemalt mit der Farbe des Ozeans. Fracht größtenteils Chinin, brauchten so gut wie keine Crew. Barometer steigt wieder.

Mittwoch, 24. März

Wieder ein großer Tag für Leith. Wir haben die Robbenkolonie gesehen, und sie ist auch noch riesengroß. Ich habe sie noch nicht vom Krähennest aus gesehen, aber sie erstreckt sich von einer Seite des

90 Möglicherweise träumte Conan Doyle von Greenhill Place, dem Wohnsitz seines alten Schulfreundes James Ryan.

91 Schiffe der Konföderierten im Amerikanischen Bürgerkrieg (1861–1865), die durch ihre Schnelligkeit die Blockade von Südstaatenhäfen durch die Union durchbrechen und Güter wie Chinin, ein wichtiges Medikament gegen Malaria, liefern sollten.

Horizonts zur anderen und so weit in die Ferne, dass wir kein Ende erkennen können. Je näher wir herandampfen, desto größer wird sie. Colin sagt, so eine hat er noch nie im Leben gesehen. Es ist gewiss die zurzeit größte Ansammlung großer Tiere auf Erden, zumindest kenne ich kein anderes Tier, das in Millionen Exemplare zählenden Herden auftritt, die eine Fläche von rund 15 Meilen Länge und 8 Meilen Breite bedecken. Wir sollten nun eine gute Reise haben, wieder mal Glück gehabt. Alle Schiffe ringsum haben inzwischen beigedreht und gehen in Position. *Windward* dampfte heute an uns vorbei, ließ ihre Bugflagge wehen und holte sie auf und nieder, um uns zu grüßen. Müssen noch 10 Tage warten. Austern.

Donnerstag, 25. März

Ein Hoch auf den Federkiel! Heute Abend 10° unter Gefrierpunkt. Haben unsere Position eingenommen und den ganzen Tag Boote montiert und Gewehre gereinigt. Rand der Kolonie kann nun von der Brücke ausgemacht werden. Recht viele Einzeltiere rund ums Schiff. Ich kann die Jungtiere quieken hören, während ich schreibe. Das Geräusch ist eine Mischung aus Katzenmiauen und dem Blöken eines Lamms. Äußerlich gleichen sie irgendwie einer Kreuzung zwischen einem Lamm und einer riesigen Nacktschnecke. Jetzt besteht unsere einzige Furcht darin, dass einige dieser räuberischen Norweger oder Dundeemänner hingehen und sich breitmachen. Wenn wir weniger als 50 Tonnen erbeuten, wäre ich enttäuscht, wenn wir weniger als 100 holen, überrascht. Kapitän will mir das Bestimmen des Längen- und Breitengrads beibringen. Heute ein geistreiches Reimpaar gesehen

»Bis Stille wie ein Breiumschlag
Die schmerzlichen Klänge kuriert.«

Vermutlich von Holmes.[92] Trug heute meine Seestiefel.

92 Oliver Wendell Holmes (1809–1894), amerikanischer Arzt und Schriftsteller, den Conan Doyle besonders schätzte. Er zitiert aus dem Gedicht »The Music-Gardens« (1836).

Freitag, 26. März

Immer noch Frost. Tagsüber heute minus 9 Celsius, minus 11° nachts. Das ist genau das, was wir brauchen, um die Lücken im Eisfeld zu schließen und sicher darauf gehen zu können. Sehr wenig gedampft. Der Steuermann sagt, die Robben liegen fast als eine feste Masse da. Er meint, es seien mehr als anno '55[93], und damals seien 50 Schiffe dabei gewesen, von denen alle die Frachträume vollbekommen hätten. Wir sind jetzt insgesamt 23 Schiffe, also sind die Aussichten heiter. Wenn kein Unglück geschieht, machen wir reichlich Gewinn. Das Warten ist sehr ermüdend, auch wenn die Schonfrist eine vorzügliche Regelung ist. Früher wurden die armen Tiere getötet, bevor sie Junge werfen konnten. *Eclipse* erwischte heute einen Bären, und wir sahen die Spuren eines anderen im Schnee neben dem Schiff. Sie sind feige Geschöpfe, wenn sie nicht gerade in die Ecke gedrängt werden. Kapitän hat einmal einen mit einem Bootshaken getötet. Maschinist erzählte mir, dass einer einmal eine Crew meilenweit über den Schnee verfolgte und sie einen Gegenstand nach dem anderen wegwerfen mussten, um seine Aufmerksamkeit abzulenken, sodass sie das Schiff schließlich halb nackt und mit vollen Hosen erreichten. Im British Museum gibt es kein Exemplar eines Nordkapers, nur einen Fötus. Sah heute, wie die Robbenjungen gesäugt wurden. Verletzte meine Hand, als ich mit dem Stewart boxte. Füllte den Zahn des alten Keith und heilte das Bauchgrimmen des jungen Keith. Heute scheint Familienausflug angesagt zu sein.

Zeichnung
➼ Seite 155

Samstag, 27. März

Heute in einer Woche ist unser Tag. Bekam heute mein Messer und meinen Schleifstein und bat Carner, sich um meinen Knüppel zu

93 1855 war ein Höhepunkt der schottischen Robbenjagd. 27 Schiffe aus Peterhead erbeuteten 131 049 Robben (»The Peterhead Whalers«, *The Scotsman*, 19. November 1902).

kümmern. Schöner Tag, immer noch am Rand der Kolonie liegend, alle scheinen zufrieden, außer dem Kapitän, er murrt ein wenig, aber ich glaube, er meint es nicht ernst. Spuren eines weiteren Bären gesehen. Die *Eclipse* hat zwei erlegt, und wir haben keinen einzigen gesehen. Man erzählt mir, dass Bären oft in Gruppen von 20 bis 30 Tieren umherwandern. Heute Abend Gewehre ausgegeben. Ein wenig gedampft. Haggie Milne geht es heute Abend besser. Keine Neuigkeiten. Schrieb mein »modernes Gleichnis«[94].

Sonntag, 28. März

Haggie geht es wieder schlecht, also gab ich ihm etwas Chlorodyne.[95] Kapitän ging an Bord der *Eclipse*, und kurz darauf kam ein Boot, mich zum Essen abzuholen. Hatte eine sehr angenehme Mahlzeit mit gutem Wein hinterher.[96] Das Gespräch drehte sich um den Krieg[97], Politik, den Nordpol, Darwinismus, Frankenstein[98], Freihandel, Wal-

94 Der Text ist nicht überliefert. Conan Doyle hatte im Vorjahr »The Mystery of Sasassa Valley« im *Chambers' Journal* veröffentlicht, eine Abenteuergeschichte über ein angeblich von Geistern heimgesuchtes Tal in Südafrika, das wertvolle Bodenschätze birgt. Andere frühe Erzählungen wurden abgelehnt, doch »es machte nichts, dass die anderen Versuche scheiterten. Ich hatte es einmal geschafft und heiterte mich mit dem Gedanken auf, dass ich es wieder schaffen könnte.«

95 Ein gängiges Schmerzmittel aus Chloroform, Morphium, Hanf, Blausäure und anderen Zutaten.

96 »Sogar in den nördlichsten Breiten des Polarmeeres wurden die strengsten Regeln der viktorianischen Etikette am Tisch des Kapitäns strikt eingehalten, wenn die Gäste frisch erlegte Seevögel, für gewöhnlich Eiderente oder Eistaucher, genossen und das Mahl mit einem guten Rotwein hinunterspülten, gefolgt von Brandy, Gesprächen und vielleicht einer Partie Whist« (Sutherland, *Whaling Years*).

97 Der zweite Afghanistan-Krieg, 1878–80. Schir Ali Khan, Emir von Kabul, empfing eine russische Gesandtschaft, weigerte sich aber, eine britische zu deren Bedingungen zu empfangen. Im Mai 1879 wurde den Briten im Vertrag von Gandamak eine Botschaft in Kabul zugesprochen, doch bereits im September desselben Jahres führte die Ermordung des Botschafters und seiner Eskorte zur Fortsetzung des Kriegs und zur Besetzung Kabuls durch die Briten.

98 Mary Shelleys Roman *Frankenstein* (1818) beginnt und endet an Bord eines Forschungsschiffs in der Arktis und wird von seinem Kapitän erzählt, der zuvor auf Grönlandwalfängern diente. Bevor Mary Godwin den Dichter Percy B. Shelley

fang und lokale Angelegenheiten. Kapitän David scheint unseren Fall in einem düsteren Licht zu sehen. Sagt, wir können uns glücklich schätzen, wenn wir 20 Tonnen bekommen. Das mag er zwar sagen, aber ich glaube nicht, dass er wirklich dieser Meinung ist. Sah seine Bärenfelle. Übrigens erzählte er uns einige merkwürdige Geschichten, die ich möglichst in seinen Worten aufschreiben möchte.

»Als ich noch ein junger Bursche war«, sagte er, »kam ich zufällig nach London, mit einer goldenen Uhr und ziemlich viel Geld. Eines Abends besuchte ich das Lyceum[99] und wollte zurück zu meiner Unterkunft in Holborn[100], irrte aber lange Zeit umher, ohne den richtigen Weg finden zu können. Schließlich traf ich einen ehrbar aussehenden Mann und fragte ihn nach dem Weg nach Holborn, wobei ich erklärte, dass ich fremd in der Stadt sei. Er sagte, er gehe in dieselbe Richtung und sei Hauptmann Burton von den 17th Lancers.[101] Wir gingen zusammen weiter, und als Hauptmann Burton davon anfing, wie gefährlich es sei, in London mit Geld herumzulaufen, erfuhr er von meiner Uhr und dem Gold und warnte mich. Kurz darauf traten wir durch eine offene Tür, und der Hauptmann sagte: ›Mal sehen, was es hier gibt, ich hätte gern einen Cognac.‹ Ich meinte: ›Kaffee ist mir stark genug.‹ Der Kellner, der die Getränke servierte, war der am abstoßendsten aussehende Schurke, der mir je unter die Augen ge-

kennenlernte und heiratete, wurde sie im Sommer 1812 von ihrem Vater für einige Wochen zur Familie eines befreundeten Arztes, William Thomas Baxter aus Dundee, geschickt, wo sie wahrscheinlich einiges über die dortige Walfangindustrie erfuhr. Für Conan Doyle war vermutlich besonders interessant, dass Mary Shelley in ihrem Roman darüber spekuliert, ob der Pol eisfrei sei und eine Durchfahrt bis in den Pazifik möglich wäre.

99 Eines der bedeutendsten Theater im viktorianischen London, Ecke Wellington Street und Strand. Es wird auch im zweiten Sherlock-Holmes-Roman, *The Sign of the Four* (1889), erwähnt.

100 Früher Stadtteil von London, nordwestlich der Innenstadt. Heute Teil des Stadtteils Camden. Erwähnt in der Sherlock-Holmes-Geschichte »The Adventure of the Blue Carbuncle«.

101 Hauptmann der leichten Kavallerie des Herzogs von Cambridge, die 1854 im Krimkrieg schwere Verluste erlitt.

kommen war, und ich sah, wie er seine Zunge in die Wange steckte und dem Hauptmann einen anzüglichen Seitenblick zuwarf. Da kam mir zum ersten Mal der Verdacht, dass ich in eine Falle geraten war.

Ich warf einen halben Sovereign auf die Theke und stand auf, um hinauszugehen, doch der Kellner stellte sich mit dem Rücken zur Tür und sagte: ›Unsere Gäste dürfen nicht einfach so verschwinden.‹ Der Hauptmann rief: ›Kommen Sie, Sir, lassen Sie uns heut Nacht Spaß haben. Hey, bringen Sie uns Sherry aus Fass Nr. 3.‹ Der Kellner rief ›Janet!‹, und ein ziemlich hübsches und bleiches Mädchen erschien. Er sagte: ›Fass Nr. 3.‹ Das Mädchen antwortete: ›Ganz, ganz gewiss wirst du dieses Fass heut Nacht nicht brauchen.‹ Er sagte: ›Tu, was man dir befiehlt.‹ Als sie den Wein servierte, flüsterte sie mir zu: ›Stellen Sie sich schlafend.‹ Ich trank ein wenig von dem Wein, aber verschüttete das meiste. Dann sank ich nieder & schloss meine Augen. Bald kamen die beiden Schurken zu mir herüber und unterhielten sich flüsternd, und einer schwenkte die Kerze vor meinen Augen und sagte: ›Er ist abgetreten.‹ Sie flüsterten noch einmal kurz miteinander, und einer meinte: ›Tote reden nicht.‹ Der andere erwiderte: ›Dann sollten wir lieber das Bett machen‹, und beide verließen das Zimmer. Ich riss das Fenster auf, war im Nu auf der Straße und rannte eine halbe Meile, bis ich einen Schutzmann traf, doch dann war es mir unmöglich, das Haus wiederzufinden, weil ich mich in London nicht so gut auskannte. Ich hörte nie wieder davon. Holen Sie eine neue Flasche Portwein, Doktor.« Man hielt das Ende der Geschichte für sehr gelungen.[102] Er

102 Der Bericht erinnert an Robert Louis Stevensons *Suicide Club*-Trilogie (1878), die zusammen mit anderen Erzählungen in *New Arabian Nights* erschien und Conan Doyle nicht nur deswegen gefesselt haben mag, weil er London gut kannte, sondern auch, weil ihn die dunkle Seite der Stadt faszinierte. Als er 1874 im Alter von fünfzehn Jahren Verwandte besuchte, hatte er in einem Brief an seine Familie Madame Tussauds Wachsfigurenkabinett in der Baker Street mit Begeisterung beschrieben, und womöglich kam ihm Kapitän Davids Geschichte wieder in den Sinn, als er sechs Jahre später Sherlock Holmes erfand, dessen Abenteuer ihn oft in die »schäbigsten und schmutzigsten Gassen Londons« führten.

erzählte noch eine, wie er im Dienst der Buren[103] spioniert und 3 Kaffern[104] im Schlaf ermordet und einen Deutschen erschossen hatte.

Einmal beobachtete er, wie ein Walross einen Narwal auffraß. Er ist ein netter Kerl, und Dr. Walker scheint ebenfalls schwer in Ordnung zu sein. Er glaubt, dass man nachts mehr Wale als tagsüber findet, weswegen er, wenn er nach Norden ins Land des Zwielichts aufbricht, um zehn Uhr abends frühstückt, um 2 Uhr früh zu Mittag und um sieben am Morgen zu Abend isst. Danach schläft er den ganzen Tag. Er sagt, Wale hinterlassen einen ganz typischen Geruch, sodass man sie oft schon riecht, bevor man sie sieht.

Montag, 29. März

Unsere Zeit kommt nun näher. Nebliger Tag mit Schneetreiben. Keine besonderen Vorfälle. Hatte einen angenehmen Abend in der Steuermannskajüte. Die ganze Zeit gesungen. Sang *Jack's Yarn*, *The Mermaid* und *Steam Arm*[105]. Herrlicher Spaß. Übrigens hat mir der Steuermann Colin heute ein großes Kompliment gemacht. Er sagte: »Wenn wir mit der Robbenjagd beginnen, müssen alle von uns hart arbeiten. Um Sie mach ich mir keine Sorgen, Schiffsarzt. Ich setze darauf, dass Sie mit jedem Mann an Bord einen Tag arbeiten können. Sie gefallen mir, ich mochte Ihre Art, seit ich Sie zum ersten Mal sah. Ich hasse diese Gentlemen, die sich nicht die Hände schmutzig machen wollen.« Dies war ein großes Kompliment von dem wortkargen Colin.

103 Buren: niederländische Siedler in Südafrika, deren Kolonien mit jenen der Briten konkurrierten. Der erste Burenkrieg brach im Dezember 1880 aus. Conan Doyle diente sechs Monate als Freiwilliger im zweiten Burenkrieg, 1899–1902, durch den die britischen Interessen endgültig durchgesetzt wurden. In beiden Kriegen ging es letztlich um die Ausbeutung der südafrikanischen Bodenschätze.

104 »Kaffer« war ursprünglich die Bezeichnung für Angehörige eines Bantu-Stammes, setzte sich später als allgemeiner, herabsetzender Begriff für »Schwarze« durch.

105 *Steam Arm*, d. h. »Dampfarm«, ein Lied von H. V. Smith, handelt von einem Soldaten, der in Waterloo einen Arm verliert und sich eine dampfbetriebene Armprothese konstruiert, um damit seine zänkische Frau zu züchtigen. »Jack« ist die allgemeine Bezeichnung für einfache Matrosen, *The Mermaid* ein Lied über eine Meerjungfrau oder Nixe.

Dienstag, 30. März

Nicht viel los. *Windward* kam längsseits, und Murray kam zu uns an Bord. Er scheint an keine großen Erfolgsaussichten zu glauben, 10 Tonnen würden seine Erwartungen schon übertreffen, sagte er. Erzählte uns von Sir John Ross[106], der mit seinem Gewehr durch das Fenster eines Hauses feuerte, weil sein Steuermann sich darin aufhielt & er ihn brauchte. Murray war einer derjenigen, die nach Franklin suchten. Ross sagte: »Jeder Schritt voran, Jungs, bedeutet für uns Ruhm und Ehre. Lieber tot als ehrlos«, als sie mit den Schlitten losfuhren. Sparring mit Colin & Stewart.

Mittwoch, 31. März

Den ganzen Tag lang kaum etwas los. Eine starke Dünung hat eingesetzt, und wir machen uns Sorgen, wie es weitergeht. Wenn sie bis Samstag anhält, würde dies unsere Arbeit sowohl schwierig als auch gefährlich machen. Das Eis bildet keine feste Fläche, sondern besteht aus Tausenden Schollen jeder Größe, die nah beieinander treiben. In der Dünung trennen sich diese Schollen und stoßen mit unwiderstehlicher Kraft wieder aufeinander. Wenn ein armer Kerl ausrutscht und zwischen zwei Schollen gerät, was leicht geschehen kann, dann läuft er Gefahr, in zwei Teile geschnitten zu werden, was tatsächlich einigen Männern aus Dundee widerfahren ist.[107] Männer spielten Bockspringen auf einer großen Scholle. Begann eine Erzählung, »Eine

106 Admiral Sir John Ross (1777–1856), schottischer Forschungsreisender, dessen Suche nach der Nordwestpassage erfolglos blieb, aber viele wertvolle wissenschaftliche Erkenntnisse einbrachte. Er leitete 1850 eine Suche nach der 1845 verschollenen Expedition von Admiral John Franklin, dessen Schiffe im Polarmeer Kanadas verloren gingen. 1833 verlor Ross sein Schiff nach vier Jahren in der Arktis, doch wurden er und seine Crew von einem Walfänger gerettet.

107 J. F. Taplin von der *Windward* wurde Zeuge eines solchen Todesfalls. In einem Tagebucheintrag vom 15. April 1860 schreibt er: »Der arme Kerl war auf einer Eisscholle eingebrochen und wollte sich gerade retten, als ein Windstoß eine zweite Scholle gegen ihn trieb, die den Armen entzweischnitt.«

Reise zum Pol«, die ich gut hinbekommen möchte. Wir werden an Gladstone und Disraeli schreiben, wenn die Dundee-Männer heimsegeln.[108]

Donnerstag, 1. April

Weiterhin Dünung, und die Lage sieht schlecht aus. Tagsüber ein wenig gedampft. Dies ist das erste Mal seit 3 Jahren, dass ich am heutigen Tag nicht geprüft wurde.[109] Schickte den Ersten Maschinisten mit einem Aprilscherz über Gardinenringe zum Kapitän. Johnnys Würde war tief verletzt. Übrigens war ich gestern am Masttopp und auch eine Zeit lang auf dem Eis. Grüßten die *Harald Haarfager*[110] heute Abend um 7.30. Immer noch Dünung.

Freitag, 2. April

Immer noch Dünung, und die Kolonie zerstreut sich immer weiter. Ich fürchte, unsere Aussichten lassen sich nicht verwirklichen. Dennoch muss ein jeder sein Bestes geben, und mehr können wir nicht tun. Blieb bis 12 Uhr wach, um das Ende der Schonfrist mitzuerleben.

Samstag, 3. April

Um 2:30 Uhr morgens aufgestanden. Weiterhin Dünung, die jede gute Arbeit unmöglich macht. Ließen unsere Boote ungefähr um 4.30 ins Treibeis hinunter. Ich blieb auf Befehl des Kapitäns an Bord, womit ich ganz und gar nicht einverstanden war, und half, so gut ich konn-

108 Benjamin Disraeli, britischer Premierminister der Konservativen seit 1874, verlor das Amt 1880 an seinen liberalen Gegner William Gladstone. Möglicherweise sollte der genannte Brief über Verstöße der Walfänger aus Dundee gegen die Schonzeit informieren. Der Text von »A Journey to the Pole« (Eine Reise zum Pol) ist nicht erhalten.

109 Conan Doyle meint die Prüfungen der medizinischen Fakultät der Universität Edinburgh.

110 Ein norwegisches Schiff, benannt nach einem Anführer der Wikinger, der 872 König von Norwegen wurde.

te, indem ich die Felle an der Bordwand heraufzog. Die alten Robben, die schwimmen können, werden mit Gewehren erschossen, während die armen Jungtiere, die nicht fliehen können, mit Keulenschlägen auf den Kopf getötet werden. Es ist ein blutiges Handwerk, den armen kleinen Schelmen die Schädel einzuschlagen, während sie aufblicken und einen mit ihren großen, dunklen Augen ansehen. Bald holten wir die Boote ein und begannen zu packen, das heißt, alle Mann kletterten über die Bordwand, sprangen von einer Treibeisscholle zur nächsten und töteten alles, was sie sahen, während das Schiff hinterherdampfte und die Felle einsammelte. Es braucht ziemlich viel Geschick, um zu erkennen, welches Eis einen tragen kann und welches nicht. Ich war bestrebt, gleich loszulegen, doch als ich über die Bordwand des Schiffs kletterte, fiel ich zwischen zwei Eisschollen und wurde mit einem Bootshaken wieder herausgefischt.[111] Ich hängte meine Kleidung zum Trocknen auf und fing noch einmal an, & es gelang mir, ein paar Robben zu töten und ihre Überreste zur Seite des Schiffs zu schleppen, nachdem ich sie gehäutet hatte. Heute holten wir uns 760 Robben. Magere Ausbeute, schätze ich, aber wir hoffen das Beste. Schließlich sind es die Wale, die sich bezahlt machen.

Sonntag, 4. April

Den ganzen Tag gearbeitet. Heute dreimal ins Polarmeer gefallen, doch glücklicherweise war immer jemand in der Nähe, um mich herauszuziehen. Die Gefahr eines Sturzes besteht darin, dass man bei einer so starken Dünung wie momentan gut von zwei aufeinanderprallenden Schollen in zwei Hälften gehackt werden kann, wenn man zwischen ihnen festklemmt. Ich wurde mehrmals aus dem Wasser gefischt, war aber dadurch abends außer Gefecht gesetzt, weil all meine Kleider im Maschinenraum trockneten. Um ein Beispiel für

111 Eine lebensgefährliche Situation, die auch in der Erzählung »The Captain of the Pole-Star« beschrieben wird (siehe Anhang).

Geistesabwesenheit zu nennen: Nachdem ich heute eine Robbe gehäutet hatte, ging ich mit den beiden Hinterflossen in der Hand davon, während ich meine Fäustlinge auf dem Eis zurückließ. Einige unserer Männer arbeiten sehr gut, indes andere, trotz vieler ehrenwerter Ausnahmen meist Shetlander, sich abscheulich vor ihrer Arbeit drücken.[112] Diese Arbeit zeigt, aus welchem Holz ein Mann geschnitzt ist, denn wir töten oft weit vom Schiff entfernt und außerhalb der Sichtweite des Kapitäns, wir müssen die Beute meilenweit schleppen, und wenn sich jemand drücken will, so kann er dies tun. Colin der Steuermann ist beim Robbenfang ungemein stark, voller Energie, & arbeitet hart. Ich hörte ihn heute zu einem anderen Mann sagen, er werde ihn erschlagen, wenn er nicht mehr anpacke. Oft sah ich die Schelme an einer schönen fetten Robbe vorbeigehen, um stattdessen einen armen kleinen »Toby«, ein gerade geworfenes Jungtier, zu töten, damit sie weniger schwer zu schleppen hatten. Der Kapitän sitzt den ganzen Tag am Masttopp und sucht mit dem Fernglas nach den Stellen mit den meisten Tieren. Heute ungefähr 460 erlegt.

Montag, 6. [5.] April

Ging heute Morgen mit Colin nach draußen, um richtig hart zu arbeiten, begann aber mein Tagwerk, indem ich erneut ins Wasser fiel. Ich hatte gerade eine Robbe auf einer großen Scholle getötet, als ich über den Rand fiel. Niemand war in der Nähe, und das Wasser war mörderisch kalt. Ich konnte mich zwar am Rand der Eisscholle festhalten, sodass ich nicht unterging, doch war sie zu glatt und rutschig, um wieder hinaufzuklettern. Letztlich bekam ich jedoch die Hinterflossen der Robbe zu fassen und konnte mich an ihnen hochziehen. Der arme alte »Robby« häufte gewiss feurige Kohlen auf mein

112 Die Crew bestand aus 56 Männern, von denen neunzehn von den Shetlands stammten. Vgl. Conan Doyles Artikel »Life on a Greenland Whaler« (siehe Anhang).

Haupt.[113] Zog noch einmal mit dem Stewart los und waren ganz erfolgreich.[114] Erlegten wieder rund 400.

Dienstag, 6. April

Morgens mit Colin hinaus zur Kolonie und tatsächlich nicht ins Wasser gefallen. Der Kapitän nennt mich den »großen Eistaucher«. Wir erlegten ziemlich viele alte und junge Tiere und dampften dann hinaus, um zu sehen, ob wir nicht irgendetwas für uns finden könnten. Schoss zwei große Mützenrobben, beide leichte Ziele, rund 60 Meter entfernt, doch als ich schoss, nachdem all die Harpuniere ihr Ziel schon verfehlt hatten, schwoll mir der Kamm. Es waren riesige Tiere, ich habe von einem einen dreieinhalb Meter langen Knochen aufbewahrt. Man nennt sie auch See-Elefanten. Sie haben Hauttaschen an ihren Schnauzen, die sie beliebig weit aufblähen können, wenn sie wütend sind. Sah die *Jan Mayen* und andere, mit all ihren Booten im Wasser töteten sie alte Robben. Erlegten 270 junge & 58 alte.

Mittwoch, 7. April

Heute schlechte Ausbeute, Robben sind rar, und wir erlegten nur 133. Haggie Milne geht es sehr schlecht, & ich fürchte, dass er sterben

113 Vgl. Altes Testament, Sprüche 25,22. Dr. Taplin von der *Windward* passierte 1860 ein ähnliches Missgeschick, und obwohl er von einem Kameraden herausgezogen wurde, war es keine Kleinigkeit, zum Schiff zurückzugehen: »Ich musste schnell laufen, damit meine Beine nicht einfroren, das Eis war sehr übel, doch ich erreichte das Schiff in ungefähr 40 Minuten. Ich ging sofort in die Kabine, um die Kleidung zu wechseln, doch dauerte es seine Zeit, bis ich dies fertigbrachte, weil meine Hosen an den Stiefeln und mein Mantel an Hose und Weste festgefroren waren. Ich kann mir nicht vorstellen, wie ich das Schiff erreicht habe … Als ich ankam, waren meine Beine so steif, dass ich nicht über die Leiter an Deck kommen konnte, sondern mit einem Seil unter den Armen hochgezogen werden musste.«

114 Conan Doyle war jung, kräftig und hatte Glück. Albert Hastings Markham berichtet von einem Seemann, der ebenfalls ins eisige Polarmeer gefallen war. Obwohl er an Bord geholt und mit Stärkungsmitteln versorgt wurde, »dauerte es tagelang, ehe er sich von den Nachwirkungen seines kalten Bads erholte«.

wird. Er leidet unter einer Darmverschlingung, erbricht Kot & hat unablässig Schmerzen.[115] Es ist kein Leistenbruch. Verabreichte ihm heute ein Klistier aus Seife & Rizinusöl.[116]

Donnerstag, 8. April

Brachte heute unsere Briefe an Bord der *Active*.[117] Wurde zu spät informiert und schrieb nur einen Brief, obwohl ich gern mehr geschrieben hätte. Hatten einen schlechten Arbeitstag, erlegten nur rund 30 Robben. Den anderen Schiffen ist es allerdings noch schlechter als uns ergangen, & das mit Crews von 80 Mann im Vergleich zu unseren 56. Abends Sturm.

Zeichnung
➛ Seite 157

Brief an seine Mutter in Edinburgh

Breitengrad 73° 10 N, Längengrad 2° Ost
S. S. *Hope*
Grönland, 7. April 1880

Liebste Ma'am
hier bin ich, gesund und kräftig und hässlich wie eh und je, vor der Insel Jan Mayen im nördlichen Polarkreis. Wir verließen die Shetlands am 10. März & hatten eine herrliche Überfahrt ohne eine Wolke am Himmel, erreichten das Eis schließ-

115 Eine Darmverschlingung verhindert den Weitertransport der Nahrung aus dem Magen und unterbricht die Blutzufuhr. Conan Doyle hatte nicht die Mittel und die Fähigkeit, Milne durch eine Operation zu retten.

116 Laut Dr. Robert Katz ist ein solcher Einlauf eine mögliche Behandlungsmethode bei Darmverschlingung. Diese ist jedoch durch eine rein äußerliche Untersuchung nicht leicht zu diagnostizieren und tritt häufiger bei Kindern auf als bei einem Siebzigjährigen wie Milne, der möglicherweise unter einer anderen Form von Darmverschluss oder einem Tumor litt. Heute würde man den Patienten bis zum Abschluss der Behandlung intravenös ernähren.

117 Das erste Schiff, das John Gray im Alter von nur 22 Jahren als Kapitän befehligte (Buchan, *Whaling Trade*).

lich am 16. Wir gingen zu Bett, während sich vor uns, so weit das Auge reichte, eine riesige Fläche blauen Wassers erstreckte, & als wir morgens an Deck kamen, war das ganze Meer von großen flachen Eisklumpen übersät, oben weiß & unten bläulich grün, die auf den Wellen auf und ab schaukelten. Wir pflügten einen Tag lang hindurch, sahen aber keine Robben, doch am zweiten Tag sichteten wir einen jungen See-Elefanten auf dem Eis & im Wasser einige Robbenschwärme, die nach NW schwammen. Wir folgten ihrer Spur, & am 18. sahen wir den Rauch von 6 Dampfern, die alle auf demselben Kurs waren, in der Hoffnung, die Hauptkolonie zu erreichen. Am nächsten Morgen konnte man vom Deck aus elf Schiffe & zahlreiche See-Elefanten oder Mützenrobben erkennen, weswegen wir zuversichtlich waren. Du musst wissen, dass im nördlichen Polarkreis bis zum 3. April kein Blut vergossen werden darf.[118] Am 20. März sichteten wir die Hauptkolonie. Die Tiere lagen auf einer Fläche von ungefähr 15 mal 8 Meilen dicht gedrängt auf dem Eis, es waren buchstäblich Millionen. Am 22. erreichten wir den Rand der Kolonie und warteten. 25 Schiffe, die ebenfalls warteten, waren in Sichtweite. Am 29. kam ein Sturm auf, der die Kolonie leider auseinandertrieb, und ein paar norwegische Trottel dampften mitten hinein und verschreckten jene, die noch nicht geworfen hatten. Am 3. begann dann das blutige Handwerk, das seither im Gange ist. Die Mütter werden erschossen, & die Kleinen werden mit Knüppeln mit Eisenspitzen erschlagen. Dann werden sie an Ort und Stelle gehäutet, & das Fell mit der Speckschicht wird von dem Mörder an die Seite des Schiffs geschleppt. Das ist sehr harte Arbeit, weil man oft mehrere Meilen weit gehen muss, so wie ich heute, und man dabei von einer Scholle zur nächsten

118 Die Schonzeit wurde 1877 zwischen Großbritannien und Norwegen vereinbart.

springt, bevor man sein Opfer findet, & danach muss man eine fürchterliche Last denselben Weg zurückschleppen. Die Crew hält mich wohl für einen Mann mit außergewöhnlichen Vorlieben, weil ich mich mit Freude einer harten Arbeit hingebe, die sie selbst als äußerst ermüdend ansehen, aber ich glaube, es ermutigt sie. Meine Schultern sind vom Lourie-Tau oder Schleppseil ganz wund.[119] Übrigens bin ich in den letzten vier Tagen fünfmal ins Wasser gefallen, was einen recht guten Schnitt darstellt. Wie ich zum ersten Mal versuchte, aufs Eis zu gelangen, trieb eine schöne solide Scholle längsseits, und ich schwang mich an einem Seil zu ihr hinunter, als die Schiffsschraube drehte und mich bei minus 15 Celsius weg vom Eis ins Wasser beförderte. Ich wurde mit einem Bootshaken am Mantel herausgefischt und ging, nachdem ich die Kleidung gewechselt hatte, erneut aufs Eis, diesmal ohne Missgeschick. Tags darauf hatte ich nicht so viel Glück, denn ich fiel dreimal ins Wasser, & all meine Kleidungsstücke hingen hinterher zum Trocknen im Maschinenraum. Am nächsten Tag fiel ich

119 Conan Doyle untertreibt die Schwierigkeiten. In seinem Vortrag von 1883, über den in der *Portsmouth Times* berichtet wurde, erzählte er seinem Publikum: »Wenn Sie sich vorstellen könnten, dass die Strecke zwischen Portsmouth und London alle drei bis vier Schritte von schroffen Spalten und Rissen unterbrochen wird, die zu breit sind, um hinüberzuspringen; wenn Sie dann um und auf diese Spalten wahllos Millionen Felsbrocken streuen, die im Durchschnitt so groß wie ein Haus sind; an einigen Stellen die Abhänge spiegelglatt machen, an anderen Schnee liegen lassen, in dem man bis zum Hals versinkt; dazu noch ein wenig Polarluft, von der man sofort Erfrierungen bekommt, wenn man sich ihr aussetzt; und dann auf dieser Reise beginnen, ein Gewicht von 100 bis 150 Pfund hinter sich herzuziehen, es an einer Seite einer Schlucht hinuntergleiten zu lassen und es auf der anderen Seite wieder heraufzuzerren, über große Felsen zu klettern und es dabei hinterherzuschleppen; dann haben Sie, bevor Sie London erreichen, eine ziemlich klare Vorstellung davon, weshalb Entfernungen in der Arktis nicht in Meilen berechnet werden und dass man leichter von London nach Konstantinopel gelangen könnte als die sechzig Meilen zurücklegen, die uns von den zähesten unserer ausländischen Rivalen trennen.«

einmal ins Wasser, und jetzt habe ich zwei Tage frei. Es erfordert einiges an Übung, um zu wissen, welches Eis vertrauenswürdig ist & welches nicht. Wir haben rund ums Schiff Bärenspuren entdeckt, aber bislang ist mir noch keiner vor die Flinte gekommen. Ich schoss gestern einen schönen See-Elefanten, 3,3 Meter lang, so groß wie ein Walross. Es sind gewaltige Tiere, die sogar einem Bären gefährlich werden können. Unsere Jagd auf junge Robben ist nun beendet & war mit rund 25 Tonnen ein verhältnismäßiger Reinfall, aber wir machen nun mit den alten Robben weiter, während sie nordwärts ziehen, und segeln dann an Spitzbergen vorbei & über den 80. Breitengrad hinaus, um uns dem Walfang zu widmen, bei dem es uns hoffentlich besser ergeht. Ich habe meine Reise bisher ungeheuer genossen, meine Liebe, und kann nur hoffen, dass Du ebenso frohgemut bist. Ich glaube nicht, dass Du mich erkannt hättest, als ich eben die Kabine betrat – ganz gewiss nicht. Der Kapitän sagt, ich sei der am schrecklichsten aussehende Wilde, den er je getroffen habe. Mein Haar stand ab, mein Gesicht war mit Dreck und Schweiß und meine Hände mit Blut verschmiert. Ich trug meine älteste Kleidung, meine Seestiefel glänzten vom Wasser und hatten am Rand eine Schneekruste. Um meinen Mantel trug ich einen Gürtel mit einem Messer und einem Wetzstahl in einer Scheide, alles mit Blut verklebt. Um meine Schultern hatte ich ein Seil geschlungen & in der Hand ein langes blutiges Kappbeil. Das wäre die Fotografie Deines kleinen Engels, Madame. Nie zuvor war mir bewusst, was es heißt, durch und durch bei bester Gesundheit zu sein. Ich fühle mich gerade, als könnte ich überall hingehen oder alles tun. Ich bin sicher, ich könnte überall hingehen und alles essen. Also, meine Liebe, mach Dir während der nächsten ein oder zwei Monate keine Sorgen. Wenn einer je zur rechten Zeit am rechten Platz war, dann ich. Sende Greenhill Place,

Mrs. Waller & dem Doktor liebe Grüße[120], ebenso Mrs. Neilson & allen in London[121]. Ich hätte an Greenhill Pl. und London geschrieben, aber längsseits wartet ein Schiff auf unsere Briefe, & ich dachte mir, ein guter ist so viel wert wie drei schlechte.

Ganz liebe Grüße an Mrs. Budd und Budd persönlich.[122] Verliere seine Adresse nicht.

Dein liebender Sohn

Arthur C. Doyle

Der Kapitän entbietet seine Grüße & sagt, ich sei ein Schmutzlumpen, weigert sich aber, die Bedeutung dieses Schmähwortes näher zu erläutern. Er nennt mich außerdem den »großen Eistaucher«, in Anspielung auf meine jüngsten aquatischen Großtaten. Seit ich Edinburgh verlassen habe, bin ich kein einziges Mal seekrank gewesen. Alles Liebe an Papa, Mary Lottie & Connie[123].

Freitag, 9. April

Weiterhin Sturm, sodass wir keinerlei Arbeit verrichtet haben. Heftiger Seegang. Kamen in Lee der Landspitze. Elender Tag. Nichts getan außer geschlafen & mein Logbuch auf den neuesten Stand gebracht.

120 Dr. Bryan Charles Waller, sechs Jahre älter als Conan Doyle und, trotz einiger Unstimmigkeiten, enger Freund der Familie, unterstützte dessen Karriere als Mediziner und Schriftsteller.

121 Conan Doyles Londoner Onkel und Tanten. »Mrs. Neilson« ist nicht bekannt.

122 Dr. George Turnavine Budd hatte ein Jahr vor Conan Doyle mit dem Medizinstudium begonnen und bot diesem 1882 eine Assistentenstelle in seiner Praxis in Plymouth an. Conan Doyle willigte ein, blieb aber nur sechs Wochen, da Budd ihn für rückläufige Patientenzahlen verantwortlich machte, und eröffnete eine eigene Praxis in Portsmouth. Budd war ein unberechenbarer, zu plötzlichen Wutanfällen neigender Mensch, der von Doyle in seinen autobiografischen Texten, »Crabbe's Practice«, *The Stark Munroe Letters* und *Memories and Adventures*, als ebenso intelligent wie launisch beschrieben wird. Er starb mit 34 an einem Gehirntumor.

123 Mary Lottie (Caroline Mary, 1866–1941) und Connie (Constance Amelia, 1868–1929) sind Schwestern Conan Doyles.

Sie haben angefangen, die Speckschicht aus den Fellen zu schneiden. Ich fürchte, morgen wird es ebenso übel.

Samstag, 10. April

Der arme Andrew Milne ist wohl unrettbar verloren. In seinem Alter und mit solch einer Krankheit gibt es fast keine Hoffnung auf Genesung. Stürmt in Böen und mit starkem Seegang. Den ganzen Tag nichts los. Begann Carlyles »Hero Worship«.[124] Ein großes, herrliches Buch.

Sonntag, 11. April

Ein schwarzer Tag auf dieser Schiffsreise. Der arme Andrew war sehr fröhlich, und morgens ging es ihm viel besser, doch zu Mittag aß er etwas Rosinenpudding[125], wonach es ihm schlechter ging. Ich ging sofort hinunter, und er starb binnen zehn Minuten buchstäblich in meinen Armen. Armer Alter. In der Back waren sie sehr freundlich zu ihm, während er krank war, und ich gab für ihn gewiss auch mein Bestcs.[126] Erstellte abends eine Liste seiner Habe. Ziemlich malerische Szene, mit der Leiche und den Laternen und den wilden Ge-

124 Der schottische Historiker Thomas Carlyle (1795–1881) war für den jungen Conan Doyle ein äußerst wichtiger Autor. In einem Tagebucheintrag von 1882 bewunderte er dessen »großen ungeschliffenen Intellekt«, glaubte aber auch, dass er für »Poesie, Kunst und die kleinen Annehmlichkeiten des Lebens« keinerlei Verständnis habe. Carlyles *On Heroes, Hero-Worship, and the Heroic in History* (1841) enthält Essays über Manifestationen des Helden als Gottheit in heidnischen Mythen, als Prophet (Mohammed), König (Cromwell, Napoleon), Dichter (Shakespeare, Dante), Gelehrter (Samuel Johnson, Robert Burns) und Priester (Martin Luther, John Knox).

125 »Plum Duff«, eine bei Seeleuten beliebte Nachspeise aus Wasser, Mehl, Melasse und Rosinen.

126 Laut Dr. Robert Katz hatte Milne zu diesem Zeitpunkt wahrscheinlich einen Darmdurchbruch erlitten. Eine Portion Rosinenpudding verschlimmerte seine Lage nur, sodass sein Tod kurz darauf nicht überraschend war. Unter den Bedingungen, die auf dem Walfänger herrschten, wäre ein chirurgischer Eingriff nicht möglich gewesen.

sichtern ringsum. Morgen bestatten wir ihn. Den ganzen Tag lang Robben auf großen Schollen im Treibeis erlegt, wohl ungefähr 60.

Montag, 12. April

Heute Morgen den armen alten Andrew bestattet. Union Jack auf halbmast gehisst. Er wurde in einen Sack aus Segeltuch eingenäht, bekam einen Beutel voll Alteisen an die Füße gebunden, und die Totenmesse der anglikanischen Kirche wurde über seinem Leichnam gelesen. Dann wurde die Planke, auf der er lag, gekippt, und der alte Mann rutschte mit den Füßen voran ins Wasser, fast ohne einen Spritzer. Man sah ein, zwei Luftblasen, hörte ein Gurgeln, und das war das Ende des alten Andrew. Er kennt nun das große Geheimnis. Wahrscheinlich wird er platt gedrückt, bis er nichts Menschenähnliches mehr an sich hat, noch bevor er den Meeresgrund erreicht, oder er wird ihn vielmehr gar nicht erreichen, sondern auf halber Strecke hängen bleiben wie Mohammeds Sarg, wenn das Gewicht des Eisens aufgehoben ist. Der Kapitän & ich stimmen überein, dass zu solchen Anlässen drei Hochrufe gewährt werden sollten, wenn der Sarg verschwindet – nicht zur Auflockerung, sondern als freundliches, herzliches Lebewohl, wo immer du sein magst. Hatten ein recht gutes Tagwerk, wir haben wohl ungefähr 60 erlegt. Leistete mir abends einen üblen Fehlschuss. *Polynia* hat 2050 Robben, schlechter als wir.

Zeichnung ➵ Seite 158

Dienstag, 13. April

Wieder Rindfleischeintopftag (Dienstag – Rindstag – Stinkstag – Rindfleischeintopftag)[127]. Das schlimmste Essen der Woche außer Freitag. Den ganzen Tag wegen des Sturms beigedreht. Hatte die Boxhandschuhe unten im Heizraum und eine Zeit lang schön geboxt. Keine Robben.

127 Im Original »Tuesday – Teugh-day – Tough-day – Boiled Beef Day«. »Teugh« ist die schottische Variante von »tough«, dt. »zäh«.

Mittwoch, 14. April

Unter Leinwand und Segeln im Treibeis herumgeschippert und Robben erlegt. Hatten einen guten Arbeitstag, erlegten wohl an die 80, sodass wir insgesamt rund 2450 haben. Stand den ganzen Tag lang am Vordeck und erstattete Bericht über unseren Fortschritt. Ziemlich kalt bei der Arbeit, habe aber ein, zwei Tiere geschossen. Man erzählte mir, wenn ein Mann in der Südsee sterbe, gehe sein Besitz an den Ersten, der ihn für sich beanspruche, und wenn jemand über Bord falle, könne man ein halbes Dutzend Männer an den Decksluken stehen sehen, die hinunterrennen, sobald er ertrunken sei, um sich den Plunder zu sichern.

Donnerstag, 15. April

Wunderschöner Tag, hatten aber schlechte Ausbeute, wohl ungefähr 46. Half beim Schießen zweier Mützenrobben. Wir brauchten fünf Kugeln für jede. Ein hübscher kleiner Vogel mit einem roten Federbusch auf dem Kopf, etwas größer als ein Spatz, kam und flatterte um die Boote herum. Niemand hat je ein solches Exemplar gesehen. Ziemlich langer Schnabel, kein Schwimmfuß, unten weiß, mit einem »pie-wiet – pie-wiet«. Eine Art Schneeflocke[128]. Georgey Grants Hosen wurden abends von einem jungen See-Elefanten zerrissen.

Freitag, 16. April

Dampften den ganzen Tag hart auf Nordwestkurs, um zu sehen, ob wir noch irgendwelche Robben finden könnten. Sichteten nur wenige und erlegten nur ein halbes Dutzend. Jack Buchan schoss abends einen Falken, den der Kapitän mit seinen Adleraugen auf einem Eishügel entdeckt und sogar auf diese Entfernung als Falken erkannt hatte. Ungefähr 46 Zentimeter groß, mit schön geschecktem Gefieder.

Zeichnung
➛ Seite 160

128 Schneeammer, ein kleiner Polarvogel.

Samstag, 17. April

Den ganzen Tag nichts los. Wieder nur ein halbes Dutzend Robben. Wir sind jetzt auf Südkurs mit der *Iceberg*, einem Norweger. Wenn wir nur dreißig Tonnen schaffen könnten, wäre ich zufrieden. Ich glaube, wir haben jetzt rund 28. Heute frostige 14° unter null. Abends Gesang in der Steuermannskabine. Begann ein Gedicht über Tabak, das ich für gar nicht übel halte. Ich schaffe es nie, sie zu Ende zu bringen. Ce n'est que la derniére pas qui coute.[129]

Zeichnung
➛ Seite 161

Sonntag, 18. April

Den ganzen Tag lang Schneegriesel. Morgens vom Bug aus eine Robbe geschossen; sie hatte nur den Kopf aus dem Wasser gestreckt. Sah zwei große Seevögel, man nennt sie »Bürgermeister« oder Eismöwen. Ging abends zu einer Methodistenversammlung, die vom Maschinisten Johnny McLeod geleitet wurde. Er las eine Predigt aus einer evangelischen Zeitschrift vor, danach sangen wir zusammen ein Kirchenlied. Hinterher mit ihm diskutiert.

Montag, 19. April

Begann heute Morgen, unseren Falken auszustopfen oder ihm eher den Balg abzuziehen, weil ich ohne Draht nicht mehr tun kann. Ich öffnete den Bauch, dann die Beine bis zu den Knien und die Oberarmknochen und stülpte dann den ganzen Körper durch das Loch um, schabte das Gehirn aus und entfernte alles, außer den Schädelknochen. Das Ergebnis war zufriedenstellend. Erlegten heute einige Mützenrobben und ziehen jetzt nach Norden, um die alten Seehunde zu jagen. Dem Kapitän scheint gar nicht zu gefallen, wie das Eis aussieht.

129 »Was zählt, ist nur das Endergebnis« (Französisch auch im Original fehlerhaft).

Dienstag, 20. April

Den ganzen Tag nichts los. Keine einzige Robbe erlegt. Nach Nordosten gesegelt und gedampft. Heute 72.30. Säuberte ein paar Robbenflossen für Tabakbeutel, rieb die ganze Haut unseres Falken mit Alaun ein.

Mittwoch, 21. April

Absolut nichts zu tun außer Murren, also machten wir genau das. Ein äußerst unwirtlicher Tag mit grässlichem Seitenwind und -wellen. Keine Robben und nichts als Trübsal. Fühlte mich den ganzen Tag mies. Wurde um 1 Uhr früh aus dem Bett geholt, um einem Mann in der Back, der unter Herzklopfen litt, zu helfen. Das verbesserte meine Laune nicht.

Donnerstag, 22. April

Immer noch heftiger Seegang. Erlegten ungefähr 13, von denen ich zwei schoss. Schlecht, aber besser als gestern. Dichter Nebel. Erlegte eine kürzlich geworfene Robbe, dafür scheint die Jahreszeit schon recht weit fortgeschritten. Bislang habe ich rund 15 Robben geschossen. Ich habe die Absicht, sie hernach zu zählen.

Freitag, 23. April

Heute waren wir etwas besser, erlegten 36 Robben. Ich schnappte ganze 11, also unterm Strich bisher 26. Insgesamt schossen wir ungewöhnlich schlecht. Es sieht aus, als würde es heute Abend Sturm geben. Kapitän sichtete einen weiteren Falken. Es ist außergewöhnlich, dass wir bislang noch keinem Bären begegnet sind. Kapitän sah einmal einen Meteoriten keine hundert Meter vom Schiff entfernt ins Wasser fallen. Der magnetische Pol liegt in King William's Land[130] auf 69° Breite. Es gibt auch einen am Südpol, eine Sache, die mir neu war.

130 Insel in den arktischen Regionen Kanadas.

Samstag, 24. April

Wir sind den ganzen Tag auf Nordwestkurs gedampft. Sah einen schönen Schwarm Eiderenten, die Männchen schwarz-weiß, die Weibchen bronzefarben mit grünem Kopf. Erlegten noch einmal 17 junge Robben. Ich glaube, die alten sind nicht mehr weit. Hatte einen schönen Abend in der Steuermannskabine. Heute nichts geschossen. Morgens Sparring. Habe einen Tipp für Jimmy.

Sprach mit Hulton, einem unserer besten Harpuniere, über zoologische Kuriositäten. Er sagt, er habe während eines Sturms zwischen Quebec und Liverpool zwei Fische auf der Wasseroberfläche liegen gesehen. Sie seien 18 Meter lang und am ganzen Leib gefleckt gewesen, genau wie Leoparden. Eine unbekannte Spezies. Der Kapitän stieß auf 68° Breite auf eine andere Spezies, deren Haut so dick war, dass keine Harpune sie durchdringen konnte. Hier ist meine Liste der Wale des nördlichen Polarkreises:

Nordkaper	Korrekt Grönlandwal. Bringt 10–20 Tonnen Öl. Fischbein kostet £ 1000 pro Tonne. Ein Exemplar ist £ 1500–2000 wert. Lebt weit im Norden zwischen den Eisfeldern.
Finnwal	In jedem Meer zu Hunderten vertreten. Länger und stärker als Nordkaper, aber sehr wenig wert. Rund 36 Meter lang. Scharfkantiger Rücken. Bläst zwei Fontänen, richtiger Wal nur eine.
Entenwal	Lebt südlich des Eises & rund um Grönland. Nur 9 Meter lang. Bringt eine Tonne Öl (£ 80). Wertvolle Haut.
Weißwal (Beluga)	Überall zu finden, so auch im Aquarium von Westminster[131]. Hauptsächlich an amerikanischen Flussmündungen.

Schwarzwal Eine seltene Variante. Kapitän hat nur einen gesehen. Wertvoll. Amerikaner fangen ihn manchmal vor dem Nordkap.

Hultons Wal (Balaena buntscheckigum)

Kapitän Grays Wal (Balaena eisenhautum)

Zeichnung ➵ Seite 162

Sonntag, 25. April

Gerieten morgens in einen Schwarm junger Mützenrobben und erlegten 22. Schoss gut vor dem Mittagessen, sieben von acht Schüssen vom Bug aus waren Treffer. Schoss eine nach dem Essen und verfehlte zwei, ziemlich schlechte Leistung. Wir haben jetzt 2502. Sah eine alte Robbe. Boxte mit Stewart und sang Kirchenlieder mit Johnny. Zeichnete ein schönes Bild von der Jagd auf junge Robben. Las eine gute Parodie.

»O wie wild er zu reimen versteht,
Riefen mind're Dichter verwundert,
So wie in seiner ›Light Brigade‹
›Hundert‹ und ›Zundernd‹.«[132]

Zeichnung ➵ Seite 164/165

Montag, 26. April

Den ganzen Tag lang auf Kurs N und NW gesegelt, auf der Suche nach alten Robben. Sie liegen an den Spitzen dicker Eisschollen, die ins Meer hinausragen, aber wo genau man auf sie stößt, weiß man nie; man muss einfach entlang des schweren Grönlandeises kreuzen, bis man sie irgendwann findet. Wir sind heute auf 74° Nord. Erlegten gestern eine junge Robbe und sahen mehrere weitere. Wir haben jedoch

131 Im September 1877 wurde in Westminster ein lebender Beluga ausgestellt, der vor Labrador gestrandet und nach London transportiert worden war. Das Tier überlebte nur wenige Tage in einem Eisentank.

132 Parodie auf Alfred Lord Tennysons »The Charge of the Light Brigade« (1854), ein Gedicht über die Schlacht um Balaklawa während des Krimkriegs.

edleres Wild im Visier. Abends geboxt. Stewart zu einem Rennen über 100 Meter herausgefordert. Ich bin jetzt ein Experte für Robbenjagd.

Dienstag, 27. April

Den ganzen Tag auf Kurs N und NW gedampft. Wir sind durch frisches Eis aus der Bucht gefahren und suchen nun nach dem Packeis, wo wir möglicherweise Robben finden werden. Gegen Abend sah es so aus, als wären wir nicht weit davon entfernt. Den ganzen Tag nichts getan. Die Haut meines Falken ist völlig ruiniert. Zeichnete nachts noch einmal Milnes Bestattung für seinen Bruder, der sich an Bord befindet.

Mittwoch, 28. April

Erreichten früh am Morgen das Grönlandpackeis, und als ich nach dem Frühstück an Deck kam, erstreckte es sich entlang des ganzen Horizonts. Das Eis ist dicker als alles, was ich bislang gesehen habe. Die Auswirkungen der Lichtbrechung in der Arktis sind sehr eigenartig. Hier sind zwei Ansichten, aus einer Meile Entfernung und aus der Nähe.

Sahen Spuren einer großen Robbenherde auf dem Eis. Ein paar im Wasser unterwegs nach Norden. Abends näherten wir uns der *Victor* aus Dundee. Der Lump hat kein Recht, hier zu sein. Haben für morgen beste Aussichten.

Donnerstag, 29. April

Unsere Aussichten haben sich nicht verwirklicht, denn wir haben zwar ein paar Robbenschwärme im Wasser gesehen, ihr Hauptquartier jedoch nicht erreicht, obwohl wir den ganzen Tag nach Norden gedampft sind. Kapitän Davidson von der *Victor* kam heute Morgen zu uns an Bord – ein armseliges Exemplar von einem Mann, außerdem noch eigenbrötlerisch. War einst unser Steuermann und stand dabei in dem Ruf, ein griesgrämiger Kerl zu sein. Die Lichtbrechungseffekte waren heute Abend außergewöhnlich, es schien, als ob viele Eisschollen hoch oben in der Luft schwebten, den Himmel sowohl über als auch unter ihnen. *Victor* dampfte uns den ganzen Tag lang hinterher. Ich wette, dass wir nicht weit von den Robben entfernt sind. Sah viele Schneevögel ringsum, was ein gutes Zeichen ist. Breitengrad 75° 11.

Freitag, 30. April

Morgen brach sehr unheilvoll mit einem Südwind und diesigem Himmel an. Wir fühlen uns allmählich etwas niedergeschlagen, weil wir inzwischen längst mit der Robbenjagd hätten beginnen sollen. Dampften nach Nordost, nachdem sich der Dunst aufgelöst hatte, Wasser war gleich einem See mit sehr viel Buchteis und zahlreichen Eistauchern und Sturmvögeln. Kurz vor dem Tee sahen wir eine Spitze von Packeis voraus und hoffen nun, auf der anderen Seite Robben zu finden. Ich glaube jedoch eher nicht, weil wir bislang keine im Wasser gesehen haben. In der Nacht ist es nun fast so hell wie am Tag, ich kann um Mitternacht problemlos in Chambers' Journal lesen.[133] Heute Abend Grog ausgeschenkt, denn morgen ist der erste Mai. Das Eis sieht günstig für Walfang aus. 10 Uhr abends. Wie ich mir schon dachte, sind auf dem Eis keinerlei Robbenspuren, also kamen wir zu dem Schluss, dass wir uns wahrscheinlich nördlich von ihnen befinden. »Auch meins, Mami!« Für gewöhnlich rasieren sie Neulinge am ersten Mai, und ein Bootsführer sagte mir heute Abend, dass ich dran sei, aber ich antwortete, um das fertigzubringen, müssten sie schon zwei Wachen rufen.[134] [*Darübergekritzelt:* Ich bin mir ziemlich sicher,

133 *Chambers' Edinburgh Journal*, eine von den Brüdern William und Robert Chambers 1832 gegründete Zeitschrift, die in ihrem eigenen Verlag bis 1888 erschien.

134 »In den frühen Morgenstunden des ersten Mai wurden die Neulinge an Deck geholt und einem qualvollen Initiationsritus unterzogen. Ältere Crewmitglieder, maskiert und in eigenartige Robbenfellmäntel gehüllt, verbanden den Neuen die Augen, schrubbten ihnen das Gesicht, bis es blutete, und rasierten sie dann mit einer rostigen, sägenartigen Klinge. Dann wurde ihnen eine üble Mixtur eingeflößt, zum Wohl ›Ihrer ozeanischen Majestäten, Mr. und Mrs. Neptun‹. Damit

dass ich diese ganze Wachmannschaft vom Deck jagen könnte, wenn ich ausreichend gereizt [?] wäre, und ich bin gerade in der rechten Stimmung für eine Rauferei. Ich warte bis Mitternacht und schau mal, was sie anstellen.]

Samstag, 1. Mai

Morgens gab es eine starke Dünung, und unsere Aussichten waren von der finstersten Sorte. Vor dem Dinner änderte sich jedoch die Lage, denn wir sichteten zuerst eine junge Mützenrobbe auf dem Eis und kurz darauf im Wasser einen ziemlich großen Robbenschwarm, der mit dem Wind schwamm. Der Kapitän und wir alle waren beim Essen ziemlich trübsinnig, doch gleich als er nach Tisch ins Krähennest aufgeentert war, ertönte der ersehnte Ruf: »Alle Mann an Deck.« Ich saß im Boot des Zweiten Steuermanns, und wir ließen uns um ungefähr 4.30 nachmittags zu Wasser. Die sieben langen Walboote, mit denen wir über das blaue Wasser auf das Eis zusausten, waren ein schöner Anblick. Die Robben wirkten um einiges weißer als das letzte Mal, da ich sie gesehen habe. Steuermann feuerte und schoss daneben, und ich bekam keine Gelegenheit zum Schießen, denn er zog mit dem Bootsführer und seiner Keule los und ließ mich meinen eigenen Weg suchen und das Eis so gut es ging mit meinem Gewehrkolben prüfen. Ein Verhalten, das ziemlich gemein war. Die Arbeit auf dem Eis war gefährlich, da ich niemanden sehen konnte, und zweimal rettete ich mich nur knapp davor, ins Wasser zu fallen, wobei ich höchstwahrscheinlich ertrunken wäre. Diese Arbeit ist gefährlicher als die Jagd auf junge Robben, denn das Meer höhlt die dicken Eisklumpen aus, sodass man jederzeit einbrechen kann, auch wenn

war die bizarre Zeremonie beendet, und die Neuen wurden als Mitglieder der ›Bruderschaft der freien Männer von Grönland‹ oder des ›Ehrenwerten Bundes der Speckjäger‹ akzeptiert« (Sutherland, *Whaling Years*). Conan Doyle beschreibt einen ähnlichen Initiationsritus in dem Sherlock-Holmes-Roman *The Valley of Fear* (1915).

man sich auf einer großen Scholle vollkommen sicher wähnt. Konnte die ganze Zeit keinen Schuss anbringen. Steuermann erlegte ein Tier. Äußerst kümmerliches Tagwerk, das schlechteste Boot von allen. Wenn er so gut schießen könnte wie ich oder ich so gut auf dem Eis gehen könnte wie er, wäre die Geschichte ganz anders verlaufen. In jedem Fall ist es nett, wieder zu arbeiten. Die Robben hatten wir bald von der Scholle verscheucht. Segelten weiter nach Westen. Hier unsere Ausbeute des Tages:

Buchans Boot 14
Rennies Boot 13
Carners Boot 10
Colins Boot 10
Mathiesons Boot 10
Hultons Boot 9
McKenzies Boot 2
Canes Boot 1

insgesamt 69

Zeichnung
➼ Seite 166/167

Sonntag, 2. Mai

Schauer, Packeis, Schnee und Wind haben sich allesamt verschworen, um uns einen Strich durch die Rechnung zu machen. Wir dampften in den Fängen eines Sturms nach Norden, hielten den ganzen Tag mannhaft stand. Abends kam der Kapitän fast verzweifelt vom Masttopp herunter und deutete auf einen »Schimmer« am Himmel, der zeige, dass Packeis vor uns liegt. »Falls die Robben nicht dort sind«, sagte er, »muss ich nach Süden umkehren.« Wir dampften weiter, und dann, nach dem Tee, wurden zu meiner Freude plötzlich »Alle Mann« gerufen. Eine beträchtliche Schar Robben lag in Sichtweite, aber da man weitere auf das Eis zuschwimmen sah, hielt man es für ratsam, sie abends in Ruhe zu lassen & am nächsten Morgen zuzuschlagen. Das Schwierige dabei wird sein, zu versuchen, mit der Arbeit loszulegen, ehe die *Victor* bemerkt, was wir vorhaben. Dieses Schiff aus

Dundee ist das einzige in Sicht. Sein Kapitän ist ein Trottel. Früh zu Bett, um früh aufzustehen.

Montag, 3. Mai

Boote um ungefähr 6 Uhr früh zu Wasser. Kaum waren sie unten, da wendete die *Victor*, die rund fünf Meilen entfernt gewesen war, & dampfte wild auf uns zu. Ich zog mit Peter McKenzie los, dem letzten der Harpuniere. Wir nennen unser Boot den »Mob«. Es ist mit Krethi und Plethi des Schiffs bemannt, aber ich halte unsere Crew für so gut wie jede andere. Da ist Peter, der Harpunier, Jack Coull[135], der Bootsführer, der Doktor, Steward, Zweiter Maschinist und Keith, der Schiffsälteste. Wir waren die Letzten, die das Schiff verließen, da die Boote an verschiedenen Stellen zu Wasser gelassen wurden. Das Eis war sehr dick und gut. Anfangs hatten wir Pech und schossen nur 2 Robben, doch wir stießen und zwängten uns gewaltsam durchs Eis und erreichten eine schöne Bucht, die von Robben gesäumt war. Peter und ich sprangen mit unseren Gewehren aus dem Boot und schlängelten uns auf dem Eis weiter voran, während die Crew uns hinterherkroch, um zu häuten, was immer wir schossen. Ich sah Peter zwei erlegen, dann schickte ich eine zu Boden. Anschließend kletterte ich hinter einen Eishügel und schoss neun, fünf davon in einer Reihe am Rand einer Scholle. Gerade als ich dachte, dass wir einen guten Fang machten, und eine weitere Robbe schoss, während man hundert Meter entfernt Peters Gewehr feuern hörte, kamen die Boote der *Victor* Hals über Kopf, alle zusammen, direkt von hinten auf uns zu. Die Männer sprangen heraus, rannten über das Eis, feuerten, ohne zu zielen, hüpften auf den Gipfeln der Eishügel herum, schrien und

135 In seinem Artikel »Life on a Greenland Whaler« (»Leben auf einem Grönland-Walfänger«, siehe Anhang) nennt Conan Doyle Coull einen »gut aussehenden Gesetzlosen«, der möglicherweise aus Südengland stammte und von dort aus unbekannten Gründen geflohen war. Tatsächlich scheint es sich um den damals 41 Jahre alten Seemann John Coull aus Peterhead zu handeln.

sorgten für ein überaus grässliches Durcheinander. Sie verschreckten die Robben und verdarben uns die Arbeit ebenso wie sich selbst. Ich glaube, sie erbeuteten keine fünfzig Tiere. Unser Boot hatte 27 geschafft, und unsere gesamte Ausbeute an diesem Morgen betrug 234. Hulton führte die Liste mit 68 an, und Cane hatte es nur auf 8 gebracht. Unser Kapitän holte dreimal die Schiffsflagge nieder, um der *Victor* ironisch für ihre »Höflichkeit« zu danken. Kaum waren die Boote an Bord, brachen wir schleunigst auf, denn der Kapitän hatte eine neue und größere Robbenkolonie ausgemacht. Da es 2 Uhr nachmittags war, bekamen wir einen Bissen zu Mittag. Als wir danach an Deck kamen, sahen wir, dass die *Victor* ihre Boote bereits gelandet hatte, also wählten wir einen anderen Ort und begaben uns rasch dorthin. Dort fanden wir eine gewaltige Schar Robben, die aber sehr scheu waren, sodass wir auf große Distanz schießen mussten. Diesmal erlegten wir 28 und alle zusammen rund 287. Insgesamt hatten wir heute 540, ein prächtiges Tagwerk, rund 11 Tonnen Öl. Fühlte mich müde, weil ich den ganzen Tag gerudert und am Boden herumgekrochen war. Kapitän rechnet morgen mit einer weiteren Robbenkolonie.

Zeichnung ➵ Seite 168

Dienstag, 4. Mai

Um 6 Uhr früh wieder ans Werk. Boote zu Wasser gelassen und wie gewöhnlich an verschiedenen Stellen abgesetzt. Peter und ich hatten uns hinter einem Eishügel versteckt und je 7 geschossen, als der Kapitän merkte, dass er nicht den Fleck mit den meisten Tieren erreicht hatte. Also hisste er die Flagge, um die Boote aufzufordern, zurückzukehren, nahm die ersten fünf einschließlich unserer Wenigkeit ins Schlepptau, schipperte unter Volldampf direkt an den Booten der *Victor* vorbei und setzte uns inmitten einer schönen Kolonie ab. Es war eine tatkräftige, vernünftige Aktion. Ich schätze, er schleppte uns ungefähr 15 Meilen. Wir nutzten unsere Chancen daraufhin gut und schossen wacker drauflos. Der »Mob« zeichnete sich durch 41 erlegte Tiere aus, Buchan war mit 75 der Beste, danach kam Colin mit 51,

Carner 42, wir 41 und die anderen sehr armselig. Wir holten 275 und zogen kein zweites Mal los. Ein norwegisches Schiff namens *Diana* näherte sich uns von der Seite, konnte aber nicht viel erbeuten. Eines ihrer Boote kam längsseits der *Hope*, und wir fragten sie, ob sie im Norden die *Eclipse* gesehen hätten, und sie bestätigten dies, obwohl ich bezweifle, dass sie uns verstanden hatten. *Victor* ließ seine Männer die ganze Nacht lang draußen – eine sehr kurzsichtige Taktik.

Mittwoch, 5. Mai

Nach NO gedampft. Ringsum offenes Wasser. Rechneten kaum mit Robben.

Dennoch wurden nach dem Essen alle Mann gerufen. Die *Diana* kam uns zuvor und hatte all ihre Boote im Zentrum der Kolonie, bevor wir unsere zu Wasser ließen. Die Robben lagen sehr dicht, aber über keine besonders große Eisfläche verteilt. Unsere Jungs vermasselten es völlig, weil jeder die beste Position einnehmen und die anderen übertreffen wollte. Die Robben waren schließlich alle verscheucht, nachdem wir 71 erlegt hatten. Kapitän scheint verärgert, und das völlig zu Recht.

	1. Mai	3.	4.	5.	14.	15.
Colin	10	35	51	8	7	16
Cane	1	36	20	2	13	
Carner	10	61	42	11	2	
Hulton	9	112	11	6	12	14
Buchan	14	87	75	18	20	
Rennie	13	68	26	7	2	
Mathieson	10	47	10	11	2	
McKenzie	2	55	41	8	5	
	69	540	275	71	63	32

Übungstreffer 56

69
540
275
71
119
32
1106
2502
3608

Jagdbeute der »Hope«. Reise 1880

April				*Meine Beute*
3.	760 junge Robben	57 alte Robben		1 alte Robbe
4.	450 junge Robben	10 alte Robben		
5.	400 j. R.			
6.	270 j. R.	6 Mützenrobben	57 alte Robben	2 Mützenr.
7.	133 j. R.			
8.	30 j. R.			
9.	50 j. R.			
10.	72 j. R.			2 Robben
11.				
12.				
13.				
14.	80 j. R.			2 Robben
15.	46 j. R.	2 Mützenr.		2 Rob. 1 Mütz.
16.	6 j. R.	ein Falke		
17.	10 j. R.	2 Robben		
18.	10. j. R.			1 Robbe
19.	6 j. R.			
20.				
21.				
22.	13 j. R.			2 Robben
23.	36 j. R.			11 Robben
24.	17 j. R.			
25.	22 j. R.			8 Robben
26.				
27.				
28.				
29.				
30.				

Mai		*Meine Beute*
1.	69 alte Robben	
2.		
3.	540 alte Robben	27 Robben
4.	275 alte Robben	10 Robben
5.	71 alte Robben	
6.		
7.		
8.		
9.		
10.		
11.		
12.		
13.		
14.	119 alte Robben	
15.	32 alte Robben	
16.		
17.	6 alte Robben	
18.		
19.		
20.		
21.		
22.		
23.		
24.		
25.		
26.		
27.		
28.		
29.		
30.	2 Kegelrobben	
31.	1 Ringelrobbe	

Juni	*Meine Beute*
1.	1 Mützenrobbe
2.	4 Sterntaucher 7 Eistaucher
3.	
4.	
5.	1 Mützenrobbe
6.	1 Narwal 2 seltene Enten
7.	
8.	1 Sterntaucher 1 Eistaucher
9.	1 Sterntaucher 6 Schneevögel
10.	1 Dreizehenmöwe 1 Eissturmvogel 3 Eistaucher
11.	ein Weißfisch
12.	ein Bär
13.	
14.	
15.	
16.	
17.	
18.	1 Bär & 2 Junge
19.	
20.	ein Bär
21.	
22.	
23.	
24.	
25.	
26.	ein Grönlandwal
27.	
28.	
29.	
30.	eine Eismöwe Elfenbeinmöwe 5 Eistaucher 1 Ringelrobbe

Donnerstag, 6. Mai

Der Kapitän ist zu dem Schluss gekommen, dass wir unsere Robbenjagd lieber etwas weiter im Süden fortsetzen und die *Diana* und *Victor* nach Norden ziehen lassen sollen. Wir sind heute auf 77.20 Breite und rechneten damit, die Westküste von Spitzbergen zu sehen. Alle Mann schälen die Speckschicht aus den Fellen, es herrscht eine starke Dünung und bislang keine Anzeichen von Robben.

Den ganzen Tag nach SW gedampft, aber keine Robben gesichtet. Wir haben jetzt ungefähr 50 Tonnen.

Zeichnung ➻ Seite 170

Freitag, 7. Mai

Als die *Diana* uns gestern Abend beiliegen sah, dachte sie, wir hätten etwas Großartiges entdeckt, weswegen sie unheimlich schnell unter Dampf und Segel herbeieilte, um sich ihren Anteil an der Beute zu sichern. Nachdem sie Kohle im Wert von 30 Shilling verheizt hatten, begann es den Norwegern zu dämmern, dass das Ganze nur ein Schwindel und Reinfall war, also sausten sie wieder von dannen, vermutlich nach Island. Den ganzen Tag unter Segeln nach NO. Sahen ein paar Schwärme im Wasser.

Samstag, 8. Mai

Dampften nach NW. *Victor* in Sicht, auf demselben Kurs. Sie folgt uns wie ein Schakal einem Löwen. Robbenspuren überall auf dem Eis. Ein schöner Tag. Gab abends Tabak und Zucker aus. Amüsierte mich über eine Seemannsauktion. Manson Turville, ein Shetlander, war der Auktionator & zeigte sich besonders wortgewandt angesichts eines sehr abgetragenen und schäbigen alten Mantels, den er uns andrehen wollte. »Das Angebot liegt bei fünf Tabakpriemen! Bietet niemand mehr? Ein Mantel, der garantiert alles unter minus 190 Grad abwehrt – niemand bietet mehr als fünf Prieme? Gentlemen! Gentlemen! Fünfeinhalb Prieme, danke, Sir! Das Angebot liegt bei fünfeinhalb Priemen! Auf der einen Seite des Saums finden Sie das Bild eines Bibers und das einer Klapperschlange auf der anderen. Das ist doch geschenkt, nicht gekauft! Bieten Sie, bieten Sie jetzt oder nie, Gentlemen, das ist Ihre Chance auf ein günstiges Geschäft! Verkauft.« Ich kaufte ein Paar Robbenfellhosen von Henry Polson[136].

Zeichnung ➵ Seite 171

Sonntag, 9. Mai

Warum sind Robben die heiligsten unter den Tieren? Weil in der Apokalypse geschrieben steht, dass am Jüngsten Tag ein Engel sechs von ihnen im Himmel öffnen wird.[137] Heute ist jedoch keine von ihnen in Sicht. Die Sache wird eintönig, so wie bei Mark Twain, als die Kuh zum dritten Mal vom Kamin fiel, während er darunter Gedichte schrieb.[138] Ein bewölkter Tag. Habe Scoresbys Buch über Walfang gelesen. Einige der Anekdoten sind zu groß, um in einem Bissen verschlungen zu werden, man muss sie kauen. Er hat gesehen, wie sich ein Wal in der Schlinge einer Fangleine verfing, die an einem anderen Wal festgemacht war. Wie ein Mann eine Viertelmeile auf dem Rücken eines lebenden Wals ritt. Im Großen und Ganzen ist es jedoch ein ungeheuer lesbares Buch und – soweit ich es beurteilen kann – sehr zutreffend! Den ganzen Tag nichts. War abends unten in der Kabine der Harpuniere, die Gespräche drehten sich um Zoologie, Morde, Hinrichtungen und Panzerschiffe. Dampften Richtung Nordwesten.

Montag, 10. Mai

Wir sind nun wieder auf 73.20 Breite oder etwas nördlich der Stelle, wo wir die jungen Robben gejagt haben. Es freut mich, sagen zu können, dass wir wieder nach Norden fahren. Keine Robben. Verteilte

136 Henry Polson war ein Harpunier und Küfer mittleren Alters.

137 Ein Sprachspiel im Englischen: In der Offenbarung des Johannes öffnen die Engel im Himmel sechs Siegel, im Englischen »seals«; »seal« ist auch das englische Wort für Robbe.

138 Vgl. Mark Twain, *The Innocents Abroad* (1869), dt. *Die Unschuldigen im Ausland*, Kapitel 27.

morgens Kaffee und Tee. Barometer fiel gewaltig nach dem Tee, und heftiger Regen und Wind kamen auf. Hoffentlich bekommen wir einen kleinen Orkan. Irgendetwas, das uns wach rüttelt. Einmal wurde ein Kabeljau durch die Pumpe nach oben befördert, als das Schiff stark leckte.

Dienstag, 11. Mai

Starker Sturm während der Nacht und fast den ganzen Tag lang. Wir spüren davon allerdings kaum mehr als die Kraft des Windes selbst, da das Eis schöne natürliche Häfen bildet. Den ganzen Tag nach Norden gesegelt. Das alles ist wirklich zu dumm – noch dazu nachdem unsere Jagd auf alte Robben so gut begonnen hatte. Doch handelt es sich um ein Geschäft mit Höhen und Tiefen, und wir müssen darauf warten, dass das Pendel in die andere Richtung schwingt. Der alte Peter hat sich heute Abend an einem Tau schlimm am Auge geschnitten und schien zu glauben, er sei dadurch erblindet, aber ich brachte ihn wieder auf Vordermann. Elend & Einsamkeit.

Mittwoch, 12. Mai

Ein wunderschöner Tag. Blauer Himmel, was hier oben selten vorkommt, weil der Himmel für gewöhnlich eher wie Erbsensuppe aussieht. Recht viele Robben im Wasser, aber keine auf dem Eis. Um Mitternacht so klar wie tagsüber. Ein Finnwal wurde nach dem Essen beim Blasen gesichtet, aber da habe ich gerade geschlafen. Ich hätte es gerne gesehen. *Balaena physalis* ist der wissenschaftliche Name, und er ist der schnellste, stärkste, größte und wertloseste unter den Walen, folglich ist die Jagd auf ihn eher ein Verlustgeschäft. Trotzdem werden Finnwale rege gejagt. Sie sind jeweils rund £ 120 wert, unser Wal rund £ 1500, also sind wir auf der richtigen Seite des Geschäfts. Spielten »Catch the Ten«[139] ohne Einsatz in der Steuermannskabine. Das

139 Auch »Scratch the Ten« und »Scotch Whist« genanntes Kartenspiel.

letzte Mal, dass ich eine Spielkarte in der Hand hielt, war in Greenhill Place. Sah heute eine Ringelrobbe um das Schiff herumschwimmen. Dies ist die kleinste Robbenart. Des Kapitäns Rezept gegen Glatzköpfigkeit: Man reiße das Haar eines anderen an der Wurzel aus. Dann bohre man kleine Löcher in seinen eigenen Schädel und pflanze es ein. Das träumte er.

Donnerstag, 13. Mai

Ich erfuhr aus dem Maschinenraum, dass Mr. McLeod, unser Erster Maschinist, mir die Ehre erwies, jeden Morgen mein privates Logbuch zu lesen, und bei Tisch und unter seinen Heizern satirische Kommentare dazu abgab. Nun wäre es mir in etwa ebenso lieb und eigentlich sehr viel lieber, er würde meine privaten Briefe lesen als mein Tagebuch, das ist eines der Dinge, die ich mir von niemandem gefallen lasse. Wenn sich irgendjemand in meine Privatangelegenheiten einmischt, dann weiß ich, wie ich mit ihm umzuspringen habe. Ich bin nur erstaunt, dass ein Mann, der religiöse Prinzipien hochhält, mit solch einem Mangel an – ich will es nicht Ehre eines Gentlemans nennen –, an gewöhnlicher Ehrlichkeit handelt. Wenn das hernach noch einmal vorkommt, wird er sich dafür verantworten müssen. Einem vernünftigen Mann kann man trauen, aber jemand, der im Maschinenraum über meine Abneigung gegenüber Rindfleischeintopf etc. spricht, muss in seine Schranken gewiesen werden. Ich hoffe, dass er dies morgen früh liest.

Sah heute einen Finnwal. Ich hatte zuvor keine Vorstellung von der Größe und Geschmeidigkeit dieses Tiers. Sein Blas sah aus wie eine Wolke weißen Rauchs. Er war eine gute Viertelmeile vom Schiff entfernt, doch als er tauchte, konnte ich jede seiner Flossen erkennen. Eine gewaltige Kreatur. Die Aussichten sind heute Morgen besser, da Robben auf dem Eis und zahlreiche im Wasser gesichtet wurden. Cane kam um 11 Uhr abends heruntergerannt, um zu melden, er habe einen guten Streifen auf dem Eis gesehen.

Freitag, 14. Mai

Boote um 9 Uhr früh zu Wasser gelassen. Robben wollten aber einfach nicht liegen bleiben. Sie sind den ganzen Weg von der Küste Labradors hierhergekommen und nach ihrer einmonatigen Reise nur noch Haut und Knochen. Unser Boot war mit 5 noch eines der besten. Wir luden 63 in die Boote & gingen wieder an Bord. Die Harpuniere wurden zum Bug geschickt, um die übrig gebliebenen Robben anzugreifen, und sie töteten 56 weitere, sodass wir insgesamt 119 hatten. Es ist schön, wieder loslegen zu können. Cane wurde von einem gewaltigen Walross mit einem Kopf wie ein Fass erschreckt, das neben ihm auftauchte, während er gerade eine Robbe auf dem Eis flenste[140]. Er gab vier Schüsse auf das Tier ab, doch das schien darüber lediglich amüsiert und schwamm davon.

Zeichnung
→ Seite 172

Samstag, 15. Mai

Morgens zwei Boote, jene von Colin und Hulton, zu einer kleinen Robbenansammlung geschickt. Erlegten 32, dampften und segelten hernach nach Norden, sahen aber keine Mützenrobben mehr. Nun rückt rasch der Zeitpunkt näher, an dem wir unsere Walfangleinen aufrollen und nordwärts ziehen müssen.

Sollten wir in den nächsten zwei Tagen keine Robben finden, müssen wir es aufgeben. Wir vermuten, dass sich die *Eclipse* und die *Windward* bereits im Norden befinden – haben sie länger als einen Monat nicht mehr gesehen, als sie nach Island segelten, um Entenwale zu jagen. Las Scoresbys Tagebuch über seine Entdeckungen zwischen dem 69. & 74. Breitengrad an der Ostküste Grönlands. Die letzten dänischen Siedlungen an jener Küste sind ein merkwürdiges Rätsel. Er entdeckte keine Spur von ihnen.[141]

140 Flensen: Abziehen der Haut und der Speckschicht.

141 In *Through the Magic Door* (1907) nannte Conan Doyle dieses Rätsel »eine der romantischsten Fragen der Geschichte. … Ich blickte angestrengt über die Eisschollen Grönlands zu der Stelle (oder dem Gebiet), wo das alte Eyrbyggia einst

Sonntag, 16. Mai

Keine Robben. 76.33 Breite zu Mittag. Stoßen so schnell es geht nach Norden vor. Portwein. Der alte Cooper purzelte die Luke hinunter und brach sich fast den Arm.

Montag, 17. Mai

Ein schöner Tag. Dampften den ganzen Tag nach Norden. Breite 77°, Länge 5° Ost. Ungefähr 100 Meilen westlich von Spitzbergen. Erlegten nach dem Essen 6 von einer kleinen Robbenansammlung. Sie werden immer dünner. Die letzten, die wir gefangen haben, halten wir nicht für Grönlandrobben, sondern für Robben von der Küste Labradors, von denen man nach ihrer einmonatigen Reise kaum erwarten konnte, in erstklassigem Zustand zu sein. Heute Morgen die Harpunenkanonen montiert. Schrecklich klobige, drehbare Dinger mit einer Zugkraft von 28 Pfund. Wird abgefeuert, indem man an einer Schnur zieht. Schleudert eine Harpune ungefähr 27,3 Meter weit und einigermaßen zielgenau. Basis ungefähr 3,8 Zentimeter.

Zeichnung ➻ Seite 174

Dienstag, 18. Mai

Die Boote gereinigt und für den Walfang vorbereitet. Während des Essens wurde gen NW ein Segel gesichtet, das sich bei näherer Betrachtung als die *Windward* herausstellte, von der wir dachten, sie sei mit der *Eclipse* im Süden auf Entenwaljagd. Wir brassten unsere

gelegen haben muss …, die skandinavische, von Kolonisten aus Island gegründete Stadt, die einige Bedeutung erlangte, sodass man einen Bischof aus Dänemark anforderte. Der Bischof entdeckte auf dem Weg zu seinem Bistum, dass er es wegen eines Klimawandels nicht erreichen konnte, der das Eis nach Süden und in die Meerenge zwischen Island und Grönland getrieben hatte. Seit damals hat niemand herausgefunden, was aus diesen alten Skandinaviern geworden ist … Es wäre seltsam, wenn ein Nansen oder Peary irgendwann über die Reste der alten Kolonie stolpern und in dieser keimfreien Atmosphäre möglicherweise eine vollständige Mumie aus einer vergangenen Zivilisation finden würde.« Doyle griff das Thema in seinen Vorträgen und Artikeln über die Arktis immer wieder auf (siehe Anhang).

Rahen back und warteten auf sie.[142] Murray kam mit einer sehr jämmerlichen Geschichte an Bord. Nach der Jagd auf Jungrobben mochte er sich, ehrgeizig, wie er war, nicht mit der bescheidenen Arbeit abgeben, der wir uns gewidmet und bei der wir nur ungefähr eine halbe Tonne täglich erwirtschaftet hatten, sondern hatte sich, ohne eine einzige alte Robbe zu erlegen, auf schnellstem Wege nach Norden aufgemacht, um vor Spitzbergen auf Walfang zu gehen. Das Ergebnis seines Ehrgeizes sind rund 28 Tonnen, während wir bereits 52 Tonnen haben. Er hält sich nun schon seit drei Wochen in dieser Gegend auf, ohne einen einzigen Walfisch gesichtet zu haben. Sein Bericht über die ganze Angelegenheit ist äußerst entmutigend, und ich vermute, er wird nun Mützenrobben jagen. Abends wehte ein starker Sturm aus SW, eine für uns sehr ungünstige Windrichtung.

Mittwoch & Donnerstag, 19. & 20. Mai

An beiden Tagen herrschte starker Sturm. Wir lavieren und wenden zwischen dem Eis und Spitzbergen. In den Sturmpausen können wir die *Windward* manchmal voraus, manchmal achtern ausmachen. Sehr hoher Seegang und Himmel so dunkel wie möglich. Mittwochs wurde das Deck überschwemmt und die Wache ordentlich nass gemacht. Mein alter Feind, der Zahnschmerz, ist mir anscheinend den ganzen Weg von Schottland hierher gefolgt und hat sich die bisherige Reise über auf dem Schiff versteckt. Gestern kam er dann aus seinem Versteck hervor und sagte: »O mein Feind, so hab ich dich gefunden?«[143], woraufhin er einen meiner Schneidezähne packte und derart zwickte, dass heute mein ganzes Gesicht entstellt ist. (Addison.)[144] Am Donnerstag sahen wir die wilde, kahle Küste Spitzbergens durch Lücken

142 Bei back gebrassten Rahen drückt der Wind die Segel gegen die Masten, sodass das Schiff langsamer wird.

143 Vgl. Das Alte Testament, Könige 1,21,20: »Da antwortete Ahab: ›Hast du mich gefunden, mein Feind?‹ Er entgegnete: ›Gefunden hab ich dich, weil du dich dazu hergegeben hast, zu tun, was böse ist in den Augen Jahwes.‹«

in den Sturmwolken brechen. Eine lange Reihe riesiger schwarzer lotrechter Felsen, die bis zu ein paar Tausend Fuß hoch aufragten, kohlrabenschwarz, aber von Schneeflächen gesäumt. Ein schrecklich aussehender Ort. Wir überlegten, in die King's Bay einzulaufen und dort zu ankern, doch die Seekarte war verlegt worden. Zahnschmerzen.

Zeichnung ➛ Seite 176/177

Freitag, 21. Mai

Spitzbergen ist rund 50 Meilen in nordöstliche Richtung immer noch sichtbar. Es herrscht vollkommene Windstille, doch der Himmel ist sehr dunkel und die Dünung heftig, weswegen wir vermuten, dass der Wind drehen wird. *Windward* lief nach Süden, und abends sahen wir die *Eclipse* aus der Ferne herankommen. Da wir sie seit einem Monat nicht gesehen hatten, wollten wir unbedingt erfahren, was sie geleistet hatte. Der Kapitän ging zu ihr an Bord und kam nach drei Stunden mit der Nachricht zurück, dass sie nach Island gesegelt sei und 32 Entenwale erlegt habe, ein sehr großer Fang. Sie bringen durchschnittlich eine Tonne pro Tier, und da Kapitän David ebenso viele junge und alte Robben wie wir erbeutet hat, ist es ihm gelungen, uns bis auf Weiteres zu schlagen. Ich glaube, er hat 90 Tonnen. Dieser Wind hat uns schrecklichen Schaden zugefügt, indem er die Eisschollen dicht zusammendrängte und all die Baien oder Buchten darin zerstörte, in denen man für gewöhnlich auf Wale stößt. Wir müssen aber bloß die Ohren steifhalten und auf das Beste hoffen.

144 Möglicherweise ein Verweis auf Morbus Addison, eine Nebennierenrindeninsuffizienz, benannt nach dem englischen Arzt Thomas Addison (1793–1860), der 1855 eine Reihe von Symptomen – darunter Übelkeit, Appetitlosigkeit, Hautverfärbungen, aber auch Zahn- und Gesichtsschmerzen – auf eine krankhafte Veränderung der Nebennieren zurückführte.

Samstag, 22. Mai

Den ganzen Tag starke Dünung. Heute werde ich volljährig.[145] Ziemlich witziger Ort dafür – nur ungefähr 600 Meilen vom Nordpol entfernt.

Hatte einen ziemlich tristen Abend an meinem Geburtstag, da mir aus diesem oder jenem Grund sehr übel war. Der Kapitän war so freundlich und ließ mich zwei gewaltige Senfbrechmittel schlucken, nach denen ich mich fühlte, als hätte ich den Vesuv im Magen, die mir aber richtig guttaten. *Eclipse* segelte den ganzen Tag nahebei. Eis ist in bedauerlicher Weise beschädigt.

Sonntag, 23. Mai

Wieder Rosinenpuddingtag – ein schöner Tag, keinerlei Dünung mehr. Segelten erneut nach Westen, entlang des Packeises. Der Kapitän und ich haben äußerst boshafte Parodien auf Jean Ingelows »Sparrows Build« gedichtet.[146]

~~»Wenn die Spatzen nisten & die Bl~~
»Wenn die ›Burgies‹ bau'n ihr Grönlandnest,
Stöhnt meine Seele und schreit,
Denn ich weiß, es gibt Robben in Nordnordwest,
Doch für Walfang ist nun die Zeit.
Weit unten im Süden liegen die ›Mützen‹,
Doch der Teufel liebet mich sehr,
Und des Narwals Horn lässt das Wasser spritzen,
Wenn er hüpft & springt durch das Meer.

145 Conan Doyle wurde am 22. Mai 1859 in Edinburgh geboren.

146 »When Sparrows Build« (»Wenn die Spatzen nisten und die Blätter sprießen …«) der populären englischen Dichterin und Autorin Jean Ingelow (1820–1897), die mit vielen Künstlern und Schriftstellern ihrer Zeit befreundet war und ihre Honorare meist für wohltätige Zwecke spendete. »Burgies«, die bei Doyle die Spatzen ersetzen, sind »Bürgermeister« oder Eismöwen.

Refrain
Doch der Wal, o der Wal, der Nordkaperwal!
    Und den Wal, den beten wir an,
Ist denn gar keine Bai in Grönland eisfrei,
    Wo ein ~~Wal Platz hat um~~ 12-Fuß-Wal blasen kann.

Du kamst an Bord und machtest dich auf
    Zu der Küste, so einsam und ~~trist~~ kalt,
Doch gab's dort nur Labrador-Robben zuhauf,
    Alle abgemagert und alt.
Und ›Meg‹ kam an und scheuchte sie
    Rund zwanzig Meilen weit weg,
Was wurde bloß aus dem Robbenvieh
    Im östlichen Treibeisversteck.

Refrain

Im Mai wohl niemand mehr segeln mag,
    So wie wir dies oft getan,
Oder einsacken tausend ›Junge‹ am Tag,
    Um mit zwei Zentnern Öl heimzufahr'n.
Unser Frachtraum soll nicht nur voll Robben sein,
    Trotz Arbeit, Mühen und Dreck,
Wir kehren nicht um, ohne wertvolles Bein
    Und der Mützenrobben Speck.

Refrain

Montag, 24. Mai

Wieder ein schöner Tag. Endlich könnten wir ein wenig Glück haben, hoffe ich zumindest. 6 Uhr abends. Nein, haben wir doch nicht. Wir haben dieses Jahr sogar gewiss fürchterliches Pech. Von Osten kam ein starker Wind auf und verstopfte eine hübsche kleine Bucht, die sich gerade bildete, und schickte so unsere Aussichten zum Teufel.

Colin sagt, wir haben einen Jonas an Bord.[147] *Eclipse* nahebei. Haben unsere Harpunenkanonen hochgestellt.

Dienstag, 25. Mai

Immer schlimmer und schlimmerer. Wind weht immer noch aus dem Osten und verschandelt das Eis. Alle Mann angewidert. *Eclipse* setzte Segel, um auf Südkurs zu gehen, überlegte es sich aber anders und kehrte wieder um. Schrecklich!

Mittwoch, 26. Mai

Ein schöner Tag, aber das Eis ist ruiniert. Schlängelten uns so gut es ging durch. Ich rauchte gerade meine Nachmittagspfeife auf dem Achterdeck, als jemand rief: »Ein Bär – ganz nah am Schiff!« Kapitän war am Masttopp und befahl sofort, das »Seitenboot zu Wasser« zu lassen. Ich lief hinunter, mein Schießeisen zu holen, und ergatterte einen Platz im Boot. Ich konnte den Bären sehen – ein großes Tier, sah vor dem weißen Schnee fast rehbraun aus und lief sehr schnell parallel zum Schiff. Dann kauerte er sich ein paar Hundert Meter entfernt in ein Wasserloch, lediglich seine Nase lugte über der Oberfläche. Mathieson war der Harpunier unseres Boots, und wir ruderten los, mussten aber einen kleinen Umweg machen, um durch das Eis zu kommen. Wir verloren ihn aus den Augen, und als wir ihn dann wiedersahen, stand er mit den Vordertatzen auf dem Gipfel eines Eishügels, streckte seinen Kopf in die Luft, starrte uns an und schnüffelte. Wir waren bereits in Schussweite, dachten aber, er würde uns näher an sich heranlassen, also legten wir uns in die Riemen. Doch in seinem beschränkten Verstand schienen irgendwelche mit Booten verknüpften Assoziationen zu dämmern, denn er verließ plötzlich den

147 Ein »Jonas« ist im Aberglauben der Seeleute ein Crewmitglied, das Unglück bringt, in direkter Anlehnung an die biblische Erzählung von Jona, dessen Schiff in einen schweren Sturm gerät, nachdem er sich um die Erfüllung eines göttlichen Auftrags drückt.

Hügel und geriet außer Sicht. Da sahen wir die Signalflagge, die dem Boot befahl, zum Schiff zurückzukehren, und erspähten Meister Petz, der in großer Entfernung über das Eis hetzte, sodass wir die aussichtslose Jagd aufgeben mussten. Wind immer noch aus dem Osten.

Durchschnittlicher Ertrag der Jagd auf alte Robben

Buchan	14	+	87	+	75	+	18	+	20	=	214	
Colin	10	+	85	+	51	+	8	+	7	=	161	
Hulton	9	+	112	+	11	+	6	+	12	=	150	
Carner	10	+	61	+	42	+	11	+	2	=	126	
McKenzie	2	+	55	+	41	+	8	+	5	=	111	(mob)
Rennie	13	+	68	+	26	+	7	+	2	=	116	
Mathieson	10	+	47	+	10	+	11	+	2	=	80	
Cane	1	+	36	+	20	+	2	+	13	=	72	
									Versch.		55	
									Junge R.		141	
									Gesamt		1216	Alte R.

Zeichnung ➵ Seite 178

Donnerstag, 27. Mai

Morgens begann das Eis uns fest einzuschließen, und wir mussten uns so gut es ging unter Dampf den Weg ins offene Meer bahnen, um nicht irgendwann festzusitzen oder eingeklemmt zu werden. Kamen nur mühsam frei. *Eclipse* blieb in unserem Kielwasser. Kapitän ging zum Essen zu ihr an Bord und blieb bis ungefähr acht. Ich zeichnete, schlief, spielte Dame und boxte, während er fort war. Wir nehmen Kurs auf 80° nördlicher Breite, um zu sehen, was dort zu holen ist, tatsächlich segeln wir ganz bis zur nördlichen Eisbarriere[148]. Der Schrecken der Meere ist in diesen Breiten ein Tier, das Schwertfisch genannt wird, doch eigentlich überhaupt kein Schwertfisch ist.[149] Es ge-

148 Die Stelle, ab der das Eis eine Weiterfahrt in Richtung Nordpol unmöglich macht.
149 Gemeint ist ein Killerwal oder Orca *(Orcinus orca)*.

hört zu den Walen und besitzt eine lange Schnauze wie eine Makrele, mit großen, spitzen Zähnen entlang seines ganzen Kiefers. Es wird bis zu 7,5 Meter lang und zeichnet sich durch eine hohe, gebogene Rückenflosse aus. Es frisst die größten Haie, Robben und Wale. Yule von der *Esquimeaux* fing letztes Jahr sechs Wale in der Meerenge, welche unter dem Schiff Schutz gesucht hatten, weil eines dieser Monster in der Nähe lauerte. Der Kapitän erzählt, wie er eines Tages im Krähennest saß, als er einen großen Wirbel vor dem Schiff ausmachte. Als er durch sein Fernglas blickte, erkannte er einen riesigen See-Elefanten, der auf einer Eisscholle saß, die nur wenig größer war als er selbst. Im Wasser ringsum befand sich ein halbes Dutzend dieser blutdürstigen Fische, die das arme Geschöpf mit ihren Flossen schlugen, um es von seinem Sitzplatz zu stoßen, wonach sie kurzen Prozess mit ihm gemacht hätten. Der Kapitän erzählt, dass er nie den Ausdruck in den großen Augen der armen Robbe vergessen werde, als sie zu dem näher kommenden Schiff blickte, plötzlich mit großer Wucht von der Scholle absprang, auf der Wasseroberfläche entlangpaddelte und schließlich mit einem so gewaltigen Satz an der Bordwand des Schiffs hochsprang, dass ihr Kopf über die Heckreling ragte und sie beinahe das Deck erreichte. Ein Boot wurde zu Wasser gelassen, in das die dreieinhalb Meter lange Kreatur hineinkletterte, woraufhin man sie erschlug. Man musste auf die Fische im Wasser feuern, damit sie nicht das Boot angriffen, so aufgebracht waren sie über das Verschwinden ihrer Beute.[150]

Zeichnung ➻ Seite 181

150 Am 15. September 1880 berichtete Lord Archibald Campell im *Scotsman* von einem Kampf, den er beobachtet hatte, als ein Wal gleichzeitig von einem Hai und einer Art Schwertfisch angegriffen wurde. Ein Leserbrief äußerte Zweifel, doch dann antwortete Conan Doyle: »Jene schreckliche Kreatur, der ›Schwertfisch‹, die Geißel des Polarmeers, ist ein ganz anderer Fisch als das arme langnasige Tier, mit dem T. G. [der Leser] ihn verwechselt. *Orca gladiator* oder der Killerwal ist eine wilde Walart, die ihren Spitznamen ›Schwertfisch‹ von den alten Grönlandwalfängern wegen seiner langen und hohen Rückenflosse erhalten hat. Er besitzt Respekt einflößende Zahnreihen, ist im Wasser sehr schnell und größer als jeder

Freitag, 28. Mai

Den ganzen Tag in Begleitung der *Eclipse* nach Nord und Nordost gedampft. Es ist nun klar, dass wir im Mai keine Wale fangen werden, und wir können nur das Beste für den Juni hoffen. Abends dicker Nebel, und wir mussten über Stunden unsere Dampfpfeife betätigen und unsere Gewehre abfeuern, bevor wir die *Eclipse* wiederfanden, die ebenfalls laut pfiff. Schoss mit meinem Gewehr auf einige weit entfernte Eistaucher auf dem Eis, da uns schließlich befohlen worden war, Signal zu geben, aber auch wenn ich die Scholle traf und den Schnee um sie herum aufwirbelte, traf ich keinen von ihnen.

Zeichnung ➻ Seite 181

Samstag, 29. Mai

Je weniger über den Samstag gesagt wird, desto besser. Lasst den Samstag der Vergessenheit anheimfallen. Nichts los. Abends Nebel. Mittags 79.10° nördl. Breite. Abends Karten gespielt.

Sonntag, 30. Mai

Kapitän David erschien morgens an Bord und zeigte sich äußerst unzufrieden mit dem Zustand des Eises, tatsächlich sagte er, er habe es nie schlechter erlebt. Dr. Walker kam hernach mit einem Logbuch, das der Kapitän mir in einer freundlichen Geste schicken ließ. Morgens erspähten wir zwei Objekte, die in der Nähe des Eises schwammen und die der Kapitän als zwei Kegelrobben erkannte, eine seltene Variante, fast so groß wie Mützenrobben. Wir ließen ein Boot zu Wasser, und nach einer aufregenden Jagd und einer Vorführung mangelhafter Treffsicherheit seitens des Harpuniers erlegten wir schließlich beide. Es handelte sich um ein Weibchen und ein Junges, Letzteres ungefähr zweieinhalb Meter. Da wir gerade von Mützenrobben sprechen,

Hai, sodass man ihn zu Recht den furchterregendsten Bewohner der Tiefe nennt.« Conan Doyle zählte einige Fälle von Angriffen auf Wale auf und hielt in diesem Fall das Opfer für einen Buckelwal, was später von einem Wissenschaftler des Aquariums von Westminster bestätigt wurde.

Colin tötete einmal eine, die über 4 Meter lang war. Sie griff das Boot an und hätte beinahe die Harpunenkanone entzweigebissen. Wir hoffen, dass es nach diesem kleinen Fang zu einer glücklichen Wendung kommt. Übrigens war eines der interessantesten Ereignisse der arktischen Zoologie der Fang eines großen Albatrosses letztes Jahr durch Kapitän David bei 80° nördlicher Breite. Woher stammte diese Art? Anscheinend war die Temperatur am Pol subtropisch.[151]

Montag, 31. Mai

Träumte von Walen im Kaledonischen Kanal[152] und dass wir Sorge hatten, die Flussboote oder Pferde könnten sie erschrecken. Es waren 17, allesamt Entenwale, unter einer Brücke. Ein sehr merkwürdiger Traum. Heute Morgen kommt der Wind aus WNW, was ausgezeichnet ist, und das Wasser hat einen grünlichen Farbton, was noch ausgezeichneter ist.

Übrigens habe ich meinen merkwürdigen Traum nicht einmal zur Hälfte erzählt. Während wir da draußen waren, um die Wale unter der Brücke zu töten, hörte ich es zwei Uhr schlagen, und plötzlich fiel mir ein, dass meine letzte Fachprüfung um eins beginnen sollte. Entsetzt ließ ich die Wale zurück und eilte zur Universität. Der Schließer verweigerte mir den Zugang zum Prüfungsraum, und nach einem verzweifelten Ringkampf warf er mich schließlich hinaus. Nicht einmal dann erwachte ich, sondern träumte, dass mir jemand ein Papier herausreichte, um mir zu zeigen, welche Fragen gestellt wurden. Es gab vier Fragen, aber die beiden mittleren habe ich vergessen. Die erste Frage lautete: »Wo gibt es bei Berlin zehn Meilen tiefes Wasser?« Die letzte Frage trug die Überschrift SEEFAHRT und lautete wort-

151 Die Albatrosart *Diomedea melanophris* ist im Nordatlantik heimisch und entfernt sich oft weit von der Küste. Der Fang eines solchen Tiers würde also Conan Doyles Vermutung über hohe Temperaturen am Pol nicht bestätigen.

152 Der Kaledonische Kanal verbindet Schottlands Ost- und Westküste und wurde 1822 fertiggestellt.

wörtlich folgendermaßen: »Wenn ein Mann und seine Frau und ein Pferd sich in einem Boot befinden, wie kann die Frau den Mann und das Pferd aus dem Boot befördern, ohne es zum Kentern zu bringen?« Ich grübelte lange über diesen Fragen und sagte, es sei unfair, Seefahrt zum Thema einer Medizinprüfung zu machen. Dann beschloss ich, das Papier an Kapitän Gray zu schicken, damit er die Fragen für mich beantwortete, und da erwachte ich endlich. Gewiss der Traum mit dem meisten Zusammenhang und auch der lebendigste, den ich je hatte.

Heute Abend sauste die Fockrah herunter, weil ein Schäkel zerbrochen war, und ruinierte die Fallen.[153] Wir montierten eine Ersatzspiere und reparierten alles binnen vier Stunden, ein schönes Stück Seemannshandwerk. Kapitän ist ins Krähennest aufgeentert, und ich schreibe dies vor dem lustig flackernden Kajütfeuer. Ich höre das Hämmern an Deck, während sie die gebrochene Rah reparieren, und direkt vor der Tür schmettert der Steward in seinem wirklich erstklassigen Tenor, dass »Um Mitternacht auf dem weiten Meer – Ihr Lächeln mich ständig verfolgt«[154]. Es scheint ihn um Mitternacht zu verfolgen, und dann nutzt er die übrigen 23 Stunden, um diese Tatsache zu kommentieren. Kapitän David war abends an Bord und lieh mir ein Pamphlet über Wale[155]. Abends experimentierte ich mit den »Maulies« oder Eissturmvögeln. Ich nahm 4 Brotstücke und tränkte je eines in Strychnin, Karbolsäure, Zinksulfat und Terpentin. Dann

153 Der Schäkel ist hier ein Metallbügel, mit dem die Rah am vordersten Mast (Fockmast) befestigt ist. Das Fall ist ein Tau zum Hinaufziehen und Herunterlassen einer Rah, d. h. der hölzernen Spiere, an der das Segel befestigt wird.

154 »Her Bright Smile Haunts Me Still«, ein Lied von W. T. Wrigton und J. E. Carpenter (1864). Conan Doyle schreibt in seinem Artikel »Leben auf einem Grönland-Walfänger« ausführlicher über die Sangeskünste des Stewards (siehe Anhang).

155 Wahrscheinlich handelte es sich um *Report on New Whaling Grounds in the South Seas* (1874) von David und John Gray, die auf Berichte über Nordkaper-Wale in der Antarktis aufmerksam machten.

warf ich sie zu den Vögeln hinüber, um zu sehen, was am schnellsten wirkte, doch zu meinem Entsetzen trat ein alter Patriarch hervor und schluckte alle vier Stücke, und sie schienen ihm seltsamerweise kein bisschen zu schaden.

Zeichnung
→ Seite 182/183

Dienstag, 1. Juni

Ich vertraue darauf, dass wir diesen Monat mehr Glück haben als letzten. Wir können die nördliche Eisbarriere entlang des ganzen Horizonts sehen. *Eclipse* geht unter Dampf, und ich vermute, dass wir einen Blick in die Bucht auf 78° Breite werfen, aus der wir vertrieben wurden, und dann werden wir zum Scoresbysund und zur Liverpool-Küste[156] sausen, wenn nichts dazwischenkommt. Wasser ist voller Krebstierchen und olivgrün.

Balaena mystractus!
Balaena mysticetus!
Wenn wir alle Krebstierchen wären,
Dann wär's bald aus mit uns.[157]

Kapitän sagt, er habe Wale so dick blasen sehen, dass es wie der Rauch einer großen Stadt aussah. Eine sehr gute Beschreibung. Übrigens wurde das Wasser gestern um 8 Grad [Fahrenheit] wärmer, woraus wir schließen, dass wir uns im Golfstrom befinden. Kamen an einem Stück einer Fichte vorbei, das im Wasser trieb. Es hat viele Tausend Meilen zurückgelegt, ist die Flüsse Ob oder Jenissei in Sibirien hinab und über die NW-Strömung weiter ins Polarmeer getrieben.

Sahen abends zwei Mützenrobben, erwischten aber nur eine aufgrund von mangelnder Treffsicherheit. Hoffte, am Abend hinausge-

156 Die Liverpool-Küste an der Ostküste Grönlands, nördlich von Island.

157 *Balaena mysticetus*: Grönlandwal, von Conan Doyle oft irrtümlich als »right whale« oder »Nordkaper« bezeichnet. Die »Krebstierchen« sind teils ausgewachsene, teils larvenförmige Krustentiere, die sich vom Phytoplankton ernähren.

hen und Sterntaucher schießen zu können, es gab aber keine. Buchan schoss morgens vier.

Mittwoch, 2. Juni

Kreuzen unter Segeln nach West und Süd. Kapitän leidet unter Blubberlosigkeit[158]. Sehr kalt, so kalt wie im April. Mein Haar fällt aus, und ich werde vorzeitig alt. Las eine gute Geschichte über einen Doktor, der genau in der Mitte eines großen Friedhofs bestattet wurde, und einen Berufskollegen, der als Epitaph vorschlug: »Si momentum quareis, circumspice.«[159] Halte dies für sehr geistreich. Es ist sehr entmutigend, dass das Eis uns derart von den Walfanggebieten fernhält. Wie es der Stewart ausdrückte: »Da möchte man am liebsten hochspringen und nie wieder runterkommen.« Sydney Smith sagte über Jeffrey: »Sein Körper ist zu klein, um seinen Verstand zu bedecken. Jeffreys Intellekt wird stets auf unwürdige Weise entblößt.«[160] Auch sehr scharfsinnig. Sah abends die Spuren eines großen Bären, außerdem eine Mützenrobbe im Wasser. Die Aussichten sind heute Abend etwas besser, denn wir sind ziemlich weit nach Westen vorgedrungen und nahe an den Walfanggebieten.

Donnerstag, 3. Juni

Wieder sehr kalt, es herrscht großer weißer Frost. Starker Wind aus dem Norden. Wir sind an der vielversprechendsten Stelle, die wir bislang gesehen haben, und wenn der Wind anhält, werden wir ein paar von den Elritzen fangen, denen wir nachjagen. Abends kam Nebel

158 Als »Blubber« wird die Fettschicht von Walen und Robben bezeichnet.

159 »Sucht ihr sein Denkmal, seht euch um.«

160 Francis Jeffrey (1773–1850), schottischer Richter, Literaturkritiker und zusammen mit Sydney Smith (1771–1845) Herausgeber der *Edinburgh Review*. In Conan Doyles erstem Romanversuch *The Narrative of John Smith* ist Jeffrey ein Beispiel für häufige Fehlurteile der Literaturkritik, da dieser Lord Byrons Gedichte als unbedeutend abgetan hatte.

auf. Ich habe meine Dorschangel mit einem Schweinefleischköder ausgeworfen, aber bislang hat keiner angebissen. Rund 50 russische Schiffe kommen diesen Monat nach Spitzbergen, um Kabeljau zu fischen, also müssen sich hier trotz allem welche herumtreiben. Hatten abends das Fangnetz im Schlepptau, um zu sehen, ob es irgendetwas Essbares gibt. Zogen eine schöne Clio oder Meeresschnecke hoch, einige Zoll lang, sah aus wie eine unheimliche kleine Elfe. Habe sie in ein Gurkenglas gestopft und »John Thomas« getauft. Hoffe, dass sie überlebt, wir haben ihr etwas Butter und Schweinefleisch in ihr Haus gegeben. Sah ziemlich viele Narwale sich herumtummeln, ein sehr großer, fast schneeweiß und an die viereinhalb Meter, schnellte am Heck vorbei und machte dabei den eigenartigen Grunzer, den sie beim Auftauchen von sich geben. Sah auch einige schöne Medusen[161].

Freitag, 4. Juni

John Thomas ist schrecklich wütend. Wir stellten das Gurkenglas weit weg vom Feuer, und da nur minus 6 Celsius herrschen, fror es zu, und John hat sich eine Erkältung eingefangen. Er sitzt in einer Ecke, mit dem Schwanz im Mund, genau wie ein schmollendes Baby, das an seinem Daumen nuckelt. Ich habe Johns Aufmerksamkeit auf Butter & Schweinefleisch gelenkt, und er nahm ein hastiges Frühstück ein, schien aber wichtige Geschäfte am Boden des Glases auf sich warten zu haben. Womöglich denkt er daran,

> Wo seine grobe Schale nah am Golfstrom lag,
> Wo seine Meeresschneckenkinder spiel'n am Tag,
> Wo ihre Mutter, die amöbenhaft schielte,
> So wie ihr Vater als Walfutter diente.

161 Eine im Polarmeer sehr häufige Quallenart.

Kurz nach eins stand ich an Deck und sprach mit Andrew Hulton über die allgemein düstere Lage. Er ist einer unserer besten Harpuniere. Zufällig fragte ich: »Übrigens, Andrew, wenn jemand einen Wal sichtet, ruft er wohl nie, ›Da bläst er‹, so wie in den Büchern, oder?« Er sagte: »Oh, sie rufen, ›Da ist ein Fisch‹, oder was ihnen sonst so einfällt, aber hier kommt Colin und entert zum Masttopp auf, also muss ich auf die Brücke.« So ging er denn auf die Brücke, und kaum war er dort, brüllte er: »Da ist ein Fisch!« Die Wache eilte sofort zu den Booten, doch der Kapitän hielt sie auf. »Lasst es ruhig angehen«, sagte er, »und bemannt die Boote erst, wenn ich es befehle.« Wir konnten zwei Fontänen zwischen den Eisschollen vor uns erkennen, und ich erhaschte einen Blick auf den Rücken eines dieser riesigen Geschöpfe, als es abtauchte. Wir ließen die Boote der Wache zu Wasser und hernach vier weitere, sechs Boote insgesamt, und hegten große Hoffnungen, die leider dazu verdammt waren, enttäuscht zu werden. Zwei weitere Walfische erschienen, und die vier zogen gen WNW von dannen. Die Boote verfolgten sie (Packeis) vier Stunden lang, doch es war nichts zu machen, irgendetwas schien sie verschreckt zu haben. Es hat jedoch seinen Reiz, ihnen auf den Fersen zu sein. Wir sichten offenes Wasser zwischen Eisschollen voraus und hoffen, dass es uns gute Zeiten bringen wird. Auch die *Eclipse* hatte zwei Fische verfolgt, sie aber wegen der Unfähigkeit ihres Zweiten Steuermanns, der deswegen gefeuert wurde, wieder verloren.

Zeichnung ➵ Seite 185

Samstag, 6.[5.] Juni

John ist gesund und munter. Sah heute sehr viele Narwale, aber wir können dergleichen nicht gebrauchen. Hielt vom Frühstück bis zum Mittagessen auf der Brücke Ausschau. Wir sichteten mittags einen großen See-Elefanten auf dem Eis, und Andrew Hulton & ich zogen aus und schossen ihn. Rund 3 Meter lang und sehr dick. Wir öffneten seinen Magen und entdeckten darin eine große Auswahl an Tintenfischen. Kapitän ging abends an Bord der *Eclipse.* Der Guano hier ist blutrot und bietet einen merkwürdigen Anblick. Reichlich Vögel ringsum. Wind dreht auf Süd. Es ist ein äußerst aufregendes Geschäft, die Nervenanspannung ist sehr groß.

Sonntag, 6. Juni

John war vor mir wach und verputzte ein schweres Frühstück. Er umkreist nun das obere Ende seines Glases, inspiziert offenkundig sein neues Reich und grübelt über einer Landkarte. Jeden Abend gebe ich ihn in einen Eimer, wo er ein, zwei Stunden frei und ungebunden umherwandert. Stelle erfreut fest, dass der Wind nach SW drehte, gestern kam er aus SSW. Nun könnten wir jeden Moment Fische sichten, das Wasser ist eigenartig dunkelgraugrün. Gestern meinte ich, vom Deck aus einen Walfisch zu riechen. Oft bemerkt man den öligen Geruch, lange bevor man das Tier sieht. Aaron, unser Schiffsjunge von den Shetlands, Sohn vom alten Peter, dem Propheten, gehörte zur Crew des Boots, das gestern die *Eclipse* besuchte. Als er zurückkehrte, hörte ich, wie er direkt zu seinem Vater ging und folgendermaßen begann:

»Vater, Peter Shane hat jeträumt!«

(Peter Shane ist der rivalisierende Prophet der *Eclipse*)

»Aye, Jung, was ist los?«

»Peter Shane hatte 'nen Traum, Vater.«

»Und was hat er jeträumt, Jung?«

»Er hat jeträumt, er sieht, wie an Pord der *Hope* Kühe getötet werden.«

»Oh, ein juter Traum, Jung, ein juter Traum. Das bedeutet, die *Hope* wird den ersten Fisch haben. Ein sehr juter Traum.«

Wir dürfen also noch hoffen.

Sah einen großen Tintenfisch unter der Oberfläche und ziemlich viele Medusen und Clios. Ungefähr um 3 Uhr nachmittags wurde gemeldet, dass die *Eclipse* die Boote ausgesetzt hätte. Sie verfolgten ihren Fisch mehrere Stunden lang, wurden aber durch das Hissen des

Signalballs zurückgerufen.[162] Ungefähr um 6 Uhr nachmittags sah Adam Carner vom Masttopp aus in weiter Ferne einen Blas. Vier Boote wurden zur Verfolgung zu Wasser gelassen, aber konnten nicht einmal einen Blick auf den Wal erhaschen. Jack Buchan, der übrigens nur in Hemd und Hosen aufbrach, als wäre er gerade aus den Federn gekrochen, erlegte einen Narwal oder ein Meereseinhorn, rund 4 Meter lang, mit einem 60 Zentimeter langen Horn. Die Harpune schnitt ihm fein säuberlich die Kehle durch. Es wurde von den vier Booten ins Schlepptau genommen und an Bord gehievt. Schön schwarz-grau gescheckt. Nach dem Flensen öffneten wir seinen Magen, der mit sehr großen Garnelen, die ich für »Quacksalbergarnelen« [arktische Flohkrebse] halte, und jeder Menge Tintenfischen gefüllt war. Der Wal war von zwei deutlich erkennbaren Parasitenarten befallen, eine wie ein langer dünner Wurm in seinem Mittelohr, die andere wie Samenkörner an der Hornwurzel.

Zwei sehr seltene Enten wurden heute Abend hinter dem Schiff gesichtet. Der Kapitän zog persönlich in einem Boot los und erlegte beide mit einem Schuss aus der doppelläufigen Schrotflinte. Niemand an Bord hat diese Art je zuvor gesehen. Sie haben einen gelblichen Schnabel mit einer orangen Schwiele, die sich vom Ansatz des Schnabels bis zu den Augen zieht. Sie sind etwas größer als unsere Enten, dunkelbraun am Kopf, weiß am Hals, dunkelbraun am Rücken, an der Brust ein helleres, silbriges Braun. Das ganze Gefieder sehr weich & zart.

Zeichnungen
→ Seite 187+202

162 Ein aus Reifen zusammengesetzter und mit Leinwand umhüllter Ball. Auf Kriegsschiffen wurden verschiedenfarbene Signalbälle benutzt, um im Verbund fahrenden Schiffen Kurs und Geschwindigkeit anzuzeigen.

Montag, 7. Juni

Heute keinen Fisch gesichtet, obwohl der Kapitän meint, abends einen flüchtig gesehen zu haben. Ich ging nach dem Tee an Bord der *Eclipse*, um ein wenig Arsenseife zu holen, um damit unsere Enten zu konservieren. Kapitän David sagt, er glaubt, es seien Königseiderenten, sehr seltene Vögel. Er kam mit mir zurück an Bord und blieb eine Stunde. Gestern hat er drei Fische gejagt, aber keinen erlegt. Ich fing einen Sturmvogel, indem ich ein Stück Blei an einer Schnur nach ihm schleuderte und ihn heranzog, nachdem die Schnur sich um seinen Kopf gewickelt hatte. Er blickte ganz schön bestürzt drein. Ich ließ ihn wieder frei. Wind Nord & Nordost. Morgens starker Sturm.

Dienstag, 8. Juni

Morgens ein wenig gedampft. Sonne strahlte. Sicherten das Schiff mit einem Anker an einer Eisscholle und pfiffen nach einem Windwechsel. Schickten drei Expeditionen auf Narwaljagd, aber ohne Erfolg. Zog los, um Vögel zu schießen, konnte aber nur zwei Schüsse anbringen, die einen Sterntaucher erledigten und einen Eistaucher verletzten. Pfefferte eine Ringelrobbe, die allerdings entkam. Grant entdeckte Pfotenabdrücke eines Polarfuchses auf dem Eis. Hatte im Großen und Ganzen einen angenehmen Tag. Kapitän sagt, wenn ich meine eigenen Patronen verwende, dürfe ich drauflosballern, bis der Himmel leer gefegt sei. Segelten abends wieder ab. Spielte »Nap«[163] im Maschinenraum. Fast vollkommen windstill.

Mittwoch, 9. Juni

Wegen Veränderungen im Eis waren wir gezwungen, wieder Kurs auf die offene See zu nehmen. *Eclipse* und wir machten abends an einer Eisscholle fest. Kapitän David & Dr. Walker kamen gegen zehn Uhr abends zu uns an Bord und blieben bis zwei. Sie schossen heute einen

163 Nap oder Napoleon ist ein Kartenspiel für zwei bis sechs Spieler.

sehr großen Bären auf dem Eis. Er saß da und mampfte vom Kopf eines Narwals, den er auf das Eis gezerrt hatte, während ein großer Hai sich am Schwanz gütlich tat, der ins Wasser hing. Wie der Bär einen Narwal aufs Eis holen konnte, bleibt ein Rätsel. Zog um zwei Uhr früh los, um Vögel zu schießen. Sie machten sich jedoch sehr rar, und es gelang mir nur, einen Sterntaucher und 6 Schneevögel zu erlegen. Sah eine große Mützenrobbe, hatte jedoch keine Gelegenheit, auf sie zu schießen. Kam um 4 Uhr nachmittags zurück.

Zeichnung ➵ Seite 189

Donnerstag, 10. Juni

Versuchen immer noch hartnäckig, dorthin zu gelangen, wo sich nach unserem Wissen die Wale aufhalten. Kamen ein Stück weit unter Dampf voran und ankerten dann mit der *Eclipse* an einem Eisberg. Schoss vom Deck aus eine Dreizehenmöwe und einen Eistaucher und erlegte zwei weitere Eistaucher, als ich gerade den ersten auflas. Vergnügte mich am Nachmittag damit, Sturmvögel zu fangen, indem ich eine Schnur mit Bleigewicht nach ihnen schleuderte, sodass sich die Schnur um ihre Flügel wickelte, so wie die »Bolas« in Südamerika. Übrigens, als ich kürzlich einen Sterntaucher schoss, schnappte ihn sich ein großer Eissturmvogel genau in dem Moment, da er herunterfiel, ohne sich um die Schreie der Bootscrew und mein irres Geheul zu kümmern, und wollte ihn forttragen, ich aber drohte ihm mit einer Bootsfußleiste und verscheuchte ihn.

John Thomas
verstorben am 8. Juni
Ein großer Bekanntenkreis
trauert um ihn

Er war eine rechtschaffene und hochgesinnte Clio und zeichnete sich unter seinen Meeresschneckenbrüdern sowohl durch seine Geisteskraft als auch seine körperliche Vollkommenheit aus. Er sah nie auf seine kleineren Kameraden herab, nur weil sie Protozoen waren, während er sich zu Recht rühmen durfte, zur erlauchten Familie der Echinodermata oder Annulosa zu gehören. Nie verhöhnte er sie, weil sie kein Wassergewebesystem besaßen, noch prahlte er mit seiner Doppelreihe Ganglien. Er war ein bescheidener und anspruchsloser Protoplasmaklumpen und vermochte mehr fettes Schweinefleisch am Tag zu vertilgen als manch ein Lebewesen mit weit höheren Ansprüchen. Seine beiden Eltern wurden in seiner Kindheit von einem Wal verschlungen, sodass er seine gesamte Bildung allein seinem eigenen Fleiß und Beobachtungsvermögen verdankte. Er ging den Weg allen Fleisches, und so mögen seine Moleküle in Frieden ruhen.

Zeichnung ➵ Seite 190

Zoologische Liste der Walfangreise

INVERTEBRATA [Wirbellose]

I Protozoen [Urtiere, Einzeller]
Eine ungezählte Menge in Walnahrung

II Infusoria [Wimperntierchen]
In reisartiger Nahrung

III Annulosa [Ringeltiere]

Gemeine Laus (auf einem Shetlander)	*Clio helicina*
Garnele (gemein)	Hornlaus des Narwals
Clio borealis (John Thomas)[164]	Ohrenlaus des Narwals
»Quacksalbergarnele«	Wallaus (Ocina)

IV Echinodermata [Stachelhäuter]
Medusa gulius 78.40 N.
Medusa ——? 78.40 N.
Flaschenförmige Medusa 78.5 N.

164 John Thomas war vermutlich ein See-Engel *(Clione limacina)*; Conan Doyles zoologische Angaben sind nicht immer zuverlässig (siehe Anhang: Die Tierwelt der Arktis).

V Mollusca [Weichtiere]

Sepia —— [Tintenfisch] 78.40 N.

VERTEBRATA [Wirbeltiere]

I. Aves [Vögel]

Eissturmvogel oder »Maulie« *(Procellaria glacialis)*

Dummes Taucherhuhn oder »Eistaucher« *(Colymbus troile)*

Sterntaucher *(Arca alle)*

Tauchertaube *(Colymbus grylle)*

Eismöwe *(Larus glaucus)*

Dreizehenmöwe *(Larus Rissa)*

»Schneevogel« oder Elfenbeinmöwe *(Larus eburneus)*

Schneeammer *(Emberiza nivalis)*

Birkenzeisig *(Fringilla linaria)* 75 N.

Papageitaucher oder »Tammy Norie« *(Alca artica)* 78 N.

Felsen-Raubmöwe *(Larus crepidatus)* 78.12 N.

Isländischer Falke *(Falco islandicus)* 73.40 N.

Große Schnee-Eule *(Stryx scandiaca)* 71 N.

Seeschwalbe *(Sterna hirundo)* 78.18 N.

Bernierente *(Anas bernicla)* 78 N.

Eiderente *(Anas mollissima)*

Seemöwe *(Larus communis)*

Krähenscharbe (Lerwick)

Ente (Calvo?) Sehr selten. Königseider. 78.50 N.

Arktischer Star 78.6 N.

Flussuferläufer 75.30 N.

Arktische Möwe 69° N.

Pisces [Fische]

Treibeisfisch (einem Weißfisch ähnlich) 78.40 N.

Silberfisch [?] 78.12 N.

Hering 69°.

Squalus grönlandicus oder Grönlandhai

Mammalia [Säugetiere]
Sattelrobbe *(Phoca vitulina)*
Mützenrobbe
Ringelrobbe
Kegelrobbe 79 N.
Walross *(Trichechus rosmarus)* 77.30 N.
Weißgesichtige Robbe [Bartrobbe?]
Süßwasserrobbe [Seehund?] (78 N.)
Orca gladiator. Der Grönland-Schwertfisch. 69 N. Breite.
Entenwal *(Delphinus deductor)* 63 N.
Finnwal *(Balaenoptera physalus)*
Narwal *(Monodon monoceros)*
Grönlandwal *(Balaena mysticetus)*
Balaena musculus (Buckelwal) 68° N.
Ursus maritimus oder Polarbär
Canis lagopus oder Polarfuchs

Weitere auf der Überfahrt gesichtete Vögel
Tölpel
Stienchuck [Steinwälzer?]
Sturmschwalbe
Mantelmöwe
Sperber
Mallet [?]

Freitag, 11. Juni

Wir legten ein paar Meilen auf dem richtigen Kurs zurück. Die *Eclipse* schoss heute Morgen zwei Bären. Gegen ein Uhr kam ein Fisch nah an die *Eclipse* heran, wurde aber nicht gefangen. Wir machten abends an einem Eisberg fest. Fing heute einen eigenartigen Fisch, den ersten, den ich in Grönland gesehen habe. Er hatte Ähnlichkeit mit einem Weißfisch, war aber keiner. Jack Williamson, einer unserer Matrosen, wurde vom Steuerrad schwer verletzt. Der Schlag legte rund 13 Zentimeter seines Schädelknochens frei. Nähte die Wunde und schickte ihn ins Bett. Steward, der Bootsführer, und ich gingen abends auf dem Eis spazieren und sahen beide deutlich den Blas eines Walfischs ungefähr eine halbe Meile entfernt zwischen dem Packeis. Er war mit Booten jedoch nicht zu erreichen.

Samstag, 12. Juni

Das Eis schließt sich eher, als dass es sich öffnet. Aufgeschobene Hoffnung macht das Herz schwer. Männer schossen ungefähr um acht Uhr von der Seite des Schiffs aus einen Bären. Ich schlief gerade und versäumte so den Spaß. Magen war voller Robbenöl, doch er war sehr dünn *[mehrere Worte unlesbar]* Schüsse. Ging mit dem Kapitän an Bord der *Eclipse* zum Essen. Hatten eine angenehme Mahlzeit und Plauderei. Kapitän scheint weit davon entfernt, verzweifelt zu sein. Starker Wind aus W und SW – sollte uns guttun. Eis begann sich so schnell um uns zu schließen, dass wir 30 Meilen hinausdampfen mussten, um nicht eingeklemmt oder festgesetzt zu werden. Hatten Mühe, aus dieser Situation herauszukommen. Heute Morgen wimmelte es im Meer tatsächlich von Narwalen.

Sonntag, 13. Juni

Fanden eine schöne Öffnung nach Westen und arbeiteten uns ungefähr so weit wieder hinein, wie wir herausgefahren waren, Kurs WSW. Sah die ganze Zeit nur eine einzige Robbe im Wasser. Müssen rund 20 Meilen nach Norden, um ins Walfanggebiet zu gelangen. »Du bist so nah und doch so fern.« Nachdem wir durch undurchdringliches Packeis gedrungen sind und vierzig Meilen schweres Treibeis zwischen uns und dem offenen Meer gelassen haben, nachdem wir uns jeglicher Gefahr der Stürme und Fluten ausgesetzt und uns in die Lage versetzt haben, jederzeit Schiff oder Leben verlieren zu können oder eingeschlossen zu werden und überwintern zu müssen, erscheint es hart, dass wir nun nicht viel besser dran sind als die halbherzigen Kerle, die all die Mühe scheuen und im Süden kleineres Wild jagen. Es ist eine Schande und eine Sünde und kann so nicht lange weitergehen. Die *Eclipse* und wir sind die Letzten aus zehn Generationen wagemutiger Polarfahrer, unser Schlag ist verkommen, und wir sind die einzigen Überlebenden jener Männer, die einst Grönland vom 80. bis zum 72. Breitengrad plünderten, und hier stecken wir nun hilflos im Schlamm fest. Da würde sogar ein Heiliger fluchen.

Montag, 14. Juni

Morgens dichter Nebel. Bliesen das Nebelhorn, doch die *Eclipse* antwortete nicht. Jack Williamson, der Mann mit der Kopfwunde, ist wohlauf. Die Lage sieht denkbar schlecht aus und noch schlechter. Ich hoffe, wir gehen Mützenrobben jagen, anstatt wie jetzt auszuharren. Die Wale sind nur 20 Meilen entfernt, doch eine unüberwindliche Eisbarriere steht zwischen uns, und der Wind ist derart, dass die Eisschollen eher nur enger zusammengeschoben als auseinandergetrieben werden. Wir brauchen Wind aus W, NW oder NWW, und wir bekommen ihn ständig aus dem Süden. ο ποποι ποποι![165] 53 Tonnen! So ist das Leben!

Dienstag, 15. Juni

Die einzige Wetterveränderung besteht darin, dass der Nebel noch dicker und der Wind noch viel scheußlicher und abscheulicher ist. Wir sind jedoch am Boden unseres Jammertals angekommen, denn nichts könnte unsere Lage noch schlechter machen, also »wird es ein Ende haben«, wie der alte Sam Johnson zu sagen pflegte. Kapitän ging

165 »O Schande, o Schmach!« – ein in der klassischen griechischen Literatur häufig verwendeter Ausruf.

zur Mittagszeit an Bord der *Eclipse*. Ich hoffe wirklich, dass wir losziehen und Klappmützenrobben oder Entenwale oder irgendein anderes Tier mit seltsamem Namen und Speck an seinem Kadaver abschlachten. Den ganzen Tag Boswell geschmökert.

Mittwoch, 16. Juni

Die *Eclipse* schickte gegen 8 Uhr früh ihre Boote einem Wal hinterher und verfolgte ihn bis Mittag, erwischte ihn aber nicht. Wir befinden uns nun einmal nicht im Walfanggebiet, und jene, die wir sichten, sind Nachzügler auf der Durchreise, die nicht haltmachen, um zu fressen. Westwind, so weit, so gut. Abends windstill, Meer sieht wie Quecksilber aus, überall tummeln sich Narwale, große Tiere, 4,5 & 5 Meter lang. Man hört aus jeder Richtung ihr eigenartiges »Sumf!«. Ich sah einen gleich einem großen, schimmernden, weißen Geist unter dem Kiel durchtauchen. Las *Tristram Shandy*, ein derbes Buch, aber sehr klug geschrieben.[166]

Donnerstag, 17. Juni

Ein ereignisreicher Tag – zumindest für die *Eclipse*. Ungefähr um 10 Uhr morgens sichtete Colin vom Krähennest aus einen rund fünf Meilen weit entfernten Wal, während die Boote der *Eclipse* einem anderen nachjagten. Wir setzten die Segel und nahmen Kurs auf Colins Fisch, sahen ihn jedoch erst gegen 1 Uhr mittags wieder, als er plötzlich in Begleitung eines zweiten weniger als 45 Meter vom Schiff entfernt auftauchte. Wie ein Lämmerpaar tollten und hüpften die beiden durchs Wasser. Wir setzten vier Boote aus, jene von Colin, Carner, Rennie und Peter, die alle zu einer Eisscholle ruderten, wo die Fische wahrscheinlich wieder auftauchen würden. Sie kamen schließlich in der Nähe von Rennies Boot an die Oberfläche, doch leider ist er kein

166 *The Life and Opinions of Tristram Shandy, Gentleman* (1759–67), ein ursprünglich in neun Bänden erschienener satirischer Schelmenroman von Laurence Sterne.

sonderlich entscheidungsfreudiger Typ, und er zögerte, den näheren Fisch zu harpunieren, weil er den anderen, in dessen Sichtfeld er sich ebenfalls befand, nicht verschrecken wollte. Die Fische trennten sich, einer verschwand, und der andere verwickelte die Boote windwärts in eine äußerst aufregende Verfolgungsjagd. Von Deck aus konnte ich seinen Blas direkt vor den Booten aufsteigen und seine große Schwanzflosse in der Luft winken sehen, doch unsere Männer kamen nie wirklich in Schussweite an ihn heran. Die *Eclipse*, die sah, welchen Kurs der Wal einschlug, wendete in diese Richtung und setzte zwei Boote vor ihm aus. Der Wal tauchte vor einem von diesen, dem des Zweiten Steuermanns, auf, und kurze Zeit später wurden wir durch den Anblick der gehissten Bootsflagge gedemütigt, die anzeigte, dass sie unseren Fisch gefangen hatten. Es ist schlimm, wenn man sieht, wie einem tausend Pfund einfach so durch die Lappen gehen. Sie töteten den Fisch zu Mittag und hatten ihn vor 8 Uhr abends an Bord. Rennie bekam eine hübsche Standpauke vom Kapitän, als er an Bord kam.

Nach dem Essen sahen wir einen offensichtlich sehr erregten Bären auf einer Eisspitze, der wahrscheinlich das Walblut gerochen hatte. Ich zog mit Mathieson im Boot los, um ihn zu erlegen. Wir stiegen mit unseren Gewehren vom Boot auf das Eis, eine große Scholle von mehreren Meilen Durchmesser[167], und konnten den Bären sehen, der sich rund 40 Meter entfernt zwischen einigen Eishügeln herumtrieb. Plötzlich erblickte er uns und rannte über die Eisschollen mit großer Geschwindigkeit auf uns zu, wobei er ähnlich einer Katze die Vordertatzen hob. Mathieson und ich knieten uns auf das Eis, und ich persönlich wollte erst schießen, wenn das Tier sich direkt vor uns befand. Mathieson feuerte jedoch, als es noch etwa 15 Meter entfernt war, und

167 Bernard O'Reilly beschrieb das Treibeis als »manchmal mehrere Meilen weit, ausnahmslos flach und mit ungefähr fünfundzwanzig Zentimeter tiefem Schnee bedeckt« (*Greenland, the Adjacent Seas, and the North West Passage to the Pacific Ocean*, New York 1818).

streifte lediglich seinen Kopf. Der Bär drehte sich um und begann von uns fortzutrotten, und da er lediglich sein Hinterteil zeigte, war ich gezwungen, auf dieses zu schießen. Er war verwundet, rannte aber blitzschnell über das Eis davon, und wir haben ihn nie wiedergesehen.

Habe heute eine Felsen-Raubmöwe gesichtet. Abends Rauferei in der Steuermannskabine.

Zeichnung
➻ Seite 192/193

Freitag, 18. Juni

Eclipse fing nachts einen weiteren Fisch und hatte ihn vor dem Frühstück an Bord. Glückspilze! Buchan schoss nachts einen prächtigen Bären und zwei Junge. Übrigens hatte sich mein gestriger Bär auf dem Gipfel eines Eishügels wie ein Tanzbär auf die Hinterbeine gestellt, um einen guten Blick auf uns zu erhaschen, nachdem er ein Stück weit entkommen war.

Ich wusste nicht, dass auch wilde Tiere dies tun. Den ganzen Tag auf der Suche nach Blubber gekreuzt, aber nichts gefunden. Unsere Boote und die *Eclipse* verfolgten nachts einen Fisch, doch sie kamen nicht zum Zug.[168] Das Eis ringsum schließt sich, und wir werden vom Meer abgeschnitten, sodass wir leicht festgesetzt werden können, wenn der Wind nicht dreht. Wir sind alle sehr trübsinnig.

Zeichnung ➻ Seite 194

Samstag, 19. Juni

Ruhig wie ein Fischteich, das Wasser wie Quecksilber. Ziemlich viele Narwale ringsum. Das Eis bleibt unverändert oder so gut wie. Heute keinen einzigen Fisch gesichtet. Ein Hai wurde gesehen, der längsseits auftauchte und aus dem Wasser heraus einen Eissturmvogel schnappte. Erfolglos zu sein, würde uns nichts ausmachen, wenn andere dasselbe Los teilen würden, doch es macht uns verrückt, dass die *Eclipse* £ 3000 einstreicht, während wir noch keinen Penny ver-

168 In den nördlichen Breiten geht die Sonne in dieser Jahreszeit nicht unter. Vgl. Conan Doyles Artikel »Leben auf einem Grönland-Walfänger« (siehe Anhang).

dient haben. Unser Kapitän ist einer der besten Fischer, die je nach Grönland kamen, darüber gibt es an Bord keinerlei Zweifel, er ist fast ebenso gut wie sein Bruder David, doch irgendwie scheinen die anderen mehr Glück zu haben. Sie haben von Anfang bis jetzt 15 Fische gesichtet, wir nur 5.

Sonntag, 20. Juni

Ein großer Fisch wurde während des Frühstücks gesichtet, doch nach einer kurzen Jagd tauchte er unter das Packeis, sodass man ihm unmöglich folgen konnte. Einmal war er fast in Reichweite. Es ist schrecklich, einen Fisch zu sichten, ohne ihn fangen zu können. Niemand, der es nicht selbst erlebt hat, kann sich die ungeheure Erregung des Walfangs vorstellen. Die Seltenheit des Tiers, die Schwierigkeit, sich seinen Lebensräumen zu nähern, sein extremer Wert, seine Kraft, Schläue und Größe, all dies verleiht ihm einen Zauber. Nachts wurde ein großer Bär geschossen. Eis umschloss uns am Tag, gab aber abends nach. Kapitän David kam tagsüber an Bord, und unser Kapitän aß mit ihm zu Mittag. Einer seiner Harpuniere war kürzlich in seinem Boot von einem Bären angegriffen worden, als er kein Gewehr dabeihatte, doch er schoss mit dem harten Ladepfropfen der Harpunenkanone auf ihn, was sehr scharfsinnig war. Das ist jedoch gar nichts im Vergleich zu dem, was einer unserer Harpuniere vor einigen Jahren anstellte; wenn ich nicht wüsste, dass es der Wahrheit entspricht, würde ich es nicht glauben. Buchan wurde ausgeschickt, einen Bären und zwei Junge auf dem Eis zu schießen, doch sie flohen ins Wasser, bevor er sie erreichte. Während sie schwammen und ihn anknurrten, warf er eine Seilschlinge über den Kopf eines jeden Tiers und verknotete die Enden der drei Seile an seiner Ruderbank. Dann holte er alle Ruder außer dem Steuerruder ein, und Buchan stand am Bug und schlug die Bären mit einem Bootshaken auf den Kopf, wann immer sie wenden wollten, und führte so das Boot, das die ganze Zeit von den Tieren gezogen wurde, zurück zum Schiff. Der Steward, der es mit angesehen hat, sagte, man habe das Brüllen eine Meile weit hören können. Einige Hoffnungen auf morgen.

Montag, 21. Juni

Wie gewöhnlich erfüllten sich die Hoffnungen nicht. Wir sind in einem kleinen Wasserloch eingeschlossen, mit nichts als großen Eisfeldern, so weit das Auge reicht. Wenn sich das Eis weiterhin schließt, sitzen wir fest und haben keinerlei Aussichten auf Erfolg mehr. Colin hat schlimme Halsschmerzen. Kein Fisch ringsum. Fing gestern eine schöne Meereszitrone[169], die auf dem Wasser trieb, aber, kurz nachdem wir sie an Bord geholt hatten, starb. Sah um Mitternacht ein äußerst eigenartiges Phänomen, das auch jemand, der sein Leben lang in den Norden reist, womöglich nie zu sehen bekommt. Da waren drei deutlich erkennbare Sonnen, die gleichzeitig mit ebenbürtiger Leuchtkraft schienen, und alle waren umkränzt von schönen Regenbogen, während über allem ein umgedrehter Regenbogen schwebte. Ein überaus wundervolles Schauspiel.

Dienstag, 22. Juni

Ein ganz und gar ereignisloser Tag. Wir sitzen immer noch in dem Wasserloch fest. Fing eine seltene & tatsächlich unbekannte Medusa *(Medusa Doilea Octostipata)*. Elend und Ödnis.

Mittwoch, 23. Juni

Bahnten uns unseren Weg aus unserem Gefängnis mittels eines sehr heiklen und schönen Manövers unter Dampf. Wir fuhren rund 60 Meilen durch sehr schweres Eis heraus, dessen kleinste Schollen unsere Schiffe wie Eierschalen hätten zerquetschen können. Oft zwängten wir uns zwischen Treibeisstücken hindurch, wobei die Bordwände auf beiden Seiten am Eis entlangschabten. Dampften

169 Meeresschneckenart.

nach SO. *Eclipse* verfolgte einen Fisch, erreichte ihr Ziel aber nicht. Barometer fällt rasch.

Donnerstag, 24. Juni

Kapitän und ich wurden um 6 Uhr früh geweckt, als der Steuermann seinen blonden Schopf in die Kabine steckte und rief, »Ein Fisch, Sir«, wonach er flink wie ein Laternenanzünder über die Kajüttreppe verschwand[170]. Wie wir an Deck kamen, befanden sich die Boote von Peter und vom Steuermann bereits an der Stelle, wo der Fisch gesichtet worden war. Ungefähr eine Meile leewärts erhaschten sie einen weiteren Blick auf ihn und ruderten in diese Richtung, verloren ihn aber wieder aus den Augen. Inzwischen kam ein anderer, wunderschöner Wal achtern sehr nahe an das Schiff heran, und Hultons und Rennies Boote wurden ausgesetzt, ihn zu verfolgen. Die vier Boote verfolgten ihn einige Stunden, als es heftig zu stürmen begann und eine schwere See aufkam, sodass die vordersten Sitzbänke einiger Boote ganz unter Wasser waren. Wir mussten sie an Bord holen und den Wal aufgeben. Den ganzen Tag sehr starker Sturm aus Nordost, Windstärke 9.[171]

Freitag, 25. Juni

Der Wind weht immer noch sehr stark, aber nicht so stark wie zuvor. Den ganzen Tag nichts gesehen außer einem großen Finnwal, was ein schlechtes Zeichen ist. Er nützt uns nichts und vertreibt bloß den Nordkaper von seinen Futterplätzen. Abends Nap gespielt. Der Wind ist jetzt nur noch eine frische Brise, haben begonnen, unter Dampf der *Eclipse* nach Norden zu folgen.

170 »To run like a lamplighter« war eine verbreitete Redewendung im 19. Jahrhundert.
171 Windstärke 9 bedeutet Sturm mit hohen Wellenbergen und Gischt, die die Sicht beeinträchtigen kann.

Samstag, 26. Juni

Es sah den ganzen Tag lang düster aus, doch dann wendete sich das Blatt zum Besseren. Den ganzen Tag hatten wir nichts gesichtet, und ich war um ungefähr 10 Uhr in die Kabine hinuntergegangen, als ich auf Deck geschäftiges Treiben vernahm. Dann hörte ich die Stimme des Kapitäns vom Masttopp: »Lasst die beiden Decksboote zu Wasser!« Ich eilte in die Steuermannkajüte und gab Alarm, Colin war angezogen, aber der Zweite Steuermann rannte nur im Hemd an Deck, die Hosen in der Hand. Als ich meinen Kopf durch die Luke streckte, sah ich als Erstes den Wal, der aus dem Wasser auftauchte und hinter einer großen Eisscholle herumtollte. Es war eine schöne Nacht, das dunkelgrüne Wasser von kaum einer Welle gekräuselt. Die Crews sprangen in ihre Boote, und die Wachoffiziere prüften, ob ihre Kanonen abschussbereit waren, dann stießen sie sich ab, und die zwei langen Walboote krochen voran, jeweils auf eine Seite der Scholle. Carner war kaum an die Eisscholle herangekommen, als der Wal ungefähr 35 Meter vom Boot entfernt wieder auftauchte und fast seinen ganzen Körper aus dem Wasser schleuderte, dass die Gischt nur so umherflog. Aus der Reihe eifriger Beobachter an der Seite des Schiffs hörte man im Chor: »Jetzt, Adam – das ist deine Chance!« Doch Adam Carner, ein graubärtiger, wettergegerbter Harpunier, weiß es besser. Das kleine Auge des Wals wendet sich ihm zu, und das Boot liegt so regungslos da wie die Eisscholle hinter ihm. Doch nun hat er sich umgedreht, die Schwanzflosse weist in ihre Richtung – »Pullt, Jungs, pullt!«. Das Boot schnellt hinter dem Eis hervor – wird der Fisch abtauchen, bevor Carner ihn erreicht? Jeder stellt sich diese eine Frage. Das Boot nähert sich, und er liegt immer noch regungslos – es kommt näher und näher. Jetzt hat Carner sein Ruder losgelassen und steht neben seiner Kanone – »Drei Schläge, Jungs!«, sagt er, während er seinen Priem in der Wange umherrollt, und dann gibt es einen Knall und schäumendes Wasser und Geschrei, und schon wird in Carners Boot die kleine rote Flagge gehisst, und die Fangleine entrollt sich munter.

Doch nur weil der Wal getroffen wurde, ist er noch lange nicht gefangen. In dem Augenblick, als die Flagge über dem Boot erschien, rief man auf dem Schiff den »Treffer« aus und ließ die anderen sechs Boote zu Wasser, um dem »festgemachten« Boot zu helfen und den Wal beim Auftauchen zu harpunieren. Ich stieg in das Boot des Steuermanns, und wir pullten los. Natürlich kann der Wal überall innerhalb des Radius der ausgerollten Fangleine auftauchen, die drei bis vier Meilen lang ist, weswegen unsere Boote über ein ziemlich großes Gebiet ausschwärmten. Fünf Minuten verstrichen – zehn – fünfzehn – zwanzig, und nachdem das Tier 25 Minuten fort gewesen war, tauchte es zwischen dem Boot des Zweiten Steuermanns und Rennies auf, der es harpunierte und tötete. Es erwies sich als kleiner Fisch, rund 12 Meter lang, mit 1,2 Meter Fischbein, das zwischen £ 200 und £ 300 wert war. Wir riefen dreimal Hurra und schleppten den Wal zum Schiff. Er war von sehr großen Krabbenläusen übersät, was sein merkwürdiges Verhalten im Wasser erklärte. Bis 3 Uhr früh hatten wir ihn geflenst und eingelagert. Währenddessen stieg ich ins Krähennest, um nach einem zweiten Ausschau zu halten, sah aber keinen. Ging um 6 Uhr früh zu Bett und stand um 12 auf.

Zeichnung ➛ Seite 196

Sonntag, 27. Juni

Den ganzen Tag nichts gesehen, aber Colin sah um 4 Uhr früh einen sehr großen Fisch in der Ferne. *Eclipse* ließ ebenso wie wir 2 Boote zu Wasser, und nachdem sie das Tier einmal in Schussweite hatten, verloren sie es aus den Augen. Es muss gewaltig gewesen sein.

Montag, 28. Juni

Nichts.

Dienstag, 29. Juni

Kapitän letzte Nacht bis 2 Uhr früh an Bord der *Eclipse*. Den ganzen Tag bei Windstille beigedreht – nichts getan. Warten auf die Chance, uns nach Norden zu bewegen, aber das Eis sieht schlecht aus. Ging um Mitternacht zum Schießen nach draußen und kehrte um 4 Uhr nachmittags zurück. Erlegte eine Eismöwe, eine Elfenbeinmöwe und fünf Eistaucher. Diese Eismöwen sind wohl die größten Seevögel nach dem Albatros. Für gewöhnlich messen sie von einer Flügelspitze zur anderen 1,5 Meter.

Mittwoch, 30. Juni

Nach der Anstrengung der letzten Nacht fast den ganzen Tag geschlafen. Ging an Bord der *Eclipse* und hatte ein großartiges Gespräch. Arbeitete an Bord mit einem Mikroskop. Buchan schoss eine Ringelrobbe. Hulton häutete meine Vögel.

Donnerstag und Freitag, 1. & 2. Juli

Liegen in dichtem Nebel bei, so wie seit letztem Montag. Nichts zu berichten, außer dass Colin früh am Donnerstagmorgen einen großen Narwal erlegt hat. Der nahm die ganze Fangleine mit (120 Faden [219,6 Meter]) und wehrte sich heftig seiner Haut. Ein Einhorn ist rund £ 10 wert. Die Haut ist ziemlich wertvoll. Inzwischen habe ich ein ansehnliches Polarmuseum beisammen mit vielen interessanten Stücken. Zurzeit besitze ich

1. Ein Paar Eskimohosen aus Robbenleder
2. Einen Island-Falken
3. Mein Robbenjagdmesser und Wetzstahl
4. Knochen einer Mützenrobbe – selbst geschossen
5. 2 Knochen von alten Robben
6. 2 Vorderflossen einer jungen Mützenrobbe
7. 2 Vorderflossen einer Kegelrobbe
8. Einen Bärenschädel
9. Borsten einer Mützenrobbe
10. Eine Eismöwe

11. Trommelfelle eines Wals
12. 2 Königseiderenten
13. Lavastücke aus dem Magen einer Eiderente
14. (?) ein Einhorn-Horn

Neu hinzugefügt: 2 Eskimobeutel
Eine Dreizehenmöwe
Eine Bärentatze

Samstag, 3. Juli

Es hat aufgeklart, und wir sind unterwegs zu den glücklichen Jagdgebieten. Den ganzen Tag nach Nord und Nordwest gesegelt. Sahen nichts außer einer außergewöhnlich kleinen Robbe auf dem Eis, ungefähr so groß wie ein Hase. Sie schien sich ebenso sehr über den Anblick des Schiffs zu amüsieren wie wir uns über ihren. Wir sind alle langsam verzweifelt. Der Stewart hat meine Kegelrobbenflossen sehr hübsch mit Sägespänen ausgestopft.

Sonntag, 4. Juli

Nach Norden und dann wieder nach Süden gesegelt. Alles sieht düster und entmutigend aus. Keine Spur von Walen oder auch nur Plankton. Eine Mützenrobbe wurde auf dem Eis gesichtet. Ein kleiner Vogel, einem Star oder einer Drossel ähnlich, flog um das Schiff herum. Sah einen Papageitaucher. Mir ist nicht danach, viel ins Logbuch zu schreiben. Lese Motleys *Rise of the Dutch Republic*, ein ausgezeichnetes Geschichtsbuch.[172]

Montag, 5. Juli

Dampften in ein Treibeisgebiet, machten abends fest. Sah mehrere Finnwale. *Eclipse* hielt einen für einen Fisch und ließ ihre Boote zu Wasser, die jedoch sogleich zurückgerufen wurden. Tagsüber sonst

172 Das 1856 erschienene Buch des amerikanischen Historikers und Diplomaten John Lothrop Motley (1814–1877) beschreibt den Aufstand der Holländer gegen die spanische Herrschaft im 16. Jahrhundert.

nichts Interessantes gesehen. Gewannen köstliches Süßwasser aus dem Salzwassereis.

Dienstag, 6. Juli

Flaute. Sonne brennt wie in den Tropen, obwohl es nur 2,2 Celsius warm war. Die Treibeisstücke glänzen gewaltig. Ging morgens an Bord der *Eclipse*. Ging zum Schießen nach draußen und erledigte insgesamt 7 Eistaucher, einen Sterntaucher, eine Dreizehenmöwe, eine Elfenbeinmöwe und eine Ringelrobbe. Wir hatten großen Spaß, Letztere einzufangen, weil unser feiner Schrot nicht ausreichte, sie zu töten, und nachdem wir sie mindestens eine halbe Stunde verfolgt hatten, harpunierten wir sie mit Bootshaken, als sie unter Wasser schwamm. Wir brachten sie lebendig an Bord, doch der Kapitän erlöste sie gnädig von ihrem Leid. Zogen nachts erneut los, fanden aber kein Wild. Einige Seeschwalben tummelten sich rings um das Schiff. Sahen mehrere Finnwale. Ein sehr vergnüglicher Tag!

Mittwoch, 7. Juli

Dampften 20 bis 30 Meilen nach Süden und setzten die Segel, als wir Hinweise auf Fische ausmachten. Kapitän David kam abends mit seinem Maschinisten an Bord und fing eine seltene Garnele. Fühle mich nach meinem gestrigen Ausflug wesentlich besser. Kochte Roten Hering auf sehr wissenschaftliche Weise zum Abendessen.

Donnerstag, 8. Juli

Noch ein denkwürdiger Tag. Segelten in sehr blauem Wasser entlang des Randes einer großen Eisscholle, die *Eclipse* vor uns. Gegen 1 Uhr tauchte ein Wal nahe an Kapitän Davids Schiff auf, der erste, den wir seit letztem Sonntag gesehen haben. David schickte drei Boote hinterher und jagte ihn bis 4:15 nachmittags, als es ihm schließlich gelang, ihn zu fangen, und bis 8 Uhr abends hatte er ihn längsseits und bis Mitternacht geflenst. Wir drückten uns herum, in der Hoffnung, dass ihr Fisch in unsere Richtung kommen würde, wodurch wir das Recht gehabt hätten, ihn zu schnappen, doch um ungefähr 4 Uhr ertönte der erfreuliche Ruf vom Masttopp: »Da ist noch ein Fisch am Leebug, Sir!« Mathieson und Bob Cane setzten die Boote zur Verfolgung aus und gerieten bald zwischen dem Eis außer Sicht, während wir uns am Rand des Decks versammelten und warteten. Da ging ein Aufstöhnen durch die Reihen, weil ein großer Finnwal in der Nähe des Schiffs auftauchte und Finnwale und Nordkaper Todfeinde sind und wir fürchteten, unsere Beute könne verschreckt werden. Ich ging in die Kabine hinunter, um meine Enttäuschung durch Rauchen zu mindern, als ich den Kapitän vom Masttopp schreien hörte: »Treffer! Ein Treffer!«, wodurch er mitteilte, das der Fisch harpuniert worden war. Wir stolperten an Deck, viele der Männer nur halb angezogen, und fünf lange grüne Walboote sausten davon, um das »feste« Boot und seinen Gefährten zu unterstützen. Ich stieg in Peter McKenzies Boot. Kaum hatten wir uns von der Bordwand des Schiffs abgestoßen, da rief der Bootsführer, der Fisch sei aufgetaucht und schlage mit Seiten- und Schwanzflosse um sich. Da wussten wir, welche Arbeit uns bevorstand, denn wenn ein Fisch nur sehr kurz unter Wasser bleibt, nachdem er getroffen wurde, hat er noch genügend Kräfte für den Kampf mit den Booten. Wenn ein Wal dagegen taucht und eine halbe Stunde unten bleibt, ist er im Allgemeinen bei der Rückkehr an die Oberfläche so erschöpft, dass er zur leichten Beute wird. Die Boote ruderten also heran, und Hulton und Carner feuerten ihre Harpunen und trafen. Unser Boot war als Nächstes dran, und wir ruderten zum Kopf des Fisches, wo wir eine Harpune tief in seinen Hals stießen. Er zeigte eine Art Schaudern und schwamm schnell an der Oberfläche davon. Buchan lenkte sein Boot über den Kopf des forteilenden Tiers, ein unvernünftiges Manöver, durch das der Bug des Boots angehoben wurde und schließlich das ganze Boot auf dem Walrücken landete, während Männer schrien & Ruder brachen, und Buchan brüllte: »Pullt! Rudert! Zurück! Streicht mit den Riemen!

Pullt! Wovor zum Teufel fürchtet ihr euch?« Ich sagte zu Peter: »Wir müssen uns bereithalten, sie rauszuziehen!«, aber sie schafften es, das Boot schadlos freizubekommen. Das Tier steuerte nun auf eine Scholle zu, tauchte darunter, kam aber bald wieder zum Vorschein, als sowohl Buchan als auch Rennie es harpunierten. Der Wal ging erneut unter Wasser, kam jedoch genau zwischen unseren drei Booten wieder an die Oberfläche, woraufhin der Spaß begann. Wir ruderten zu ihm hin und stießen unsere Lanzen rund eineinhalb Meter tief hinein, die drei Boote versuchten so gut wie möglich, an seiner Seite zu bleiben, während er sich immer wieder drehte, um uns mit seiner gewaltigen Schwanzflosse zu treffen. Fast hätte er unser Boot umgeworfen, als er unter ihm hervortauchte, aber es gelang uns, es zu stabilisieren. Dann gingen wir auf Abstand, als der Wal mit seinen Todeszuckungen begann und das Wasser zu Schaum peitschte, wonach er sich schließlich langsam auf den Rücken drehte und starb. Wir standen auf in unseren Booten und riefen dreimal herzlich Hurra. Dann schleppten wir ihn zum Schiff und hatten ihn um 1 Uhr mittags an Bord. Er war ein schöner Fisch, jede Schicht Walbein war 2,85 Meter lang, und er brachte rund 12 Tonnen Öl. Er ist fast £ 1000 wert und bewahrt unsere Reise vor dem Scheitern. Ein großer und sehr hässlicher Hai tauchte auf und überwachte das Flensen des Fischs, ungeachtet zahlreicher Messerstiche, die ihm beigebracht wurden. Ich bat den Kapitän, mit dem Stewart in einem Boot losziehen zu dürfen, um ihn zu harpunieren, doch er erlaubte es nicht.

Zeichnungen
➛ Seite 198/199 + 201

Freitag, 9. Juli

Nichts los. Nach dem gestrigen Fang sind alle erschöpft.[173] Der Kapitän sagt, Bob Cane habe die Sache sehr gut gemacht. Mehrere Finnwale wurden tagsüber gesichtet. Schöner Sonnenschein.

173 In seiner Autobiografie erinnerte sich Conan Doyle an gleich drei gefangene Wale, die er in einer Anekdote aufgriff: »Einmal gewann ich einen Anglergeschichten-

Merkwürdigerweise hatte der letzte Wal, den die *Eclipse* fing, nur ein Auge, und unser Freund von gestern litt unter derselben eingeschränkten Sicht. Die Augenhöhle war vollkommen leer. Vielleicht gibt es hier eine Rasse einäugiger Grönlandwale.

Samstag, 10. Juli

Ich glaube, wir machten einen Fehler, als wir wieder auf Nordkurs gingen. Der Süden scheint mir die ölreichere Gegend zu sein. Schickten ein Boot aus, um eine Mützenrobbe zu verfolgen, erwischten sie aber nicht. Spielte abends vier Stunden Euchre[174] im Maschinenraum. Frage: Wen heirateten die Kinder von Adam & Eva?

Sonntag, 11. Juli

Spät aufgestanden, und wäre gern noch länger liegen geblieben, was ein trauriger moralischer Zustand ist. *Eclipse* erlegte morgens eine Mützenrobbe. Dampften abends mit der *Eclipse* gen Osten, wobei wir einen Wal verschreckten. Sahen viele Finnwale. Um ungefähr sieben Uhr abends wurde ein Dampfer 20 Meilen östlich gemeldet. Wir dampften hinaus und erkannten ihn bald als Leigh Smiths neue Forschungsjacht, die *Eira*[175]. Wenn das Eis günstig ist, was es nicht ist, möchte er versuchen, zum Pol vorzustoßen, und auf jeden Fall Franz-

wettstreit, bei dem ich einen nicht besonders wahrheitsliebenden Eindruck machte. Es war in einem Gasthof in Birmingham, und ein Handelsreisender prahlte mit seinen Erfolgen. Ich wagte zu wetten, dass die letzten drei Fische, an deren Fang ich beteiligt war, mehr wogen als jeder, den er zeit seines Lebens gefangen hatte. Er ging auf die Wette ein und nannte einen großen Fang von 100 Pfund oder mehr. ›Nun, Sir‹, fragte er triumphierend, ›wie viel wogen Ihre drei Fische?‹ ›Etwas mehr als 200 Tonnen‹, erwiderte ich. ›Wale?‹ ›Ja, drei Grönlandwale.‹ ›Sie haben gewonnen‹, rief er, ›aber ich bin mir nicht sicher, ob Sie als Angler oder als Anglergeschichtenerzähler gewonnen haben‹« (*Memories and Adventures*, 1924).

174 Amerikanisches Kartenspiel für meist vier Spieler.

175 Benjamin Leigh Smith (1828–1913) erforschte zwischen 1871 und 1882 auf eigene Kosten die Arktis. Der Schrauben-Barkschoner *Eira* wurde in Peterhead und mit fachlicher Unterstützung der Kapitäne Gray für ihn gebaut.

Josef-Land erforschen und Wild schießen.[176] Er ist ein Privatmann, ein Junggeselle mit £ 8000 Jahreseinkommen und quasi mit Spitzbergen verheiratet. Als sich unsere Schiffe trafen, grüßten wir die kleine *Eira* mit Flaggen und dreimal Hurra, was sie erwiderte. Ihre Mannschaft trägt Marinereserveuniformen, die Offiziere goldene Tressen. Der Kapitän ging zu ihr an Bord, während ihr Schiffsarzt, Neale, sowie der Fotograf[177], der Maschinist und 2 Steuermänner alle zu uns an Bord kamen. Der Kapitän kehrte um ungefähr 1 Uhr mittags zurück, und er und ich, mit dem Fotografen der *Eira* & dem Arzt[178], feierten nachts mit Champagner und Sherry. Um 5 Uhr früh aßen wir Dosenlachs und gingen um 6.30 zu Bett.

Montag, 12. Juli

Ankerten mit *Eclipse* und *Eira* an einer Eisscholle.[179] Bauten unser Ruder aus, das vom Eis beschädigt war. Übrigens bekamen wir unsere Nachrichten von zu Hause bis 18. Juni von der *Eira*. Bekam keinen

176 Vgl. C. R. Markhams Forschungsbericht »The Voyage of the *Eira* and Mr. Leigh Smith's Arctic Discoveries in 1880«, *Proceedings of the Royal Geographical Society*, März 1881: »Am 11. Juli traf die *Eira* auf die *Eclipse* und *Hope*, Walfänger aus Peterhead unter Kommando jener bekannten und wagemutigen Kapitäne David und John Gray. Diese erfahrenen Seeleute berichteten, dass das Eis weit an der Küste von Spitzbergen heruntergekommen sei und dass es kaum Möglichkeiten gebe, weiter nach Norden vorzustoßen … Spitzbergen wurde am 14. Juli [von der *Eira*] gesichtet, doch die Angaben der Grays wurden tatsächlich durch das Eis bestätigt.«

177 Der Fotograf war W. J. A. Grant, dessen Arbeit ein wichtiges Zeugnis der Erforschung der Arktis ist. Vgl. Willem F. J. Mörzer Bruyns, »Photography in the Arctic, 1876–84: the Work of W. J. A. Grant«, *Polar Record* 2003.

178 Der Schiffsarzt der *Eira*, William Henry Neale, war drei Jahre älter als Conan Doyle und hatte 1879 seinen Abschluss an der Universität London gemacht. Möglicherweise diente er als Vorbild für die Figur des Dr. Watson aus den Sherlock-Holmes-Geschichten, der, wie er in *A Study in Scarlet* erzählt, 1878 an derselben Universität promovierte (vgl. *A Study in Scarlet*).

179 Laut Tagebuch von W. J. A. Grant, das im Anhang von Markhams Bericht abgedruckt wurde, ankerten die drei Schiffe um 3 Uhr nachmittags, nachdem sie zu Mittag ein Stück weit nach Norden gefahren waren.

Brief aus Edinburgh, aber einen sehr heiteren und erfreulichen von Lottie. Überrascht und angewidert, dass die Liberalen eingezogen sind.[180] Eingeladen, Leigh Smith und seine Bande zum Essen auf der *Eclipse* zu treffen. Es gab Falsche Schildkrötensuppe, frisches Roastbeef mit Kartoffeln, grünen Bohnen und Sauce, Pfeilwurzpudding und Pfannkuchen mit Kompott, abgerundet mit Wein & Zigarren. Eine ansehnliche Walfängermahlzeit. Gingen danach an Bord der *Eira*. Sie ist achtern schön eingerichtet. Hatten noch mehr Zigarren und Champagner. Kehrte um 12 zurück an Bord, nachdem ich in einer Gruppe fotografiert wurde. Sie sind über Jan Mayen hierhergekommen und sahen Millionen Mützenrobben auf 72.30 Breite. Hoffentlich fahren wir auch dorthin, um welche zu jagen.

Dienstag, 13. Juli

Dampften 20 Meilen nach Süden und hielten plötzlich an. Ich weiß nicht, warum. Ich halte es für gut möglich, dass wir unsere Frachträume füllen könnten, wenn wir auf direktem Wege zu diesen Mützenrobben gelangen, aber wir müssten wirklich sofort los. Wir verschwenden hier meiner Meinung nach zu viel Zeit, allerdings muss der Kapitän entscheiden. Der Erfolg unserer Reise hängt von diesen wenigen Tagen ab, es ist unsere letzte Chance, einen Treffer zu landen. *Eclipse* jagte einen Bären und tötete ihn im Wasser ganz in der Nähe unseres Schiffs. Verließen morgens die *Eira*, wünschten ihnen viel Erfolg. Ein schönes Schiff und eine gute Crew. Es ist schwarz mit einem goldenen Streifen, hat eine Tragfähigkeit von rund 200 Tonnen und Maschinen mit 50 PS. Ich glaube, mit ihr mitzufahren würde mir gefallen, obwohl die Aussicht, wieder nach Hause zu kommen, angenehm ist. Sie gaben uns ihre Briefe mit.[181] Abends Nebel.

180 1886 erklärte Conan Doyle seine Unterstützung für die Liberal Unionists, die sich von der Liberalen Partei getrennt hatten und sich gegen eine Selbstverwaltung Irlands aussprachen.

Mittwoch, 14. Juli

Dampften und segelten nach Süd/Südwest. *Eclipse* hatte abends ihre Boote ausgeschickt, aber es war nur ein Finnwal, den sie mit einem Nordkaper verwechselt hatten. Fast den ganzen Tag neblig. Keinerlei Neuigkeiten. Lasen ~~den ganzen Tag~~ unsere Zeitungen

Donnerstag, 15. Juli

Noch ein ereignisloser Tag. Herumgelungert & geraucht. Absolut nichts zu tun. Sehr diesig und neblig und alles, was tadelnswert ist. Fand eine kleine Szene in Goethes *Faust*, den ich gerade lese, die ich für lebendiger und unheimlicher halte als alles, was ich je gelesen habe, viel schauerlicher als Shakespeares Hexen.

NACHT --- OFFEN FELD

Faust, Mephistopheles, auf schwarzen Pferden daherbrausend.
Faust – Was weben die dort um den Rabenstein?
Meph – Weiß nicht, was sie kochen und schaffen.
Faust – Schweben auf, schweben ab, neigen sich, beugen sich.
Meph – Eine Hexenzunft.

181 Die *Eira* hatte Peterhead am 19. Juni verlassen und kehrte erst am 12. Oktober heim. Da der Pol unerreichbar war, erkundete die *Eira* Franz-Josef-Land gründlicher, um dann der Küste Norwegens zu folgen, wobei sie an einer Stelle mehrere Tage lang auf Grund lief (»An Arctic Voyage«, *The Scotsman*, 12. Oktober 1880). 1881 erlitt die *Eira* an der Küste von Franz-Josef-Land Schiffbruch, und die Crew musste zehn harte Monate ausharren, ehe sie sich im Juni 1882 mit Langbooten retten konnte. Conan Doyle erzählte davon in seinem Vortrag von 1883: »Eine verzweifeltere Lage als jene von Smith und seiner Crew kann man sich kaum vorstellen – schiffbrüchig an den Ufern einer einsamen Polarinsel, fern von menschlicher Hilfe, während der lange Winter droht und Flucht unmöglich ist .... Sie bauten eine Hütte, und da sie einen großen Munitionsvorrat hatten, schossen sie einige Bären und Walrosse für ihren Winterproviant. Durch gezielte Körperertüchtigung und beispielhafte Heiterkeit wurde die Gesundheit der Männer sechs [sic] dunkle Monate aufrechterhalten, bis das Eis im Frühling aufbrach und sie in ihre Boote steigen konnten und schließlich von der *Hope* aufgelesen wurden, die unter Sir Allen Young nach ihnen gesucht hatte.«

Faust – Sie streuen und weihen.
Meph– Vorbei! Vorbei![182]

Ich halte das für sehr grausig.

Freitag, 16. Juli

Immer noch neblig. *Eclipse* hatte nachts vier Boote ausgesetzt, aber ohne Erfolg. Wir wissen noch nicht, ob sie wirklich einen Fisch gesichtet hat. Ging abends zu ihr an Bord und erfuhr, dass es sich höchstwahrscheinlich wirklich um einen Fisch gehandelt hat und sie ihn beinahe erwischt hätten. Sie kamen nah genug an ihn heran, um ihn mit einem Bootshaken zu berühren, als er unter Wasser wegtauchte. Kapitän David scheint immer noch zuversichtlich zu sein. Einige unserer Vorräte werden knapp, allerdings bekamen wir von der *Eira* ein paar Kartoffeln. Blieb bis 2 Uhr früh auf der *Eclipse*. Erhielt weitere Zeitungen. Tagsüber viele Robben im Wasser gesichtet.

Samstag, 17. Juli

Absolut nichts zu tun oder zu erledigen. Nun herrscht schon seit fast einer Woche dichter Nebel. Dampften rund 20 Meilen nach SO. Kapitän David kam abends an Bord. Wir haben nun die Absicht, es an der Liverpool-Küste an der Westküste Grönlands zu versuchen, 73° nördl. Breite. Kapitän David hat dort schon spät in der Saison dicke Fische gefangen, besonders '69, als er 12 erlegte, den ersten am 16. Juli und den letzten am 4. August. Ich erinnere mich, früher geglaubt zu haben, dass ein Walfänger, der einen Wal sichtet, diesen auch immer zur Strecke bringt, tatsächlich liegt der Durchschnitt ungefähr bei einem Fisch in 20 Versuchen.

182 Aus *Faust: Der Tragödie erster Teil* (1808) von Johann Wolfgang von Goethe.

Sonntag, 18. Juli

Heute ein wenig klarer, aber nicht viel. Starker Wind aus SSW, der sich abends zu einem Sturm entwickelte. Stürmte den ganzen Tag und die ganze Nacht über sehr heftig. Drückten uns im Lee von Treibeis herum, um seiner Wucht zu entkommen. Ich frage mich, ob Leigh Smiths Schiff in den Sturm geraten ist. Übrigens wurde ich in ehrenwerter Gesellschaft auf ihrem Achterdeck fotografiert, aber ich fürchte, ich werde ziemlich vernebelt aussehen, weil ich währenddessen eine Zigarre rauchte.

Montag, 19. Juli

Den ganzen Tag Sturm. Nichts zu tun, und genau das taten wir.

Dienstag, 20. Juli

Es klarte ein wenig auf, und wir vollbrachten ein gutes Tagwerk, indem wir zwischen großen Eisfeldern rund 40 Meilen nach S & W dampften. Wenn es klar bleibt, könnten wir immer noch etwas unternehmen. Dieses Jahr gibt es entlang der Küste eine enorme Ansammlung von Eis, mehr, als man je gesehen hat. Wir sind nun 240 Meilen davon entfernt, und die Eisfelder weisen fast keine Lücken auf. Ich fürchte, wir werden nicht weiter vordringen.

Mittwoch, 21. Juli

Wieder neblig, dieser Nebel wirkt lähmend. Wir tappen im Dunkeln umher. Ankerten abends an einem Treibeisstück, und der Kapitän und ich gingen an Bord der *Eclipse*. Hatte Nox Ambrosiana[183] von 8 bis 2 Uhr früh. Der verstorbene Mr. Procter.[184] Kapitän David er-

183 »Göttliche Nacht«, möglicherweise eine Anspielung auf ein Gedicht von David McEwan Osborne.

184 Bryan Waller Procter (1787–1874), Londoner Anwalt, der unter dem Namen Barry Cornwall populäre Balladen und Lieder wie »The Sea« und »The Stormy Petrel« veröffentlichte (*English Songs*, 1832).

zählt von einem Fisch, den er einst fing, der eine Geschwulst von Form und Größe eines Bienenstocks an seiner Schwanzflosse hatte. Er begann eine kritische Analyse von Goethes *Faust*, den er mit einigen Stücken Shakespeares verglich, wobei er zeigte, was Ersterer von Letzterem entlehnt hatte, wir sind also hier draußen nicht völlig barbarisch.

Donnerstag, 22. Juli

Immer noch neblig, und wir ankern weiterhin am Treibeis. Morgens auf dem Halbdeck den Untergang der *Atalanta*[185] diskutiert. Sah zwei »Bootsmänner« oder Felsen-Raubmöwen, sehr seltene Vögel, in beträchtlicher Entfernung über dem Treibeis und wollte sie jagen, aber sie machten sich davon. Nahm den Kopf einer rund 45 Meter entfernten Ringelrobbe ins Visier und schoss ihn mit einer Gewehrkugel glatt vom Rumpf. Leider versank der Körper.

Freitag, 23. Juli

Dampften nach Südsüdwest, als es aufklarte. Kreuzten die ganze Nacht unter Segeln in dieselbe Richtung, zwischen sehr dicken Eisfeldern hindurch. Wind drehte auf West.

Samstag, 24. Juli

Dampften erneut den ganzen Tag nach SW. Liefen durch Eis, bei dessen Anblick Sir George Nares und das gesamte Arktis-Komitee die Augen verdreht hätten[186]. Hinter uns scheint es bis zum Horizont eine geschlossene Decke zu bilden, und man kann sich kaum

185 Ein Trainingsschiff der Royal Navy, das auf dem Heimweg von den Bermudas mitsamt 300 Crewmitgliedern und Kadetten am 31. Januar 1880 spurlos verschwand.

186 Sir George Strong Nares, Kapitän und später Vizeadmiral der Royal Navy (1831–1915), nahm an mehreren Expeditionen in die Arktis und Antarktis teil. Mitglied der Royal Society und des Arktis-Komitees der Admiralität.

vorstellen, dass zwei Schiffe sich hier durchgeschlängelt haben. Wir haben ein oder zwei Feiglinge an Bord, die unter Panikanfällen leiden; es ist nicht so sehr das Hineinfahren wie das Wieder-Hinauskommen, sagen sie, und wir haben nur noch für vierzehn Tage Proviant übrig. Wenn wir eingeschlossen werden, müssen wir gewiss mit ungewöhnlich kleinen Rationen auskommen. Wir lassen 200 Meilen dicken Eises zwischen uns und dem Meer.

Sonntag, 25. Juli

Ein sehr klarer Tag mit gelegentlichen Nebelschwaden. Dampften 40 Meilen westwärts. Setzten abends die Segel. Sahen sehr viele Felsen-Raubmöwen. Wir haben uns in den letzten Tagen ziemlich gefreut, weil wir sehr gut nach Westen vorangekommen sind, doch nun scheint uns der Weg durch eine ungeheure Treibeiskette versperrt, die wir zu umgehen hoffen.

Montag, 26. Juli

Segelten nach Westsüdwest. Erreichten 6 ¼° westlicher Länge und 73.56° nördl. Breite. Kapitän ging abends an Bord der *Eclipse*. Wasser voller Plankton, aber keine Tiere in Sicht, außer 9 Eissturmvögeln und einem Schwarm Phoca Vitulina [Sattelrobben]. Schrieb ein GEDICHT über eine Meerschaumpfeife:

Sie lag im Lederfutteral,
Während manch ein Jahr verstrich;
Wir beide sind treue Freunde nun mal,
Meine Meerschaumpfeife und ich.

Denn sie war jung, ich ebenso,
In manch lustiger Nacht, wild und heiß,
Als Studenten tranken und sangen wir froh,
Meine Meerschaumpfeife war ~~jung~~ weiß.

Sonderlich braun war sie immer noch nicht,
Als ich in den Krieg ziehen musst';
An Russlands feindlicher Küste trug ich
Meine Meerschaumpfeif' an der Brust.

Dort war der Boden in Blut getaucht,
Viele wurden ums Leben gebracht;
Inmitten von Pesthauch und Tod geraucht,
Wurd' die Pfeife schwarz wie die Nacht.

Am Tag, als unser Oberst abtrat,
Auf den Hügeln von Malakoff[187],
Streifte mich eine Kugel und traf
Meine Meerschaumpfeife am Kopf.

Doch nun bin ich alt, der Tod ist nicht weit,
Er wetzt schon die Sichel – die Ernte ist reif;
Ich fürchte ihn nicht, bin zu allem bereit
Und rauch meine Meerschaumpfeif'.

ACD.

Dienstag, 27. Juli

Kreuzen unter Segeln auf Kurs SSW. Mittags erreichten wir 73.29° nördl. Breite. Ein großer Finnwal, der erste, den wir seit einiger Zeit gesehen haben, tauchte hinter den Seitenbooten auf. Anscheinend ist es umstritten, ob sie ein gutes oder schlechtes Zeichen sind, die meisten halten sie für Letzteres, doch Kapitän Gray steht mit seinem sehr gewichtigen Urteil für die Minderheit. Aus eigener Erfahrung würde ich sagen, dass die Anwesenheit von Finnwalen keineswegs ein schlechtes Zeichen ist.

187 Die Schlacht von Malakoff am 7. September 1855, die mit einem Sieg über die Russen die Belagerung Sewastopols während des Krimkriegs beendete.

Abends wehte eine frische Brise, Eis bewegt sich mit großer Geschwindigkeit. Verbrachte einige Zeit auf dem Halbdeck. *Erik* hat ein Haus als Vorratslager in der Davisstraße gebaut. Als sie einmal während der Saison zurückkehrten, fanden sie einen Eisbären, der in einem der Betten auf den Decken schlief. Lese Maurys *Physical Geography of the Sea*[188]. Er erklärt den Tang in der Sargassosee (im Dreieck zwischen den Kapverdischen Inseln, den Azoren und den Kanarischen Inseln), indem er auf diese als Zentrum des Golfstromwirbels verweist, so wie auch ein Korken immer in der Mitte eines in der Waschschüssel erzeugten Wirbels treibt. Er behauptet auch, dass Eisenbahnen immer nach rechts entgleisen, unabhängig davon, ob sie nach Norden oder Süden fahren.

Mittwoch, 28. Juli

Wieder ein unfreundlicher Tag. Starker Wind aus Südost, was so ziemlich die schlimmstmögliche Richtung ist. Dies ist die längste Pause, die wir je einlegen mussten. Das Schiff hat seit dem 8. Juli außer der Ringelrobbe, die ich geschossen habe, keine Beute erlegt. Nebel wie Erbsensuppe, und das Eis schließt sich rasch um uns. Wir hoffen, südlich von uns offenes Meer zu finden, aufgrund der Tatsache, dass Robben aus südlicher Richtung hierherkommen. Ich meine auch, eine Dünung aus derselben Richtung bemerkt zu haben, was das Ganze bestätigen würde.

Eine sehr beunruhigende und unfreundliche Nacht für uns alle, mit starkem Wind, dichtem Nebel und nichts als Eis. Kapitän und ich konnten erst um 4 Uhr früh zu Bett.

188 Matthew F. Maury (1806–1873), amerikanischer Marineoffizier und Meeresforscher. Sein Buch *The Physical Geography of the Sea* (1855) gilt als erstes Werk der modernen Ozeanografie. Ein Kapitel ist der Diskussion über Möglichkeiten, den Nordpol zu erreichen, gewidmet.

Donnerstag, 29. Juli

Schrecklicher, abscheulicher, nichtswürdiger Nebel bedeckt alles. Machten an einem Treibeisstück fest und warteten auf bessere Tage. Unternahmen eine Wanderung über das Eis, in Begleitung unseres Neufundländers Sampson. Waren außer Sichtweite der Schiffe und hatten großen Spaß. Stießen auf ein sehr ungewöhnliches natürliches Schneehaus, rund 3,6 Meter hoch, geformt wie ein Bienenstock, mit einer Türöffnung und einem schönen Zimmer in seinem Inneren, in das ich mich setzte. Marschierte eine beträchtliche Strecke und wäre auch bis zum Pol gegangen, wenn mir nicht die Streichhölzer ausgegangen wären, sodass ich nicht mehr rauchen konnte. Schoss aus großer Entfernung auf eine Felsen-Raubmöwe, verfehlte sie aber. Dampften nach SO, als es aufklarte, doch weil der Nebel wieder zuzog, mussten wir erneut ankern. *Eclipse* schoss auf eine Mützenrobbe, traf sie aber nicht. Fand einen eigenartigen Pilz auf dem Eis. Abends Gin und Tabak.

Zeichnung
➼ Seite 203

Freitag, 30. Juli

Büßte für Gin und Tabak. Ein sehr schöner Tag 72.52° N. Jan Mayen liegt rund 100 Meilen SW und ist nicht zu sehen. Dampften mit 6 Knoten nach SSO. Aß nicht zu Mittag, sondern stieg lieber zum Masttopp, genoss eine Pfeife und den sehr willkommenen Sonnenschein. Stolperten über die eine oder andere kleine Mützenrobbe, von denen wir zwei schossen, eine erlegte ich, die andere war das Ziel der schlechtesten Schießkünste, die ich je das Pech hatte zu beobachten. Ich feuerte meine Patrone auf große Distanz und traf nicht, woraufhin zwei Harpuniere die Sache in die Hand nahmen und je 3 Schuss, beziehungsweise insgesamt 7, abgaben, bevor die unglückliche Robbe zusammensackte.

Samstag, 31. Juli

Draußen auf offener See, wie verrückt am Stampfen und Schlingern und auf Kurs WSW zur Entenwalküste. Es ist äußerst fraglich, ob wir dort irgendwelche dieser Geschöpfe finden, denn ich vermute, dass sie ihre Gebiete ebenso wie alle anderen Tiere in dieser Region verlegen, und nur weil Kapitän David hier im April welche angetroffen hat, müssen wir sie im August nicht zwangsläufig wiedersehen. Kein Eis in Sicht. Ich werde die großen Eisschollen Grönlands, das Land, wo ich so manche nachdenkliche Pfeife rauchte, wo ich den gerissenen Walfisch jagte und die arglistige Mützenrobbe schoss, nie wieder sehen. Wie könnte man euch Kälte und mangelnde Gastfreundschaft vorwerfen, meine armen Eisfelder? Ich habe euch in Flaute und Sturm erlebt und nenne euch warmherzig und freundlich. Euren schaukelnden Eisbergen mit ihren fantastischen Formen wohnt ein drolliger, grimmiger Humor inne. Eure Eisschollen sind jungfräulich und rein, auch wenn sie zuweilen jemanden unaufgefordert in die Zange nehmen. Ja, ihr seid jungfräulich und zieht viel zu oft den bescheidenen Nebelschleier über eure Reize.

Ich kann die Eisfelder würdigen, will aber verdammt sein, wenn ich etwas zugunsten von Spitzbergen sage, dem Jötunheim[189] der skandinavischen Mythologie, das ich in einem Sturm erblickte und in einem Sturm zurückließ, ein kahler, zerklüfteter Buckel. Den ganzen Tag nach Westsüdwest gesegelt. Abends wurde es windstill, und wir lagen in lang rollender Dünung, unsere Segel flatterten und ringsum dicker Nebel.

Sonntag, 1. August

Eclipse außer Sicht – ist wahrscheinlich die ganze Nacht durch den Nebel gedampft. Dampften durch ruhiges Wasser und dichten Nebel nach WSW. Wir hoffen darauf, ungefähr 80 Meilen südöstlich von

189 Jötunheim ist in den altnordischen Sagen das Reich mächtiger Riesen und Zauberer.

Jan Mayen Entenwale zu finden und von dort nach Langanes[190] in Island zu fahren. Halten uns bei Laune. Sah heute etwas Treibholz. Warf abends eine Flaschenpost über Bord, mit unserem Längen- und Breitengrad und der Bitte, ihren Fundort zu veröffentlichen. Die Jagd auf Entenwale hat sich bislang nicht wirklich etabliert, einige Schiffe haben es halbherzig versucht und sind gescheitert. Die *Jan Mayen* erlegte 9 in 6 Wochen, was sich für sie nicht rentierte, Kapitän David fing dieses Jahr 32 in einem Monat, was sich für ihn durchaus bezahlt machte. Gerieten heute in sehr öliges Wasser, mit einem starken Heringsgeruch und Clioschwärmen im Wasser, fing rund 100 der gepanzerten Sorte. Man möchte meinen, dass die Entenwale sich in der Nähe eines derart verlockenden Festmahls befänden. Hörte einen Finnwal im Nebel blasen wie ein leeres Bierfass. Breitengrad 70.59. Längengrad 0°15 Ost. Vorbei an zwei toten Eissturmvögeln und einem weiteren Stück Treibholz aus Sibirien. Weitere Finnwale gesichtet.

Montag, 2. August

Meer ruhig und kaum Wind. Der Gipfel des Beerenbergs[191] ist in Sicht, Richtung WNW, rund 80 Meilen entfernt. Sahen mehrere Papageitaucher, Seeschwalben und Eiderenten, Vögel, die man nur in der Nähe von Land findet. Ungefähr um zwei Uhr konnten wir vier Entenwale, zwei alte und zwei junge, ausmachen, und zwei Boote wurden zur Jagd ausgesetzt. Die Tiere schwammen direkt auf Canes Boot zu, doch als sie in Schussweite kamen, tauchten sie, und obwohl wir sie zwei Stunden verfolgten, bekamen wir keine zweite Chance. Ungefähr um 5 Uhr tauchten zwei weitere auf, und Colin wurde hinterhergeschickt, doch sie verschwanden. Die *Eclipse* ist in Sicht und hatte ebenfalls ihre Boote erfolglos ausgesetzt. Im Wasser sehen die Wale komisch aus, mit hohen Rückenflossen wie bei Finnwalen. Sie

190 Eine dünn besiedelte Halbinsel an der Nordostküste Islands.
191 Der nördlichste Vulkan der Welt auf der Insel Jan Mayen.

sind jeweils rund £60 wert. Es ist jetzt ziemlich warm, haben all unsere Wollsachen ausgezogen.

Dienstag, 3. August

Heute Morgen sieht es nicht gut aus, weil es windiger ist und nicht so viele Vögel oder Nahrung im Wasser zu sehen sind. Segeln nach Westen. Den ganzen Tag nichts gesehen.

Mittwoch, 4. August

Kamen heute Morgen in ein besseres Gebiet, mit vielen Vögeln und viel Öl auf dem Wasser. Beobachtete, wie die Raubmöwen, die sehr schlechte Fischer sind, die armen alten Dreizehenmöwen jagten, bis diese schließlich ihr letztes Mahl herauswürgten, das die Räuber halb verdaut verschlangen. Im Meer tummelten sich mittags zahlreiche Walfische, als wir dann auch zwei Boote aussetzten, weil wir sie für Entenwale hielten, doch sie erwiesen sich als junge Finnwale, wertlose Tiere und so kräftig, dass wir für sie all unsere Fangleinen verbraucht hätten, also wurden die Boote zurückgerufen. Kapitän schoss eine Felsen-Raubmöwe. Sahen viele Eiderenten. Auch wurden mehrere Schwertwale gesichtet. Einer von ihnen jagte einen Finnwal um die *Eclipse* herum. Das arme Tier sprang geradewegs aus dem Wasser und zappelte fürchterlich. Carner schoss mit einem Gewehr auf ein rund 12 Meter langes Jungtier, das eilends davonsauste, um seiner Mama zu erzählen, was man ihm angetan hatte. Dieses Meer zwischen Jan Mayen und Island könnte man auch Federmeer nennen. Das Wasser ist an vielen Stellen buchstäblich mit Federn übersät. Die Entenwaljagd ist eine grässliche Tour.

Wurde gegen 11 Uhr nachts vom Kapitän an Deck gerufen, um etwas Wundervolles zu sehen. Werde dergleichen wohl nie wieder zu sehen bekommen. Das Meer wimmelte schier von großen Buckelwalen, eine ziemlich seltene Art, man hätte einen Zwieback nach ihnen werfen und 200 treffen können, und so weit das Auge reichte, sah man nichts als Walfontänen und Schwanzflossen in der Luft. Einige bliesen unter dem Bugspriet, dass das Wasser auf das Vordeck prasselte, was unseren Neufundländer schrecklich aufregte. Sie sind 18 bis 24 Meter lang und haben außergewöhnliche Köpfe, mit einem Kropf wie dem einer Schildkröte unter dem Kiefer. Sie liefern ungefähr 3 Tonnen sehr minderwertigen Öls und sind schwer zu fangen, weswegen die Jagd auf sie nicht lohnt. Wir ließen ein Boot zu Wasser und feuerten eine alte Harpune ohne Fangleine auf ein Tier, das mit gewaltigem Platschen davonschwamm. Sie unterscheiden sich von Finnwalen durch die weiße Unterseite der Flossen. Einige ließen, wenn sie bliesen, ein merkwürdiges Pfeifen vernehmen, das man noch meilenweit entfernt hören konnte.[192]

Zeichnung
➛ Seite 204/205 + 207

Donnerstag, 5. August

Heute nichts gesehen. Gegen Abend kam eine steife Brise auf und schaukelte und rollte uns schrecklich herum. Wir vermuten, dass die *Eclipse* nach Hause gefahren ist. Kurs SW.

Freitag, 6. August

Gaben es auf, weil es sich nicht lohnte, und setzten unseren Kurs auf OSO nach Shetland. Dichter Nebel und Regen mit sehr wenig Wind. Vollkommen garstiges Wetter. Wir sind alle deprimiert, weil wir mit einer so kärglichen Fracht heimkehren, aber was können wir tun? Wir haben das Land geplündert und uns alles geholt, was wir kriegen konnten, doch dies ist ein außergewöhnlich ungünstiges Jahr durch die Strenge des vergangenen Winters, während dessen sich das Grönlandeis weit nach Osten ausgedehnt und die Futterplätze der Fische in einer undurchdringlichen Barriere eingeschlossen hat. Hier ist unsere gesamte Ausbeute für diese Saison, nach meiner Rechnung:

192 Conan Doyle schrieb im offiziellen Logbuch der *Hope* nur Folgendes: »Trafen auf eine außergewöhnliche Menge Buckelwale. Hunderte von ihnen fraßen und bliesen rund um das Schiff und sogar direkt unter dem Bugspriet. Wirtschaftlich nutzlos.«

2 Grönlandwale	2 Königseiderenten
2400 junge Robben	2 Eiderenten
1200 alte Robben	1 Felsen-Raubmöwe
5 Eisbären	7 Sterntaucher
2 Narwale	23 Eistaucher
12 Mützenrobben	1 Eismöwe
3 Ringelrobben	8 Elfenbeinmöwen
1 Islandfalke	3 Dreizehenmöwen
2 Kegelrobben	

Samstag, 7. August

Tasten uns unter Dampf und Segel in einem so dicken Nebel heimwärts, dass wir kaum das Wasser neben dem Schiff erkennen können. Holten die zwei neben dem Schornstein festgemachten Boote an Bord. Wir haben nun schon seit mehreren Tagen keine Gissung machen können, und weil wir im Zickzackkurs diesen Mützenrobben hinterhergehüpft sind, ist unser Koppeln sehr unzuverlässig.[193] Es ist nicht schön, im Nebel in der Nordsee umherzudampfen, während Island und die Färöer-Inseln sich irgendwo vor uns befinden. Mehrere Papageitaucher und andere Landvögel gesichtet.

Sonntag, 8. August

Ein wenig aufgeklart, auch wenn es fast den ganzen Tag lang regnete. Hatte den ganzen Abend eine Makrelenleine ausgeworfen, aber nichts gefangen. Gegen 8 Uhr abends Land gesichtet, das sich als Nordspitze der Färöer-Insel erwies. Eine gute Leistung, wenn wir sie im Laufe der Nacht erreichen. Sah ungefähr um Mitternacht einen Schoner auf

193 Gissung: Schätzen des Kurses auf Grundlage von zurückgelegter Strecke, Geschwindigkeit, Abdrift, ohne durch die Mittagspeilung des Sonnenstandes die exakte Länge und Breite miteinzubeziehen. Koppeln: Berechnen des Standorts anhand der in der Seekarte eingetragenen Positionen.

Nordkurs, wahrscheinlich unterwegs von Dänemark nach Island. Die Männer sind mit dem Trocknen der Walfangleinen beschäftigt.

Montag, 9. August

Ein schöner, klarer Tag mit blauem Himmel und hellem Sonnenschein. Wind aus NO, eine gute, starke Brise, vor der wir unter allen gesetzten Segeln heimwärts fliegen, während die hellgrünen Wellen am Bug zischen und schäumen. Wieder keine Makrele. Das ganze Schiff bedeckt mit trocknenden Walfangleinen. Rechnen damit, spätabends auf Land zu treffen. Sah einen Tölpel und einen kleinen Vogel, den man Stienchuck [Steinwälzer?] nennt, außerdem einige Sturmvögel. Die Dreizehenmöwen in dieser Gegend sind offenbar kleiner als die weiter nördlich. Alle Mann halten Ausschau nach Land.

Dienstag, 10. August

Um 8 Uhr früh aufgestanden zum Anblick von Land in Richtung WSW vor dem Steuerbordbug. Es weht auf halber Sturmstärke, und die alte *Hope* dampft wie der Henker in die aufgewühlte See. Deswegen meine wacklige Handschrift. Das grüne Gras der Küste wirkt sehr kühl und erfrischend auf mich, nachdem ich fast 6 Monate nichts davon gesehen habe, doch die Häuser sehen abstoßend aus. Ich hasse das gewöhnliche Treiben der Menschen und wäre lieber wieder auf einer Eisscholle.

»Gesellschaft ist, wo alles menschenleer
[Entzücken weilt auf unbetretner Düne,]
Musik im Wellenschlag am ew'gen Meer.«[194]

194 Zitat aus Lord Byrons Verserzählung *Childe Harold*, Vierter Gesang, Strophe 178. In der Übersetzung von Otto Gildemeister verschieben sich die von Doyle zitierten Zeilen 2–3 auf 2 und 4.

Liefen am Leuchtturm auf der kleinen Felseninsel vorbei und erreichten Lerwick, konnten aber nicht in den Hafen, weil wir uns beeilen müssen, die Flut bei Peterhead zu erwischen, weswegen all meine Briefe, Papiere und alles andere liegen bleiben. Ein Mädchen wurde gesichtet, das mit einem Taschentuch winkte, und alle Mann wurden gerufen, sie anzuschauen. Die erste Frau, die wir seit einem halben Jahr zu sehen bekommen. Unsere Crew von den Shetlands wurde in vier von unseren Booten an Land gebracht und rief ein dreifaches Hoch auf das alte Schiff, als sie abstießen, wonach die Boote von den übrigen Männern zurückgebracht wurden. Leuchtturmwärter erschien mit dem *Scotsman* von letzter Woche, aus dem wir von der Niederlage in Afghanistan erfuhren. Furchtbare Neuigkeiten.[195] Außerdem hat die *Victor* 150 Tonnen, das dreckige Stinktier.[196] Holten unsere Boote an Bord und machten uns bei voller Geschwindigkeit auf nach Peterhead. Kurs unbeständig, und der Leuchtturm von Sumburgh[197] glitzert achtern wie ein Stern. Die Heringsfischerei scheint erfolgreich zu verlaufen. Sah einen großen Schwertwal.

195 »Eine schreckliche und unvorhersehbare Katastrophe hat die britische Armee in Afghanistan heimgesucht«, begann der Artikel im *Scotsman* vom 29. Juli 1880. In Maiwand war eine 3000 Mann starke Brigade der Briten von aufständischen Paschtunen besiegt worden. Conan Doyle nutzte den Zwischenfall in seinem ersten Sherlock-Holmes-Roman *A Study in Scarlet* (1887) für die Biografie seiner Romanfigur Dr. John H. Watson, der als Assistenzarzt in Afghanistan diente und in der Schlacht von Maiwand eine Schusswunde in der Schulter erlitt.

196 Im folgenden Jahr 1881 machte die *Hope* einen besseren Fang als die *Victor*: neun Wale, vier Entenwale, 5000 Robben, dreizehn Eisbären und zwei Polarfüchse (Lubbock, *Arctic Whalers*), während die *Victor* im Eis der Arktis verloren ging (Buchan, *Peterhead Whaling Trade*).

197 Der älteste Leuchtturm der Shetlands, 1821 an der Südspitze der Hauptinsel erbaut.

Mittwoch, 11. August

Vollkommen windstill und die Sonne furchtbar schrecklich. Sahen die Rattray-Landspitze[198] um 4 Uhr nachmittags. Das Meer schwarz vor Fischerbooten. Hurra, es geht nach Hause! Lotsenboot legte um 6 Uhr abends ab, und wir lagen bis zum Hochwasser um 4 Uhr früh vor Anker. Hunderte und Aberhunderte Heringsfischerboote ringsum.[199] Crew zieht ihre Landplünnen an. Hier sind wir nun also am Ende des Logbuchs der *Hope* angelangt, das in Flaute und Sturm, bei Versagen und Erfolg geführt wurde; jeden Tag habe ich fromm meine Eindrücke und alles, was mir seltsam vorkam, niedergeschrieben und versucht, das Gesehene zu zeichnen. So ist dies das

Ende des Logbuchs der SS *Hope*.

198 Landspitze an der Küste von Aberdeenshire, deren Sichtung die Heimkehr nach Schottland bedeutete. Peterhead lag nun weniger als zehn Meilen entfernt.

199 1880 war für den Heringsfang in Peterhead ein Rekordjahr, mit über 700 beteiligten Fischerbooten und ungefähr fünfzig Verarbeitungsbetrieben in der Saison zwischen Mitte Juli und der ersten Septemberwoche. Der Ertrag wurde im Vergleich zum Vorjahr verdoppelt.

Frischfleisch[200]
Freimaurerflagge
Ramna Stacks
Ein Walfänger aus Peterhead
Robbenjagdkleidung
Die *Hope* zwischen losen Eisschollen
Eine Robbenfamilie
Robbenjagdmesser
Bärenspur
Schiffe inmitten von Robben
Robbenkeule
Skizzen der Jagd auf junge Robben
Milnes Bestattung
Unser Falke
Samstagnacht auf See
Ein Schnellschuss
Unser Abendsport
Alle Mann über den Bug
Plan der Robbenjagd
Wirkung der Lichtbrechung
Fünf Bullen auf 100 Yard

Bd. II

Jagd auf alte Robben
Entfernen des Robbenspecks
Geschenkt, nicht gekauft!
Das Mob-Boot wird gezogen
Harpunenkanone
Hope vor Spitzbergen im Sturm
Der Bär, den wir nicht geschossen haben
Grönland-Schwertwal
Eistaucher oder kleiner Alk
Schwertwal jagt Robben
Ein Fang
John Thomas & sein Freund
Der Narwal im Schlepptau
Ein Narwal
Eissturmvogel, der unseren Sterntaucher stiehlt

Bd. III

Fang der Boote der *Eclipse*
Unser Bär
Bär und Hai verschlingen Narwal
Boote jagen 2 Fische
Unser erster Fisch
Wal und 2 feste Boote
Buchans Boot
Schiff flenst Wal (Kap. J. Gray)
[dasselbe] (Kap. David Gray)
Zwei Eistaucher mit einem Schuss
Natürliches Eishaus
Entenwal
Hope inmitten von Walen
Buckelwale
Sampson und der Fisch

200 Diese Illustration ist im Originaltagebuch nicht zu finden und wurde möglicherweise von Conan Doyle nachträglich entfernt. Die Liste enthält im Übrigen nicht alle Illustrationen des Tagebuchs. Sie diente möglicherweise zur Vorbereitung einer Publikation.

Jagdbeute der Hope (Fortsetzung)

Juli
1. 1 Narwal
2.
3.
4.
5.
6. 1 Ringelrobbe
   7 Eistaucher
   1 Sterntaucher
   1 Dreizehenmöwe
   2 Elfenbeinmöwen
7.
8. ein Grönlandwal
9.
10.
11.
12.
13.
14.
15.
16.
17.
18.
19.
20.
21.
22.
23.
24.
25.
26.
27.
28.
29.
30.
31. 2 Mützenrobben

August
1.
2.
3.
4. eine Felsen-Raubmöwe
5. 2 Eiderenten

Meine eigene Jagdbeute

Junge Robben und junge Mützenrobben ××××××××××· ××××××××××. ××××××××××. ××××××××

Alte Robben ××××××××××· ××××××××××. ×××××××××

Mützenrobben ×××

Eistaucher ××××××××××·

Sterntaucher ×××

Eissturmtaucher ×

Elfenbeinmöwen ××

Dreizehenmöwen ××××

Ringelrobben ××

Zeichnungen

Auszug
aus dem Faksimile

At the extreme north of Shetland we passed some curious rocks in the sea called Ramna Stacks.

Ramna Stacks.

Raining hard all day. W[e] raced with the Eric and had rather the best of it. N[ot] a bit seasick. Saw Burrafiord Holms the extreme north point of Great Britain, and then lost sight o[f] land about four P.M. Ran with an oblique wi[nd] and three quarter steam all night. Dreamed of being beaten by a Gorilla, and of pulling in the Oxfo[rd] boat. 167 miles

Sunday March 14th

Eric rather ahead of us and only occasionally in sight. Heavy Atlantic swell doing the Grand Northward Ho! all day under steam and sail. Northward Ho! ran about 150 miles. About getting to the pole the gulf stream runs up past Spitzbergen so of course that is the way to go. It is one of the most extraordinary delusions in history how ship after ship has run up into a cul-de-sac for Davis' Straits is nothing better. Read Boswell. Don't agree with McCauley at all about Boswell being

Heavy Atlantic Swell.

a man of no intellect. If ever a man was afflicted with what he calls 'morbus Boswellianus' it is Lord McCauley himself in the case of Willy the Silent.

<u>Monday March 15th</u>

First under Steam and Sail, and then under Sail alone. Must have got about half way today. Kept in the cabin until evening. Read Boswell. Like that old boy Johnson for all his pomposity. A thorough old fellow, I fancy. He was in Plymouth, it seems, for a couple of days, and there was considerable ill-feeling between the townsmen and the men about the docks. Johnson who had nothing in the world to do with it was often heard to exclaim "I hate a docker" or like that sort of thing. Sky looked like ice this evening. Surface temperature fallen from 44 to 38 in one day.

<u>Tuesday March 16th</u>

Still under canvas, wind continues fair. I've brought the luck with me. Two bottle nose whales were playing round the ship in the morning but I did not see them. It seems we are crossing a very favourite feeding ground of theirs. Expect to come on the ice tomorrow. We made 159 miles yesterday.

are somewhere near. A curious fa
much the same as yesterday. Sh
for we saw our first seal, a blad
It was speckled black and white a
ship steamed past, only about a
looking at it quietly. Poor brute
it seems a shame to kill them.

our first seal

speckled owl
yards from
roaches and Guillemots but we

The Hope

to have many. We are considerably to the North of Jan
Meyen now. Passed another bladder nose and a sadd
back seal later. Some were seen in the water afterwar
A most lovely morning but hazy towards evening.
Spoke to the Eric and mutually congratulated each
other on our passage. By the way Walker said to m
at Lerwick "If I had known who you were, sir, last
year, things might have been different.' I'm a lot
better as I am, though I didn't make that remark
to him.

Friday March 19th

A thick haze with the lumps of ice looming out of it.
Could see about a hundred yards in each direction.

ng loose ice. March 16th 1880

rwegian sail to North 1880 th 1881

passed two large bladdernoses, male & female on a bit
of ice. We tried the whistling and certainly the male
did stop and listen to it, the female wasn't so susceptible
but shunted at once. The male was about 10 feet long
I should think, the female 7 or 8. I wish the haze
would clear up. Drizzling a little. Haze continued
all day so we lay to at night. Blane and Stewart were
sparring in the evening. Talk on literature with the
Captain, he thinks Dickens very small beer beside
Thackeray. Buckland seems to be a lively sort of cove.

Saturday March 20th

Only a week from Shetland and here we are far into

are hundreds of miles north of Iceland, about
sixty south east of Jan Meyen. Old hands on
board say they never knew such a good passage,
however we mustn't crow until we are out of th
wood. Water temperature has fallen 2° since 12 o'c
which looks like ice. White line on the sky. Everyo
seems to think we will see ice before tomorrow. We ca
tell that we are under the lea of ice by the calm. Captain
told me about some curious dreams of his, notably
about the Germans and the black heifers

Wednesday March 17th

Dies cretâ notanda. About five o'clock I heard the
second mate tell the Captain, that we were among
the ice. He got up but I was too lazy. Passed a
Norwegian about 8 o'clock. When we rose at nine
the keen fresh air told me it was freezing. I went
on deck and there was the ice. It was not in a
continuous sheet but the whole ocean was covered
with little hillocks of it, rising and falling wi
the waves, pure white above and of a wonderful
green below. None were more than 4 or 6 feet ou
of the water but they were of every shape. No Seal
Put up the crow's nest in the morning.

A Peterhead Whaler.

Ice in the background by Capt John Gray of the Hope).

Sealing Costume.

All day we were steaming or rather sailing through lumps of ice which studded the water, sometimes so thickly that you could jump from one to another for hundreds of yards, and sometimes only a bit or two visible. The large ice field seems to be on our left. See a ship about 5 miles behind us, supposed to be the Jan Meyen, while far away in front a sail is dimly visible. From the mast-head Cain [Kane] says he can see 9 vessels.

Thursday. 18th March

Stewart dreamed that he was among a great herd of swine last night, so we are sure to see seals today. If a man dreams of anything agricultural it always means that seals

the icefields. It has certainly been a splendid voyage.
Beautiful day, wonderfully clear. Icefields, snow white on very dark blue water as far as the eye can reach. We are ploughing through in grand style. Five sail in sight, one the Eric. Stewart insists on my accepti a pretty Esquimeaux tobacco pouch; I suppose he mea it as a quid pro quo for the Pipe I gave him. No seals seen as yet. Got near heavy ice in the evening and lay to. Several bladder noses playing about the ship. about a couple of hundred seals visible from the Crow's nest, so we seem to be coming near the pack. Eleven sail in sight. Adam Carner saw the slips of a bear on the ice

Sunday March 21st.

Lay to all day owing to the thick haze. Bladdernoses by the dozen are all round us. A few Saddlebacks. The captain thinks the pack is about 20 miles or so in front of us. Johnny had a meeting in the evening, the singing sounded well from the deck. Split a bottle of port after dinner. Captain tells me he tried fixi a cone full of prussic acid onto the end of the harpoon He fired it into a finner from his small steamer. The brute went away at such a rate that it very nearly set the bows on fire by the friction. The line broke and it got away, but seems to have died. For no dog fish were seen on the coast for some days. Many finners are 120 feet long. By the way Carner taught me some esquemeaux. Amalang (yes). Psiou (very good) Psiou smali (bad) kisi-micky (ice-dog - ie bear).

Monday March 22nd

Very foggy again, but we have drifted among a few saddlebacks with their little fat yellow offspring. Got the quarter boats out, and the rifles. A long time to wait yet, though, till April 3d, Saturday week. Fog lasted all day so that we lay to. Boxed in evening. Finished Boswell Vol I. Dreamed of G. P.

Tuesday March 23d

Clear morning, a good few seals in sight. Eclipse come in at last, and Captain boarded it before dinner. Steamed a few miles in the right direction. Blowing a gale all day. 11 degrees below freezing point. Very cold wind. Rigging covered with ice. Climbed up to the

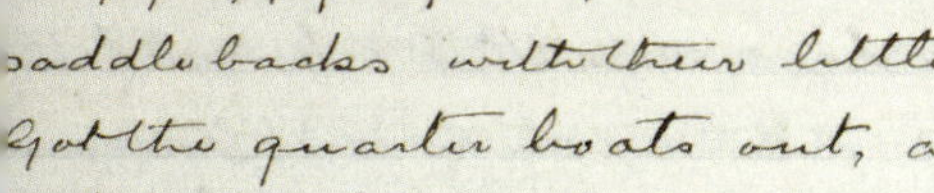

Male, female & young Saddleback

Crow's nest before tea, but the Captain called me down just as I got up to it, as

well has set
ult. If it
ake our work
e ice is not
usands of
to each other.
rnately separ-
esistible force.
n two pieces
d chance of
appened to
ed leap frog
y "A Journey
ood. We are
) Disraeli

badly. We
This is the
have not
Chief Engineer
bull story

about certain rings.
much hurt. By the w
head yesterday, and
time. Saluted the Ha
7.30. Swell Still on.

Ships taking up the

…nny's dignity was very
I was at the mast
…s on the ice some
…d Haarfager tonight

l 43,56
a pol
are a
ards, o
e is 484
es eac
inche
h way
Half-a
acres
h way
s eac
easur
a rood
yard
l Eng
use i
e 172
pic fee
rough
a load
, or
a shi
y.
quir
274: t
divide
multi
metre

…tions among the seals – Birds eye view. March 26th 1880

Jan Meyen and others, with all their boats out killing old seals. Took 270 young & 58 old.

<u>Wednesday April 7th</u>

Poor work today, seals are scarce and we only took 133. Moggie Milne is very bad & I fear he will die. He has intussusception with faecal vomiting & constant pain. It is not hernia. Gave soap & castor oil injection today.

<u>Thursday April 8th</u>

Put our letters on board the 'Active' today. Had short notice and only wrote one letter though I would willingly have written more. Did a wretched days work, only about 30 seals. However most of the other ships have done worse than us, & that with crews of 80 men to our 56. Gale in the evening.

<u>Friday April 9th</u>

Gale continuing so that we have done no work at all. Heavy swell on. Got under the lee of the point. Wretched day. Did nothing but sleep & write up my log. They

are commencing to cut the blubber off the hides.
I'm afraid tomorrow will be as bad.

Tuesday April 13th

Boiled Beef day again (Tuesday - Tough-day - Tough day - Boiled Beef day). The worst dinner in the week except Friday. Lay to on account of the gale all da Had the gloves down in the Stokehole in the evenin and some fine boxing. No Seals.

IN. MEMORIAM. ANDR. MILNE
APRIL. 11th 1880

Wednesday April 14th

Knocking along among the ice under sail and Canvas picking up seals. Made a good days work, about 80 I should think bringing us up to 2450 about. Stood on the Folksel head all day and reported progress. Rather cold work had a shot or two tho'. Someone told me that in the South Seas when a man died the first comer got his property, and that when a man fell over board you might see half a dozen standing by the hatchways to run down for the plunder whenever he was drowned.

Thursday April 15th

Beautifully fine day but we did a poor days work, about 46 I think. Assisted in shooting 2 bladders. They took five balls each. A pretty little bird with a red tuft on its head, rather larger than a Sparrow came and fluttered about the boats. No one had ever seen one like it before. Rather a long beak, feet not webbed, white underneath, with a "pee-wheet - pee wheet". A sort of Snowflake. Georgey Grants got his trousers torn by a young Sea Elephant in the evening.

Friday. April 16th

Steamed hard to the North West all day to see if we could see anything of the seals. Failed in seeing many, and only picked up half a dozen. Jack Buchan shot a hawk in the evening which the Captain with his eagle eye discerned upon a hummock, and detected even at that great distance to be a hawk. About 18 inches high with beautifully speckled plumage.

my idea of a hawk.

Had the Small pox in its youth.

The Captain's idea of a hawk (N.B. Looking out for prey).

The prey the Captain's hawk is looking out for.

Saturday April 17th

Nothing doing all day – only half a dozen seals again. We are steering South now with the "Iceberg" a Norwegian. If we could only make

Saturday's Night at Sea. April 17th /80.

it thirty tons I wd be satisfied. We have about 28 now I think. 26° of frost today. Had singing in the evening in the mates birth. I Began a poem on tobacco which I think is not bad. I never can

[f]inish them. C'n'est que la dernière pas qui [c]oute:

Sunday. April 18th.

a snowy drizzly kind of a day. Shot a seal [i]n the morning off the bows; It was just sticking [i]ts head over the water. Saw two large sea birds, 'Burgomasters' they are called. Went to a [M]ethodist meeting in the evening conducted by Johnny McLeod the engineer, he read a sermon from an evangelical magazine and then we [s]ang a hymn together. Argued afterwards with him.

The shooting was uncommonly bad on the whole. Looks like a gale this evening. Captain saw another hawk. It is an extraordinary thing that we have not fallen in with a bear yet. Captain saw a meteoric stone fall into the water once within a hundred yards of the ship. The Magnetic Pole is in King Williams Land Lat 69°. There is another for South Pole, a thing that I never knew before.

Our Evening Exercise.

Saturday. April 24th

We have been steaming North West all day. Saw a fine flock of Eider ducks, the males are black and white, the females bronze with a green head. Picked up 17 more young seals. I think we are not very far from the old ones. Had a pleasant evening in the mates birth. No Shooting today. Sparred in the morning. Have a tip to teach Jimmy.

as talking to Hutton, one of our best harpooners, about
oological curiosities. He says that during a gale between
uebec and Liverpool he saw two fish lying on the
urface of the water. They were about 60 feet long
nd spotted all over, exactly like leopards. An
nknown Species. The Captain fell in with another
pecies in Lat 68°. the hide of which was so thick
hat no harpoon would pierce it. Here is my list
. Northern whales.

Right Whale.	proper Greenland whale. yield 10-20 tons of oil. Bone sells at £1000 a ton. Value of one is £1500-£2000 found in far North between the ice fields
Finner Whale	Found in every sea in hundreds. are longer and stronger than the Right whale. but very worth less. Some 120 feet long. Razor Backed. Spout two Jets, proper whale has only one.
Bottle Nose Whales	Found South of the ice, & round Iceland. Only 30 feet long. Give a ton of oil (£80). Skin Valuable.

Westminster
…wers. oil

…as only
…icans
…th Cape.

… the
…g before
… the bows.
which was
… seal.
…t Johnny.

…a

…seals.
…g out
… where
…st it …

All hands over the…

coast along the heavy Greenland…
find them. We are in 74° North…
young seal yesterday, and s…
have nobler game in view. B…
Challenged Stewart to run a h…
I understand this sealing bus…

Young Sealing. 1880.
until you
Took one
several. We
evening.
now

May 6th Thursday.

The Captain has come to the conc
better go South a bit for seals,
and Victor go on to the North
today, and expected to see the
zbergen. All hands are ma
a heavy swell and no sign

Pull

Old Sealing

ion that we had
d let the Diana
e are in 77.20
st coast of Spitz-
g off. there is
f seals as yet.

s. pull. !
wn in a heavy swell.

Five Bulls at a hundred Yards
May 3rd 1880.

Hardly expected any seals – All hands were called however Just before dinner – The Diana got the better of us rather, having all her boats in the heart of the pack before we lowered awa[y] The seals were lying very thick but not over any great extent of ice. Our fellows muddle[d] it completely, each being anxious to get the best position and beat the others. The seals were finally scared off after we had taken 71. Captain seems displeased, and quite right too.

End of Volume I. Log of Hope.

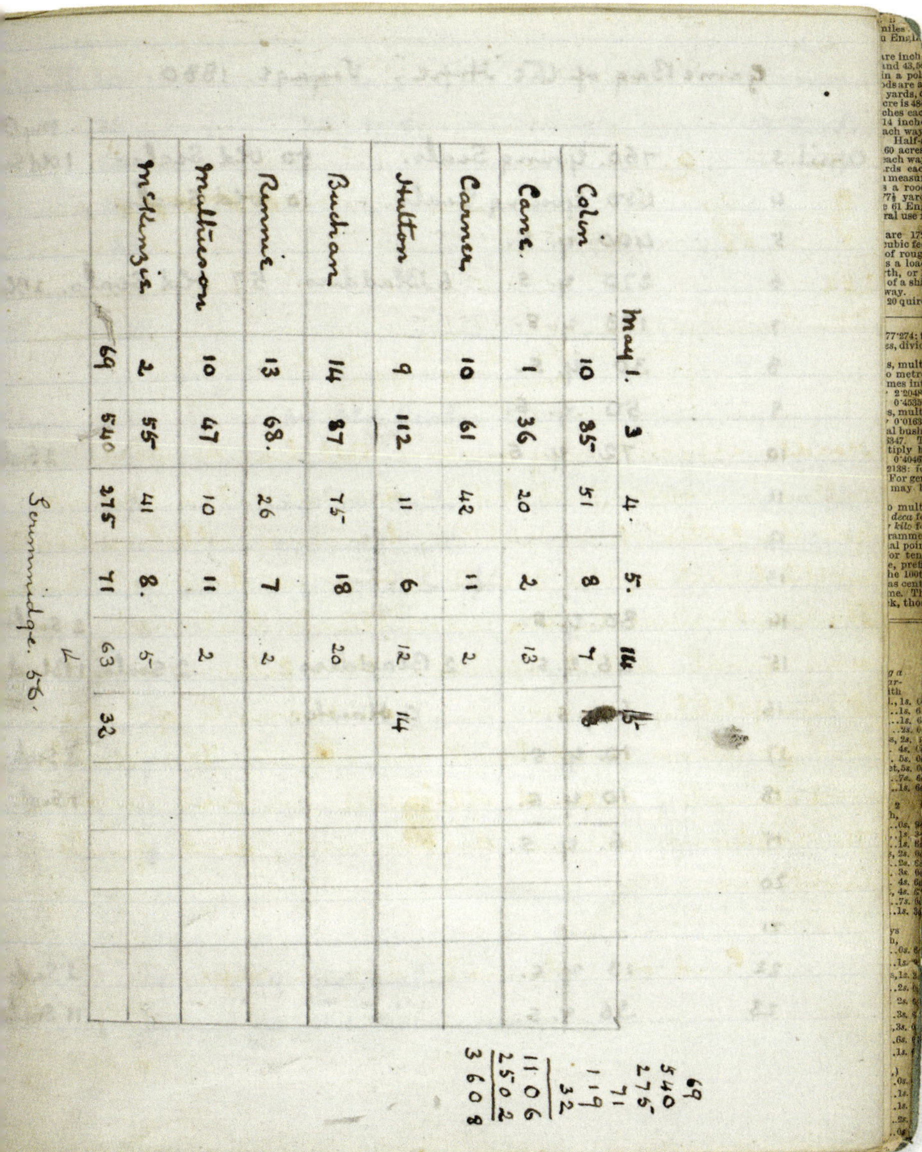

	May 1.	3	4.	5.	14	15
Colin	10	35	51	8	7	16
Cane.	1	36	20	2	13	
Carner	10	61	42	11	2	
Hulton	9	112	11	6	12	14
Buchan	14	87	75	18	20	
Rennie	13	68.	26	7	2	
Mathieson	10	47	10	11	2	
McKenzie	2	55	41	8.	5	
	69	540	275	71	63	32

Scrummidge. 56.

69
540
275
71
119
32
1106
2502
3608

Steamed SW all day but saw no seals. We have about 50 tons now.

Process of making off in Sealing

(i.e. Separating the blubber from the skin).

Friday May 7th

The Diana seeing us lying to yesterday night thought we saw something splendid so she came down at a fearful rate to share the booty under steam and canvas. After burning 30/ worth of coals it began to dawn upon the Norwegian mind that the whole thing was a 'do' and a sell, so with a howl of disgust it flitted off again, to Iceland we believe. Under sail all day to N.E. Saw some schools in the water.

Saturday May 8th

Steaming NW. Victor in sight going in the same direction. He follows us as a Jackal follows a lion. Ice all marked with seals. a beautiful day. Gave out tobacco and sugar in the evening. Was amused by a sailor's auction. Manson Turville a Shetlander was auctioneer & was particularly eloquent about a very delapid-ated and seedy old coat of his which he wanted to palm off. "Going at five plugs of tobacco, at five plugs! Nobody bid any more? A coat warranted to keep out anything under 190 degrees of frost - no advance on five plugs? Gentlemen! Gentlemen! Five plugs and a half. Thank you, sir! Going at five and a half! The figure of a beaver will be found on one side of the lining and a rattlesnake on the other. Not sold but given away! Going. Going now or never. Gentlemen, now's your chance for a bargain. Gone." I bought a pair of sealskin trousers from Henry Polson.

Not Sold but Given away.

Labrador coast, and are nothing but skin and hair after their month's travelling. Our boat was one of the highest with 5. We took 63 in the boats & then came aboard. The harpooners were sent over the bows to attack the remainder of the pack and killed 56 more making a total of 119. It is pleasant to get started again. Cane was frightened by an enormous Walrus with a head like a barrel coming up beside him while he was flinching a seal on the ice. He fired 4 shots into it, but it only seemed amused, and swam away.

Poking the 'mot' boat through heavy ice. May 14th 1880

Saturday May 15th

Sent away two boats in the morning, Colin's and Hutton's, to a small patch of seals. Took 32 of them. Steamed and Sailed North afterwards but saw no more blubber. The time is rapidly approaching now when we must coil our whale lines and go North

nless we fall among seals in the next two days
e must give it up. We think the Eclipse and the
Windward are North already, we have seen nothing
of them since more than a month ago, when they ran
down to Iceland for the bottlenosing. Reading Scoresby's
ournal of his discoveries between Lat 69° & 74° on
coast of East Greenland. The lost Danish
settlements on that coast are a very curious
roblem. He found no trace of them.

Sunday May 16th

o seals. Lat 76·33 at noon. Banging away
the North as hard as we can go. Port Wine.
ld Cooper Tumbled down the hatch and broke
is arm nearly.

Monday May 17th

Beautiful day. Steamed to the North all day.
Lat 77° Longt 5 East. About 100 miles West of
pitzbergen. Got 6 from a small patch of seals
fter dinner. They are getting very thin. The ones
e have captured lately we consider to be, not
reenland seals, but seals from the Labrador coast
hich after their month's travelling could hardly
expected to be in prime condition. Rigged up

the harpoon guns this evening. Fearfully cumbrous things working on a swivel with a pull of 28 lbs

Has to be let off by pulling at a string. Carries a harpoon about 30 yards with some accuracy. Bore about 1½ inches.

Tuesday May 18th

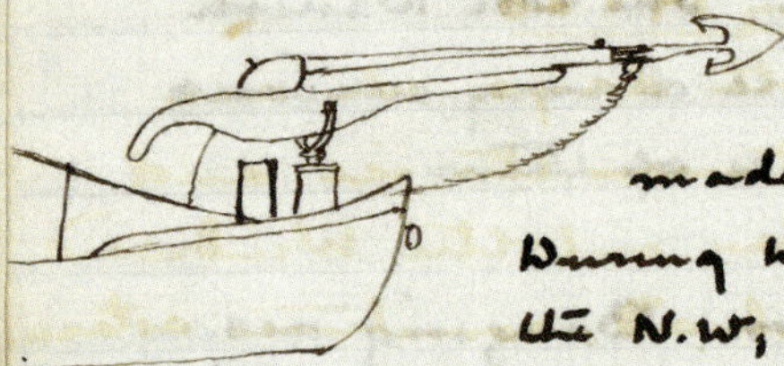

Capt. J.G.

Cleaned out the boats and made all straight for whaling. During dinner a sail was seen to the N.W., which turned out on closer inspection to be the Windward, which we thought was South with the Eclipse at the Bottle-Nose fishing. We hauled our yards aback and waited for him. Murray came aboard with a very dismal tale to tell. After the young sealing he had been too ambitious to content himself with the modest work that we had stuck to, picking up half a ton a day or so, but he had run right away North at once to Spitzbergen after whales, not taking a single old seal. The result of this ambition is that we have about 52 tons now, and he about 28. He has been

been three weeks and never seen a fish. He gives a most discouraging account of the whole thing, and will, I think, go away after the Bladders. A heavy gale blew from the SW during the evening, a most awkward direction for us.

<u>Wednesday & Thursday. May 19 & 20</u>

Blowing a hard gale both days. We are tacking and turning between the ice and Spitzbergen. We can make out the Windward in the lulls, sometimes ahead, sometimes astern. Sea running very high, and sky as dark as possible. Took a sea aboard on Wednesday, giving the Watch a fine ducking. My old foe, toothache, has it seems followed me all the way from Scotland, and been hiding about the ship the whole voyage. Yesterday it came out from its concealment and said "Ah, mine enemy, and have I found thee?", whereupon it seized hold of me by one of my incisors and twinged it so, that my whole face is distorted today. (Addison). On Thursday we saw the wild bleak coast of Spitzbergen breaking

- lines of
ing up t
seal but
horrible
running
ut the

miles
the wind
well on,
a change
l in the
in the
a month
d done.
ers came
own to
. Bolthe-
ild on an
avid had
we be
I believe

he has got. This wind has do
by packing all the ice up cl
all the bights or bays in it
usually found. However w
our pickers, and hope for the

Saturday May 22nd

A heavy swell all day. I co
Rather a funny sort of plac
600 miles or so from the N.

The "Ho

"The Seve

s terrible injury
and destroying
which whales are
must just keep up
st.

of age today.
do it in, only
Pole.

a gale off Spitzbergen.
y 20th 1880.
mountains" to the Left.

Average for the Old Sealing

Buchan	14 + 87 + 75 + 18 + 20 =	214
Colin	10 + 85 + 51 + 8 + 7 =	161
Hutton	9 + 112 + 11 + 6 + 12 =	150
Carner	10 + 61 + 42 + 11 + 2 =	126
McKenzie	2 + 55 + 41 + 8 + 5 =	111 (mob)
Rennie	13 + 68 + 26 + 7 + 2 =	116
Mathieson	10 + 47 + 10 + 11 + 2 =	80
Kane.	1 + 36 + 20 + 2 + 13 =	72
	Scramble	55
	Young Sealing	141
	Total.	1216 Old Seals

The Bear we did **not** shoot
May 26th 1880

Thursday May 27th

Ice began to close round us fast in the morning, and we had to steam our way out to the open sea as best we could, to save ourselves from being beset or nipped. Had a difficult job to get out. Eclipse kept in our wake. Captain went on board her to dinner and stayed till about eight. I drew, slept, played draughts and boxed while he was away. We are going off to 80° North Latitude to see what is up there, right up to the Northern Barrier in fact. The terror of the seas up here is an animal which is called the Swordfish, but is not a swordfish at all. It is one of the whale tribe with a long snout like a mackerel, and great pointed teeth the whole length of its Jaws. It attains the length of 25 feet, and is distinguished by a high curved dorsal fin. It feeds on the largest sharks, on seals and on whales. Yule of the "Esquimaux" took six whales the other year in the straits, which actually came and cowered under the ship for protection, because one of these monsters was in the vicinity. The Captain tells me that he was in the Crow's Nest one day

when he saw a great hubbub a head of the ship.
on examination with the glass he made out
that it was an enormous sea elephant which
was sitting on a piece of ice very little
larger than itself. In the water round it were
half a dozen of these blood thirsty fish, which
were striking the poor creature with their
long fins, trying to knock him off his perch
when they would have made short work of
it him. As the ship came up the Captain says
he never shall forget the look which the po
seal cast towards it with its big eyes, and
suddenly taking an enormous bound off
the bit of ice, it squattered along the Surfac
of the water, and took such a leap towards
the ship's side, that its head was above the
taffrail, and it very nearly gained the dec
a boat was lowered when the great 12 foot
creature climbed into it, and was knocked
on the head. Balls had to be fired into the
fish to keep them from attacking the boat
they were so riled at the disappearance of
their prey.

The Greenland 'Sword fish)

Cap. J. G.

riday May 28th

Steaming North and North East all day, in ompany with the "Eclipse". It is clear we are not oing to have any whales in May, and we can nly hope for the best in June. Thick fog in the vening and we had to blow our steam whistle nd fire guns for several hours before we could ind the "Eclipse" which was also screaming loudly. ook a bang at some loons on the ice at a ong range with my rifle, since signals were he order of the day, but although I hit the piece nd knocked the snow all over them I slew none.

Saturday May 29th

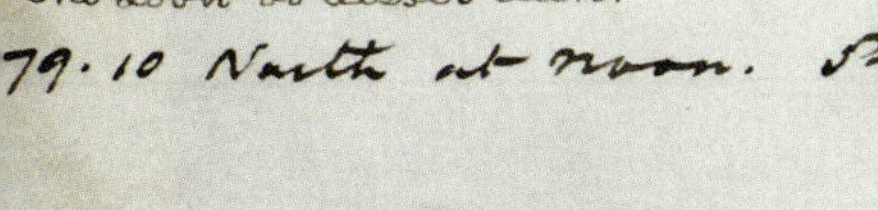
The 'Loon' or Lesser Auk.

The less said about Saturday the better. Let Saturday sink into oblivion. Nothing doing. Fog in the evening. Lat 79.10 North at noon. Played cards in evening.

ing
of the
Dr.
me
orning
which
a
es.
ing chase,
of the
female
the
once
boat
hope
this

pture
id,
me
. Pole

Monday May 31st

Dreamed about whales in the Co
and how frightened we were lest o
or horses would scare them. Then
all bottlenoses under a bridge. A
dream. The wind this morning
is excellent, and the water is of a
which is excellenter.

Swordfish in p

a Capture.

donian Canal
e of the barges
ere 17 of them,
ry curious
-N W which
rnish hue

it of a school of Seals

Thursday June 3rd

Very cold again, a great hoar frost is on. Strong wind from the North. We are in the most promising place we have seen yet and if the wind holds we ought to catch some of the minnows we are after. Came on a fog in the evening. I have my cod line over board baited with pork but have not had a bite. About 60 sail of Russians come to Spitzbergen this month to hunt cod, so there must be some knocking about. Had the bag net out tonight and towed it to see if there was any food. Brought up a most beautiful Clio or Sea Snail, a couple of inches long, looking like some weird little fairy. I have stuck him in a pickle bottle and christened him 'John Thomas'. I hope he will live, we have put some butter and pork into his house. Saw a good many narwhals knocking about, one very large one, almost snow white and quite 15 feet, ricochetted past the Stern, making the peculiar grunt they give when they rise. Also saw some beautiful medusae.

iday June 4th

John Thomas is in an awful passion. We left
e pickle bottle far from the fire, and as there
e 11 degrees of frost it froze up and John
as caught cold. He is sitting in a corner
ith his tail in his mouth, just as a sulky
aby sticks its thumb into its potato box. I
ave drawn John's attention to the butter & Pork
nd he took a hurried breakfast, but seems
have business of importance down at the
ttom of the bottle. He's thinking perhaps of
'Where his Rude Shell by the Gulf Stream lay,
There were his little Sea Snails all at play,
There their Amoeboid mother, He their sire
Butchered to make a Whale's holiday.

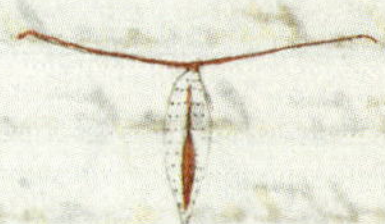

A Small friend of John's

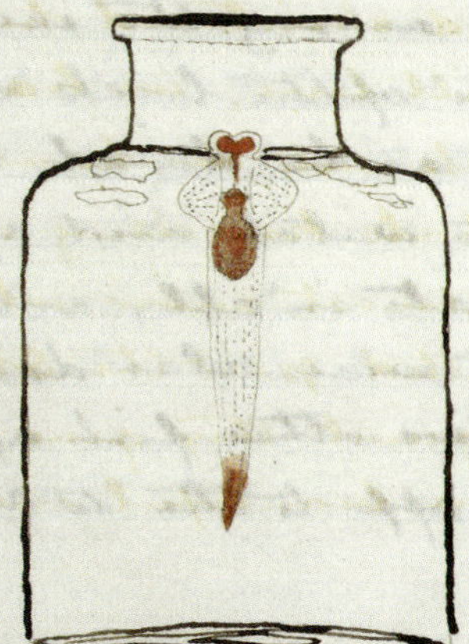

Nat. size

John Thomas coming up for his breakfast (Size of life)

after flinching it we opened the Stomach which we found to be full of a very large shrimp, which I take to be the 'Mountebank' shrimp, and with bits of cuttlefish. It had two distinct sets of parasites upon it, one like a long thin worm in the drum of its ear. The other seed like at the root of the horn.

Two very rare ducks were seen behind the ship this evening. The Captain went off himself in a boat and nailed them both with a right and left barrel. No one on board has seen the species before. They have a yellowish beak with an orange callosity stretching up in a curve from the base of the beak towards the eyes. They are rather larger than our ducks, dark brown on the head, white on the neck, dark brown on the back, lighter silvery brown on the breast. All the plumage very soft & delicate

ACD.
Towing home the Narwhal

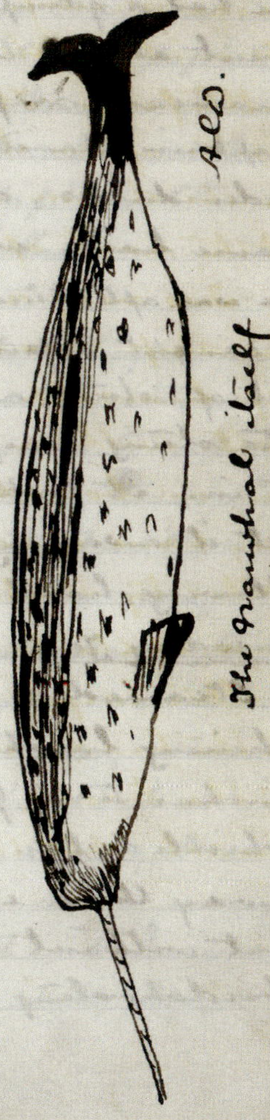
ACD.
The narwhal itself

Ice closed round us during the day but relaxed towards evening. Captain David came aboard during the day, and our Captain went and had supper with him. One of his harpooners was attacked in his boat by a bear the other day when he had no rifle with him, but he banged the hard wad of the harpoongun through it, which was ingenious. That was nothing however to what one of our harpooners did a few years ago, which would be incredible if I did not know it to be true. Buchan was sent to shoot a bear and two cubs on the ice, but they took to the water before he reached them. He passed the noose of a rope over the head of each, as they swam and snarled at him, and tied the ends of the three ropes to his thwarts. All the oars were then run in except the steer oar, and Buchan standing in the bows ~~and~~ banging them on the head with a boathook whenever they offered to turn, guided the boat right back to the ship the ~~boats~~ bears towing it the whole way. The Steward who saw it, says the roaring could be heard a mile ff. Some hopes for tomorrow

Monday June 21st

Hopes not realized as usual. We are shut up in
small hole of water with nothing but great ice
ulds as far as we can see. If it goes on shutting up
e will be beset and our chances of any success
uined. Colin bad with a Sore throat. No fish about.
ught a beautiful Sea Lemon yesterday floating on
e surface but it died shortly after being brought on
oard. Saw a very curious sight at midnight, which
ou might come North a lifetime and never see.
here were three distinct suns shining at the same
me with equal brilliancy, and all begirt by
eautiful rainbows, and with an inverted rain-
ow above the whole thing. A most wonderful
pectacle.

A Family party
(Seen from the deck of the Eclipse).

only enabled to get a roach and 6 Snowbirds
Saw a large Bladdernose but were unable to
get a shot at it. Came back at 4 P.m.

Thursday June 10th

Still trying hard to get in to where we know the whales are lying. Made some progress under steam and then anchored with the "Eclipse" to an iceberg. Shot a Kittiewake and a Loon off the deck, and then got two more loons while picking up the first. Amused myself in the afternoon by catching petrels by flinging a lead over the heads of them, and warping the string round their wings, something like the South American 'Bolas'. By the way when I shot a roach the other day a great Maulie seized it the moment it fell and regardless of the shouts of the boat's crew, and my frantic howls proceeded to bear it away, but I shied a boat's stretcher at it and scared it off.

Maulie Stealing our Roach

John Thomas
died on the 8th of June, regretted
by a large circle of acquaintances.

He was a right thinking and high minded Clio,
stinguished among his brother sea snails for
is mental activity as well as for physical
erfection. He never looked down upon his
maller associates because they were protozoa
hile he could fairly lay claim to belong to the

End of Volume II. Log of Hope.

gh family of the Echinodermata or Annulosa.
never taunted them with their want of a
tervascular system, nor did he parade his
n double chain of Ganglia. He was a modest
nd unassuming blob of protoplasm, and
uld get through more fat pork in a day
an many an animal of far higher pretensions.
s parents were both swallowed by a whale
his infancy, so that what education he had
as due entirely to his own industry and
servation. He has gone the way of all flesh
peace be to his molecules.

Boats of the Eclipse and Hope in pu

were already on the seat of action where
had been seen. They caught another glim
it about a mile to leeward and pulled
towards it, but lost sight of it again.
another very fine whale came up astar
near the ship and Hutton's and Rennie's
were lowered away after it. The four

t of two whales. June 17th 1880.

Friday June 18th

Eclipse struck another fish during the night and had it aboard before breakfast. Lucky dogs!. Buchan shot a fine bear and two cubs during the night. By the way my bear of yesterday when it had escaped some distance got up

Our Bear.

on its hind legs on the top of a hummock like a dancing bear, to have a good look at us. I had no idea they did that in a state of nature. Cruised about all day in search of blubber but found none. Our boats and the Eclipse were after one fish at night but they never got a start. Ice is closing round us and we are cut off from the sea, so that unless there comes a change of wind we may easily be beset. We are all very melancholy.

Saturday June 19th

Calm as a fishpond, water like quicksilver. A good many Narwhals about. The ice is remaining stationary or thereabouts. No fish seen today at all. A Shark was seen to come up alongside and nail a

marks out of the water. We wouldn't mind being
nsuccessful if others shared the same fate, but it
s maddening that the Eclipse should make £3000
hile we have not made a penny. Our Captain
s as good a fisherman as ever came to Greenland,
here are no two opinions on board on that point,
uite as good as his brother David, but somehow
he luck seems to be with the others. They have seen
rom first to last about 14 fish to our 5.

Sunday June 20th

a large fish was seen during breakfast, but
fter a short pursuit it got among pack ice
here it was impossible to follow it. It was very
early within reach once. This is terrible to see
ish and not to get them. No man who has not
xperienced it can imagine the intense excitement
f whale fishing. The rarity of the animal, the
ifficulty attending any approach to its haunts,
ts extreme value, its strength, sagacity and size
ll give it a charm. A large bear was shot
uring the night

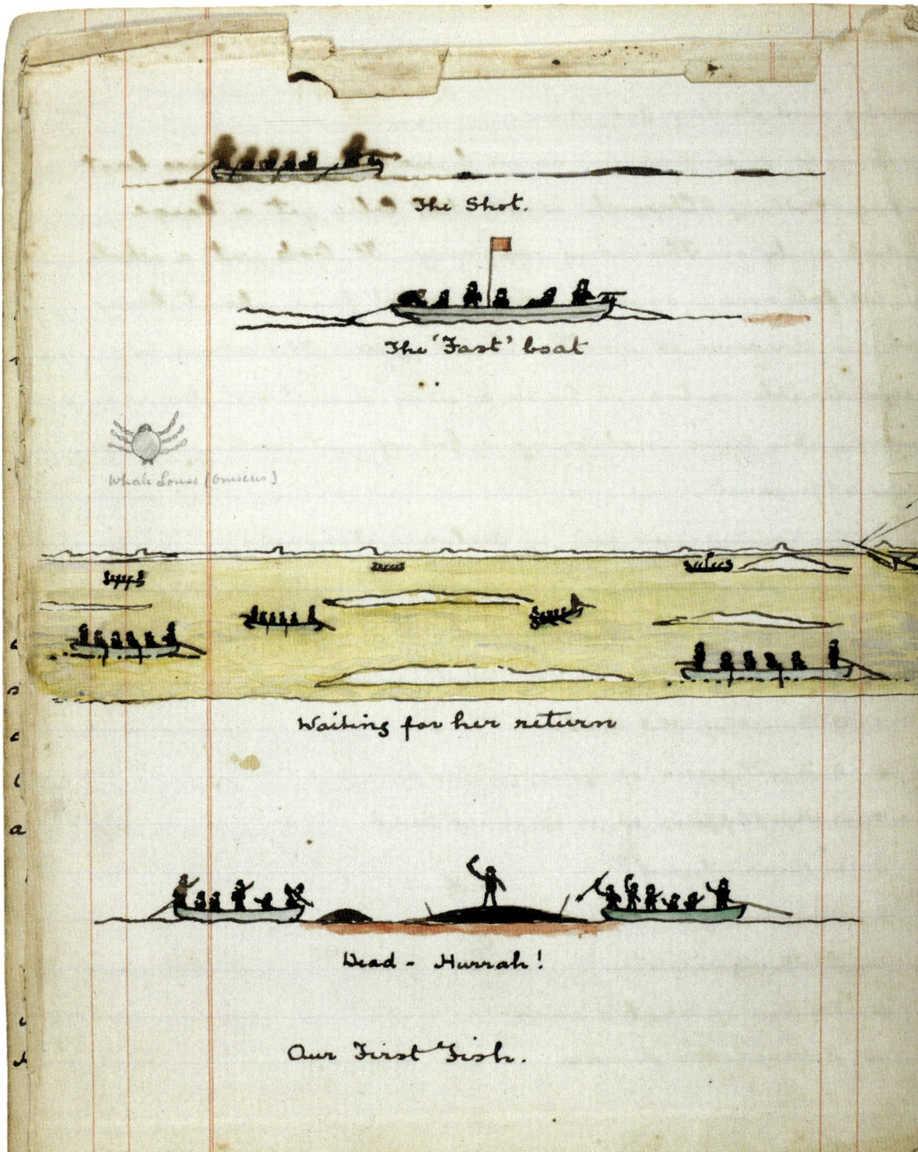
The Shot.
The 'Fast' boat
Whale Louse (Oniscus)
Waiting for her return
Dead - Hurrah!
Our First Fish.

13. Bits of Lava found in King Eider duck.

14 (?) A Unicorn's horn.

Added 2 Esquimeaux pouches
A Kittiewake
A Bear's Claw

Saturday July 3^d

It has cleared up and we are off to the happy hunting grounds. Sailed Nor' and Nor' West all day. Saw nothing but an extraordinarily small seal on the ice, about the size of a rabbit. It seemed as much amused at the appearance of the ship as we were at it. We are all despairing. The Steward stuffed my Ground Seal's flippers very nicely with sawdust.

Sunday July 4th

Sailed North and then South again. Everything looks bleak and discouraging. No trace of whales or even of whale's food. A Bladdernose was seen on the ice. A small bird something like a starling or thrush was flying round the ship. Saw a puffin. Have no heart to write much in the Log. Reading Morley's "Rise of the Dutch Republic"; a very fine history.

Monday July 5th

~~Monday J.~~ Steamed into a flaw water, made fast in the evening. Saw several Finner whales. Eclipse mistook

n we
w dying
, and then
died. We
hearty
by 1 P.m
, each
nches,
orth quite
m being
hark
ess of
s knives
Captain
oat.

Whale dra

Buchan's Boat on t

Friday July 9th.

Nothing doing. Everybody in a
yesterday's capture. The Capta
-aged the affair very well. S
seen during the day. Bear

s 2 fast boats through water
July 8th 1880

s of the fish

tate of reaction after
says Bob Lane mon-
nal Finner whales
l sunshine.

the lea of ice flaws to escape its fury. I wonder if Leigh Smith's vessel is caught in it. By the way I was photographed among a distinguished group on the quarterdeck of her, but as I was smoking a cigar during the operation I am afraid I'll be rather misty

Monday July 19.

Blowing a gale all day. Nothing to do and we did it.

Tuesday July 20.

Cleared up a little and we did a good day's work steaming among great icefields about 40 miles S & W. If it keeps clear we may do something yet. There is an enormous accumulation of ice this year round the land, more than has ever been seen. We are 240 miles from it now, and the fields are almost continuous. I'm afraid we won't get in

Wednesday July 21.

Thick again, this fog is paralyzing – we are groping in the dark. Anchored to a flaw in the evening and the Captain and I went aboard the Eclipse. Had

Flinching (i.e. Cutting up) a whale. July 8th 1880

A 'Right' and 'Left' among the Loons.

A very anxious and disagreeable night for us all, blowing hard, thick fog and ice everywhere. Captain and I could not turn in till 4 AM.

Thursday July 29

Horrible contemptible pusillanimous thickness over all. Made fast to a flow, and waited for better days. Went on a Journey over the ice, accompanied by our newfoundland Sampson. Were out of sight of the ships and had great fun. Came across a most extraordinary natural Snow house, about 12 feet high, shaped like a beehive with a door and a fine room inside in which I sat. Travelled a considerable distance, and would have gone to the pole but my matches ran short and I couldn't get a smoke. Got a long shot at a Boatswain but missed him. Steamed SE when it cleared, but as it grew thick again we had to anchor once more. Eclipse shot at a Bladder but missed it. Got a curious fungus on the ice.

Natural Ice house. Lat 73.15. Long 6 W.

Gin and Tobacco at night

Friday July 30

Suffered for the Gin and Tobacco. A most lovely day 72.52.N. Jan Meyen bearing SW about 100 miles and not visible. Steaming SSE at 6 knots. Took no dinner but went to the masthead in preference enjoying a pipe and the welcome sunshine. Fell in with one or two small bladdernose seals of which we shot two, one fell to my rifle, the other was the object of the worst exhibition of shooting I ever had the misfortune to witness, I fired my only cartridge at a long range and missed, whereupon two harpooners took the Job in brute was springing right out of the water and making an awful bobbery. Carner put a rifle bullet into one young one about 40 feet long, which went away in a great hurry to tell its ma what they had been doing to it. This sea from Jan Meyen to Iceland might be called the Feather sea. The surface is liberally covered with feathers in many parts. This Bottlenosing is an awful spree.

'Hope' in a calm among Cetaceans. Aug 4th 1880.

Was called up about 11 PM by the Captain to see a marvellous sight. Never hope to see anything like it again. The sea was simply alive with great hunchback whales, rather a rare variety, you could have thrown a biscuit on to 200 of them, and as far as you could see there was nothing but spoutings and great tails in the air. Some were blowing under the bowsprit, sending the water on to the forecastle, and exciting our Newfoundland tremendously. They are 60-80 feet long, and have extraordinary heads with a hanging pouch like a toad's from their under jaw. They yield about 3 tons of very inferior oil, and are hard to capture so that they are not worth pursuing. We lowered away a boat and fired an old loose harpoon into one which went away with a great splash. They differ from finner whales in being white under fins and tail. Some of them gave a peculiar whistle when they blew, which you could hear a couple of miles off

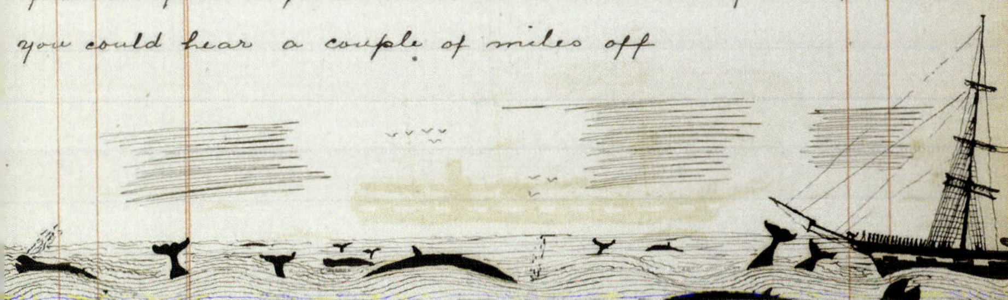

School of Hunchback Whales south of Jan Meyen.

Thursday August 5th

Nothing seen today. A stiff breeze arose towards evening and pitched and tossed us about confoundedly. We think the Eclipse has gone home. Steering SW

Friday August 6th

Gave it up as a bad Job and turned our head ESE for Shetland. Dense fog and rain with very little wind. Utterly beastly weather. We are all dejected at having to turn home with so scanty a cargo, but what can we do? We've ransacked the country and taken all we could get, but this is an exceptionably unfavourable year owing to the severity of last winter which has extended the Greenland Ice far to the Eastward, and locked the fishes' feeding ground inside an impenetrable barrier. Here is our whole game bag for the season according to my reckoning

2 Greenland Whales
2400 Young Seals
1200 Old Seals
5 Polar bears
2 Narwhals
12 Bladder noses.
3 Flaw rats

1 Iceland Falcon
2 Ground Seals.
2 King Eider ducks.

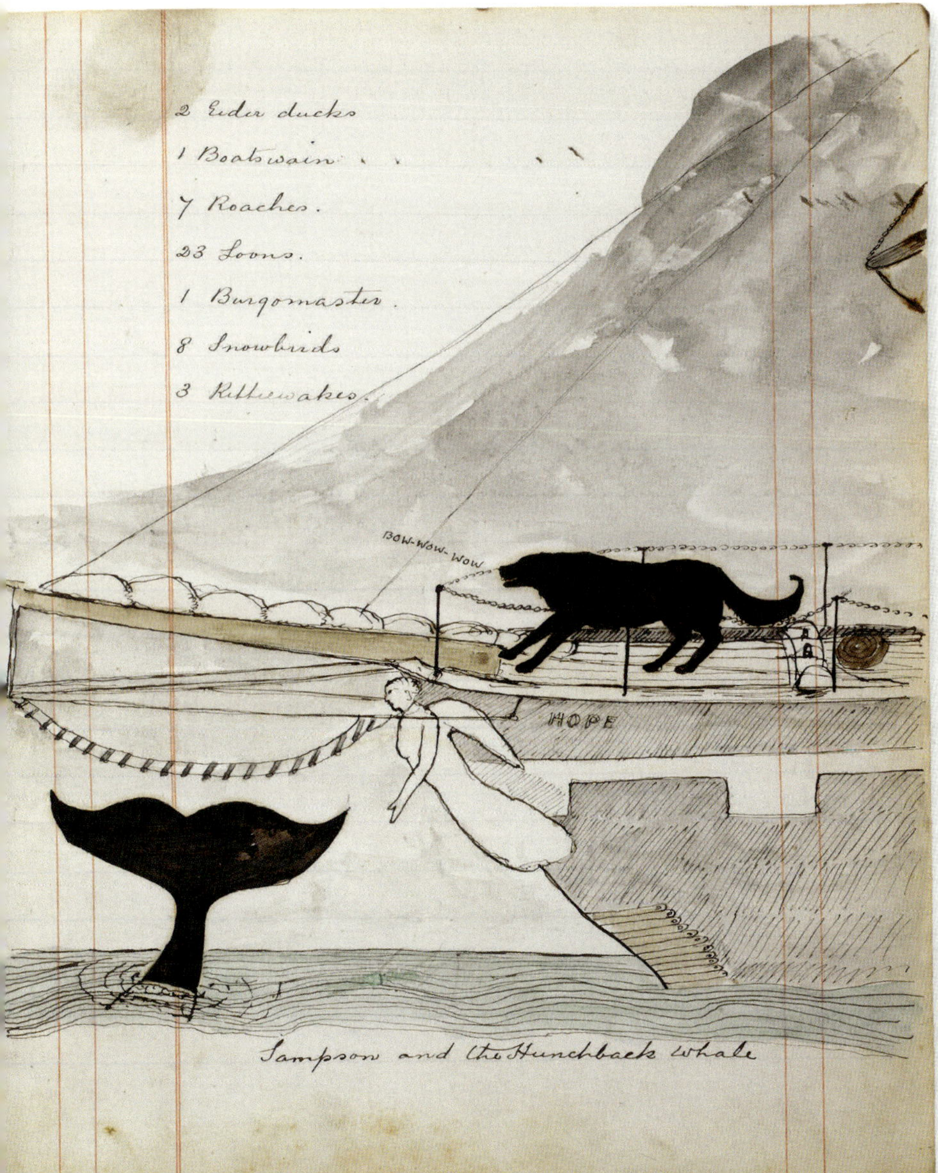
2 Eider ducks
1 Boatswain
7 Roaches.
23 Loons.
1 Burgomaster.
8 Snowbirds
3 Kittiewakes.
BOW-WOW-WOW
HOPE
Sampson and the Hunchback Whale

Anhang

»ES WAR EINE RICHTIGE EHRENBEZEUGUNG« CONAN DOYLES RÜCKKEHR IN DIE ARKTIS

Essay von Jon Lellenberg und Daniel Stashower

Nach sechs Monaten auf See sehn wir den Hafen wieder,
Und all die Jungs sind an Land gekrochen,
Mit reichlich Handgeld und 'nem feschen, feschen Mädel
Bringen sie die Kneipen zum Kochen!

Auf Grönlands Küste stoßen wir an
Und auf die, die wir lieben, so treu,
Und über das Eis in das Walfanggebiet
Ziehn wir nächstes Jahr auf's Neu'!

»Nach Grönland« (altes Seemannslied)

Conan Doyle hatte sich in den Alltag und die Arbeit so gut eingefügt, dass Kapitän Gray ihm den doppelten Lohn für seinen Einsatz als Harpunier und als Schiffsarzt anbot, falls er in der nächsten Saison 1881 erneut anheuerte. »Ich hatte noch nie in meinem Leben eine so herrliche Zeit«, schrieb Conan Doyle über die *Hope*, doch blieb er lieber in Edinburgh, um im Mai 1881 seinen ersten akademischen Abschluss als Bakkalaureus der Medizin und Magister der Chirurgie zu machen. Ein richtiger Doktortitel erforderte eine schriftliche Dissertation, die 1885 folgen sollte, doch der Magistertitel ermöglichte ihm bereits, als Arzt zu praktizieren. Er posierte in Doktorhut und Umhang für ein würdiges Abschlussfoto, zeichnete aber auch ein spaßiges Selbstporträt, auf dem er sein geschätztes Diplom schwingt und das die Unterschrift »Lizenz zum Töten« trägt. Im Alter von nunmehr 22 Jahren zog er hinaus in die Welt, ohne genaue Vorstellung davon, was er eigentlich tun wollte, außer für seinen Lebensunterhalt aufzukommen und seine Familie zu unterstützen.

»Ein Mann, der kaum älter als zwanzig Jahre ist, wird als praktischer Arzt nicht ernst genommen«, sollte Conan Doyle in den nächsten Jahren erfahren, »und obwohl ich älter aussah, als ich tatsächlich war, zweifelte ich nicht daran, dass ich meine Zeit auf andere Weise würde nutzen müssen.« In den Monaten nach seinem Abschluss zog er eine Reihe von Karrieren in Betracht, einschließlich des Dienstes als Marinearzt in der Royal Navy. Außerdem unternahm er von Oktober 1881 bis Januar 1882 eine zweite Reise als Schiffsarzt an Bord des Passagierfrachters SS *Mayumba* von Liverpool nach Westafrika und zurück. »Auf diese Weise konnte ich etwas von der Welt sehen«, schrieb er, »und gleichzeitig ein wenig von dem Geld verdienen, das ich so dringend benötigte, falls ich je eine eigene Praxis eröffnen wollte.« Doch bei seiner Rückkehr zeigte er sich wenig geneigt, diese Art Arbeit fortzusetzen. »Ich bin gesund und munter hier aufgekreuzt«, schrieb er in einer knappen Nachricht nach Hause, »nachdem ich das afrikanische Fieber hatte, fast von einem Hai gefressen worden wäre und die *Mayumba* zum Schluss noch zwischen Madeira und England in Brand geriet, sodass es vorübergehend so aussah, als müssten wir in die Rettungsboote steigen und nach Lissabon rudern.«

Er hoffte, irgendwann eine Stelle als Chirurg in einem Großstadtkrankenhaus zu ergattern, bevorzugt in London, doch war der Wettbewerb um solche Posten sehr groß. Also beschloss er, unterdessen sein Glück mit seinem bemerkenswerten und ein wenig skrupellosen Kommilitonen aus Edinburgh Dr. George Budd zu versuchen. Budd prahlte, er habe eine Praxis in Plymouth eröffnet, die herrliche £3000 im Jahr einbrachte, und wie Conan Doyle feststellte, als er sich seinem Freund als Assistent anschloss, war diese Behauptung nicht übertrieben – allerdings auf Kosten der medizinischen Ethik. Das Bündnis hielt nur sechs Wochen und wurde wegen schikanösen Verhaltens seitens Budds beendet, woraufhin Conan Doyle fortzog, um andernorts eine eigene Praxis zu eröffnen.

Conan Doyle war jung, unerfahren und kannte niemanden in Portsmouth, doch es war die größte Stadt an der englischen Ärmelkanalküste. Er reiste im Juni 1882 mit dem Dampfer dorthin und mietete ein Haus in der vornehmen Wohngegend Southsea, das ihm sowohl als Unterkunft wie auch als Sprechzimmer dienen sollte. »Morgen ziehe ich in mein Haus, Bush Villas Nr. 1, Elm Grove«, berichtete er seiner Mutter. »Ich habe ein paar Shilling zum Leben übrig und zahle £ 5 Miete.« In einem Brief an Mrs. Charlotte Drummond, eine Freundin der Familie in Edinburgh, fasste er seine Situation auf humorvolle Weise zusammen:

> »Ich nahm das Haus, das dem Stadtzentrum am nächsten lag, entschlossen, entweder ein Vermögen zu machen oder unterzugehen, und erwarb Möbel im Wert von drei Pfund für das Sprechzimmer, ein Bett, eine Dose Corned Beef und zwei riesige Messingschilder mit meinem eingravierten Namen. Dann setzte ich mich auf das Bett und aß sechs Tage lang Corned Beef, bis nach Ablauf dieser Frist eine Patientin auftauchte, die geimpft werden musste. Der Impfstoff aus London kostete mich 2 Shilling, 6 Pence, und ich konnte der Frau nur 1 Shilling 6 abknöpfen, woraus ich den Schluss zog, dass ich meine Möbel verkaufen müsste, wollte ich noch weitere Patienten empfangen … Ich schreibe für die Zeitungen, wenn ich nicht gerade den Boden kehre, Stiefel wichse oder andere Arbeiten verrichte – gelegentlich werfe ich einen Blick durch die Stabjalousie, um zu sehen, ob nicht irgendjemand das Messingschild liest.«

Verstohlen wahrte er den Schein, während er kaum genug verdiente, um sich eine tägliche Mahlzeit leisten zu können: »Ich muss fast jeden Tag bis Mitternacht wach bleiben, um meine zwei Türschilder zu polieren, ohne dabei ertappt zu werden«, erzählte er seiner Mutter. »Ich habe noch kein Gas – aber Kerzen.« Er war dennoch entschlossen, Erfolg zu haben, und bemühte sich, sein karges Einkommen als Mediziner so gut wie möglich durch schriftstellerische Tätigkeit aufzubessern.

Bald trafen mehrere Lieferungen, bestehend aus Büchern und persönlichen Besitztümern, von zu Hause ein, mit denen er sein Sprechzimmer ausstaffierte. »Habe gerade die Kiste geöffnet und war noch nie im Leben so verblüfft«, schrieb er an seine Mutter. »Du würdest staunen, wenn Du jetzt mein Sprechzimmer sehen könntest. Es sieht einfach herrlich aus. Das hast du fabelhaft ausgewählt. Die Sachen aus der Arktis waren besonders nützlich.« Es handelte sich um Andenken von der *Hope*, die in seinem Logbuch am 1. und 2. Juli 1880 aufgezählt werden. Wahrscheinlich war er der einzige Arzt in Südengland, der die Knochen einer Mützenrobbe in seinem Sprechzimmer ausstellte, doch die arktische Kulisse leistete ihm gute Dienste, wenn er an seinen Erzählungen arbeitete, während er auf Patienten wartete, denn seine ersten Bemühungen wurden zwar oft enttäuscht – »Ich habe jede Menge literarische Hühner ausgebrütet, die nun umherflattern, aber keines von ihnen hat bislang Eier gelegt« –, doch seine seemännische Erfahrung erwies sich als Schlüssel zu seinen frühen Erfolgen.

Den ersten dieser Erfolge, in der zweiten Hälfte des Jahres 1882, markierte eine psychologische Gespenstergeschichte mit dem Titel »The Captain of the Pole-Star« (»Der Kapitän der *Pole-Star*«), die auf einem unheimlichen Schiff in der Arktis spielt. Für jemanden seines Alters stellte sie eine bemerkenswerte Leistung dar. Im Januar 1883 schrieb er an Mrs. Drummond: »Die Literatur war mir vor Kurzem wohlgesinnt. Ich würde gern wissen, was Sie von ›The Captain of the Pole-Star‹ halten – einer Geistergeschichte, die in der Januar-Ausgabe der *Temple Bar* erscheint. Sie haben mir zehn Guineen & ein Belegexemplar geschickt, also scheint sie ihnen gefallen zu haben.«

Der Erfolg ermutigte ihn, die Arktis auch in Sachtexten zu thematisieren. »Schreibe einen Leitartikel über Robbenjagd für den *Daily Telegraph* – wenn er gut ankommt, schreibe ich noch einen über den Walfang«, schrieb er ungefähr zur selben Zeit an seine Mutter. Dazu kam es offenbar nicht, doch wandte Conan Doyle sich mit einer neuen Erzählung wieder dem Meer zu, diesmal auf der Grundlage seiner zweiten Seereise nach Westafrika. »Ich schickte mein ›Statement of J. Habakuk Jephson, M. D.‹ an Cornhill – möge das Glück ihm hold sein!«, schrieb er am 15. Juni 1883, ein Jahr nach seiner Ankunft in Portsmouth, an seine Mutter. Einige Zeit später wurde diese Geschichte, die durch den rätselhaften Fall der *Mary Celeste* inspiriert worden war, die man 1872 herrenlos im östlichen Atlantik treibend entdeckte, von *The Cornhill*, der wichtigsten Literaturzeitschrift Großbritanniens – herausgegeben von Conan Doyles Vorbild James Payn –, akzeptiert.

Dieser Erfolg führte zu Conan Doyles Einführung in die literarische Gesellschaft Londons anlässlich eines Galadiners für *Cornhill*-Autoren im selben Herbst, in einer berühmten Schenke in Greenwich, die passenderweise »The Ship« hieß. »Ich erinnere mich an die Ehrerbietung, mit der ich an James Payn herantrat, der für mich der Wächter des heiligen Tores war«, schrieb Conan Doyle in *Memories and Adventures* – und »als ich zurückkehrte, schwebte ich auf einer Wolke«. In einem kurz darauf verfassten Bericht an seine Familie schlug er denselben Ton an: »Alle waren sehr liebenswürdig, und wir verstanden uns großartig. Jeder schien eine große & strahlende Leuchte zu sein, außer ich armes Geschöpf.« Er fand Geschmack an dem Gedanken, sich in diesen Kreisen einzunisten, und schrieb wenig später: »Im Winter halte ich einen Vortrag vor der literarischen & wissenschaftlichen Gesellschaft – ich denke an die amerikanischen Humoristen, bin aber noch etwas unschlüssig.«

Portsmouth bot in den achteinhalb Jahren, die Conan Doyle dort lebte, viele Möglichkeiten, doch die lokale Literary & Scientific Society war für ihn besonders nützlich, da sie ihn mit den Intellektuellen der Stadt bekannt machte und größere geistige Horizonte eröffnete, ihm neue Freunde aus anderen sozialen Schichten und mehr Patienten für seine Praxis zuführte. Einer dieser neuen Freunde war der Vorsitzende der Gesellschaft, Generalmajor im Ruhestand Alfred Drayson, ein Amateurastronom, den Conan Doyle schmeichelhaft mit Kopernikus verglich. Drayson bestärkte den jungen Mann außerdem in seinem keimenden Interesse an der Parapsychologie, aus dem sich in späteren Jahren seine wichtigste Lebensaufgabe entwickeln sollte. »Ich habe viele gute und einige kuriose Erinnerungen an diese Gesellschaft«, schrieb Conan Doyle in *Memories and Adventures*:

> »Wir sorgten mit unseren wöchentlichen Vorträgen und Diskussionen dafür, dass in den langen Wintern die heilige Flamme in der alten Stadt nicht erlosch. Dort lernte ich, vor einem Publikum zu sprechen, was sich für meine Arbeit lebenslang als ungemein wichtig erwies. Natürlich war ich in solchen Dingen sehr nervös, zurückhaltend und unsicher, und man erzählte mir, dass die ganze lange Bank, auf der ich saß, mitsamt allen anderen darauf sitzenden Personen, wegen meiner Aufregung zu beben begann, wann immer ich mich an der Diskussion beteiligen wollte. Doch hatte ich mich einmal erhoben, gelang es mir, frei zu sprechen, meine Angst zu verbergen und meine Worte zu wählen.«

Sein erster Vortrag, am 4. Dezember 1883, sollte jedoch nicht von amerikanischen Humoristen handeln. Stattdessen wählte Conan Doyle ein Thema, das auf persönlicher Erfahrung basierte. In *Memories and Adventures* schreibt er über diesen und weitere Auftritte:

»Ich hielt drei Vorträge, einen über das Polarmeer, einen über Carlyle und einen über Gibbon. Der erste verschaffte mir den ziemlich unverdienten Ruf eines Sportsmanns, denn ich borgte mir von einem ortsansässigen Tierpräparator jeden irgend erdenklichen Vogel und jedes Tier, bei dem auch nur im Entferntesten möglich war, dass es seinen Weg in den Polarkreis fand. Ich stellte sie allesamt auf den Katheder, und das Publikum, das offenbar meinte, ich hätte alle eigenhändig geschossen, betrachtete mich mit großem Respekt. Am nächsten Morgen waren die Exponate wieder beim Tierpräparator.«

»Es ist schon eine tolle Sache«, erzählte er Mrs. Drummond, und sie gab ihm aus der Ferne hilfreiche Tipps, wie er sich zu dem Anlass kleiden sollte, um beim Publikum einen guten Eindruck zu machen. Er war über das Ergebnis entzückt. »Was bin ich doch für ein Schurke, dass ich Ihren Brief nicht sofort beantwortet habe, um Ihnen zu sagen, wie froh ich über das Hemd war«, schrieb er ein oder zwei Tage vor dem Vortrag, »aber wissen Sie, ich bin schon immer ein unzuverlässiger Korrespondent gewesen, und tatsächlich stecke ich seit ungefähr einer Woche bis zum Hals in Arbeit. Auch der Kragen ist ein Meisterstück. Ich besitze einen Spazierstock aus Elfenbein und Silber, den ich bei einem Wettbewerb gewonnen habe, und zusammen mit dem Kragen bin ich mehr als nur ein Herzensbrecher: Ich bin ein *dude* – so nennt man in Amerika einen Dandy, den größten Herzensbrecher unter den Sterblichen.

Der Vortrag ist nun fertig … Ich hoffe, er kommt gut an. Es wird mir ungemein guttun, wenn mein Name auf diese Weise unter den netten Menschen bekannt würde. Ich habe eine standhafte Truppe unverheirateter Freunde mit starken Armen und schweren Knüppeln, auf die ich mich verlassen kann, was den Applaus angeht.«

Der wichtigste Teil seines Vortrags über das Polarmeer widmete sich den Versuchen, zum Nordpol zu gelangen, und dem seiner Ansicht nach richtigen Weg, dieses Ziel zu erreichen. Im Protokollbuch der Literary & Scientific Society von Portsmouth für das Jahr 1883, das heute in der Portsmouth Central Library aufbewahrt wird, finden sich drei Zeitungsberichte über den Auftritt Conan Doyles in der Penny Street Lecture Hall am 4. Dezember. Unter diesen ist der Artikel des *Hampshire Telegraph* vom 8. Dezember der ausführlichste:

»Das Polarmeer«

Dr. A. Conan Doyle hielt einen Vortrag zu obigem Thema. Zu Beginn stellte der Vortragende fest, dass unser Wissen über die Welt im letzten Jahrhundert zwar große Fortschritte gemacht habe, es aber immer noch reichlich Arbeit für zukünftige Forschungsreisende und Geografen gebe. Rund um den Nordpol lägen 2½ Quadratmeilen, die noch nie von einem Menschen betreten worden seien, während sich in der Antarktis der große geheimnisvolle Südkontinent hinter einem Schleier aus Eis verberge. Vom Hochland Tibets zu den steinigen Ebenen im Inneren Australiens und von den großen Seen Afrikas zu den Savannen Mittelamerikas finde man weiße Flecken auf der Landkarte, die der Wissenschaft Schande bereiteten und den menschlichen Wagemut herausforderten. Im Lauf der Jahre seien die Grenzen dieser *terrae incognitae* allmählich immer enger geworden, sei es durch das langsame Vordringen des Handels und der Zivilisation, sei es durch das blitzartige Vorstoßen eines abenteuerlustigen Reisenden. Der Prozess gehe jedoch langsam vonstatten, und die ungelösten, vielschichtigen Rätsel der Natur würden an nachfolgende Generationen wie die unsrige weitergegeben, die mit ihren fortschrittlicheren Mitteln und Methoden dort erfolgreich sein könnten, wo ihre Väter scheiterten. In all den langen und spannenden Chroniken der Forschungsreisen und Entdeckungen gebe es nichts, was ebenso dramatisch und interessant sei wie der Kampf der Menschheit um das Erreichen des Nordpols, und die verzweifelten Bemühungen der letzten zweihundert Jahre müssten sogar die Fantasie der Gleichgültigsten fesseln. Es sei keine erfreuliche Geschichte. Die Aufzeichnungen berichteten von zerstörten Hoffnungen und enttäuschten Erwartungen, von zermalmten Schiffen, Hunger, Skorbut, Entbehrung und allzu oft von einsamen Gräbern, in den weiten Fernen der dämmrigen Länder des Zwielichts. Doch habe die Geschichte auch eine helle Seite, denn gab es nicht auch Aufzeichnungen über unbeugsamen Mut, wundervolle Aufopferung und Hingabe – Beispiele für alles, was im Menschen groß und göttlich sei? Das Schauspiel einer langen Reihe von Männern, die mühsam vorwärtsdrängten, um ihr Leben dem Gemeinwohl zu opfern, um zugunsten der Wissenschaft leichten Herzens alles aufs Spiel zu setzen, wies zweifellos auf etwas Höheres in der menschlichen Natur hin, als Pessimisten erkennen wollen. Nachdem Dr. Doyle das Polarmeer zu einem großen Teil aus eigener Anschauung beschrieben hatte, erzählte er von den Reisen der alten Kapitäne des Elisabethanischen Zeitalters und schilderte die unterschiedlichen Bemühungen von David, Baffin, Hudson, Parry und anderen, die den Pol zu erreichen versucht hatten, wobei er seinen Bericht noch interessanter machte, indem er die wichtigsten Leistungen der jeweiligen Expeditionen hervorhob. Als er bei der britischen Expedition von 1875 anlangte, stellte er fest, dass heutige Generationen englischer Seeleute mit ihren Schiffen nicht nur weiter vorgedrungen seien als ihre amerikanischen und europäischen Rivalen, sondern auch die äußersten Grenzen ihrer Vorväter überwunden und so bewiesen hätten, dass sie aus demselben alten Holz geschnitzt seien, und nicht einmal der hartnäckigste *laudator temporis acti* könne solch harte Fakten wie Breitengrade ignorieren. In den letzten Jahren sei der zivilisierte Mensch bis auf 399½ Meilen an den Nordpol herangekommen. Würde er ihn je erreichen? Er sehe keine Gründe, dies zu bezweifeln; die Frage hänge davon ab, ob diese letzten 399 Meilen ebenso öde und leer seien wie die bereits zurückgelegten. Er neige zu der Ansicht, dass sie es nicht seien und dass sich ab einem gewissen Punkt die Temperatur zum Besseren ändere, je näher man dem Pol komme. Er wisse, dass diese Meinung von vielen bedeutenden Polarforschern vertreten werde, außerdem aber auch von einigen Walfangkapitänen, die ihr ganzes Leben auf diesen Meeren verbracht hätten. Einer der Gründe für seine Überzeugung sei die Bemerkung Mortons[201], der tatsächlich offenes Wasser gesehen habe, und da jenes Meer vom Eis umschlossen sein müsse, werde es sich mit den wechselnden Temperaturen der Jahreszeiten verändern; manchmal wäre sein Eisgürtel enger, dann wieder weiter. Zudem treibe das Eis stets in südliche Richtung, weswegen es in der Mitte einen freien Raum geben müsse, und da die Erde nicht vollkommen rund, sondern an den Polen abgeflacht sei, stünden diese dem Erdkern wesentlich näher als wir. Je näher man dem Mittelpunkt der Erde käme – in Kohlenminen oder dergleichen –, desto höher sei die Temperatur, weshalb man annehmen könne, dass auch die unmittelbar um den Pol liegende Region eine zusätzliche Wärmezufuhr vom Erdmittelpunkt aus erhalte, die den Wärmemangel der Luft vermutlich ausgleiche. Nachdem er den Walfang und andere interessante Themen im Zusammenhang mit dem Po-

201 William Morton, der 1850 und 1853 an zwei von Henry Grinnell finanzierten amerikanischen Expeditionen zur Rettung von Kapitän Sir John Franklin teilnahm. Sein Buch, *Dr. Kane's Arctic Voyage: Explanatory of a Pictorial Illustration of the Second Grinnell Expedition*, erschien 1857. (Die zweite Grinnell-Expedition wurde von Dr. Elisha Kent Kane geleitet.)

larmeer behandelt hatte, stellte Dr. Doyle die Frage, ob die Temperaturhypothese richtig gewesen sei und ob das Unternehmen, den Pol zu erreichen, auf jene Weise angegangen worden sei, die die meiste Aussicht auf Erfolg gehabt hätte. Dies sei zu bezweifeln, doch sei es eine Tatsache, dass alles Eis des Polarmeers nach Süden treibe, und wenn die Forschungsreisenden die Geografie jener Meere studiert hätten, hätte ihnen als Erstes auffallen müssen, dass der Smithsund und der Kennedy-Kanal die denkbar ungünstigsten Passagen in nördliche Breiten darstellten. Warum solle man diesen Weg gegenüber der breiten Durchfahrt zwischen Grönland und Spitzbergen bevorzugen, wo es ein schönes weites Meer gebe, in dem die Treibeisschollen reichlich Platz zum Umherdümpeln hätten? Er räumte jedoch ein, dass die Chancen auf Erfolg bei einem harten Winter und milden Sommer gering seien, doch im umgekehrten Fall halte er diesen Weg für den garantiert besseren. Falls die Regierung den Wunsch hege, den Pol zu erreichen, solle sie sich also die Kosten für ausgefeilte Vorbereitungen sparen und stattdessen lieber einen der vielen geeigneten Kreuzer der Marine beauftragen und einige der tapferen Offiziere bei halbem Lohn einsetzen. Man solle das Schiff jedes Jahr wieder auf die Reise schicken, und zwar solle es ungefähr Mitte Juni aufbrechen und nach dem Erreichen der Eisbarriere an dieser entlangdampfen, ohne den Fehler zu begehen, das Schiff in die erstbesten Eisfelder hineinzufahren. Wahrscheinlich würden sie nach zwei Monaten erfolglos zurückkehren, doch sollten sie im nächsten und übernächsten Jahr einfach erneut aufbrechen, und früher oder später müsse eine warme Jahreszeit mit heftigen Stürmen aus dem Norden vorherrschen, die die Eisdecke aufbrächen. Dann sei die Chance gekommen, und hätte man eine Durchfahrtsmöglichkeit gefunden, könnte man binnen zwei Tagen unter Dampf den Pol erreichen. Er meinte, die Regierung müsse eine Belohnung von mindestens £ 30 000 für die Entdeckung ausschreiben[202], und obwohl einige fragen würden, was die Eroberung des Pols denn nütze, halte er eine solche Sichtweise für engstirnig, da derartige Unternehmen den Geist und den Stolz einer Nation aufrechterhielten. Ökonomen und Pragmatiker sollten doch denken, was sie wollen, er wisse genau, dass die Herzen der großen angelsächsischen Rasse von einer Glut aus Stolz und Freude erfüllt würden, wenn der Tag gekommen sei (woran er fest glaube), da die von ihnen allen geliebte Flagge am nördlichsten Punkt der Erde gehisst werde.

Der Präsident[203] dankte dem Vortragenden im Namen aller Anwesenden und sagte, ein Punkt, der ihn sehr erstaunt habe, sei die von Dr. Doyle erwähnte Idee, dass es um den Pol herum eine eisfreie Zone gebe. Er habe stets dasselbe vermutet. Er sei allerdings nicht ganz davon überzeugt, dass die Temperatur an den Polen tatsächlich aufgrund ihres geringeren Abstands zum Erdkern höher sei, da es strittig sei, ob im Erdinneren überhaupt höhere Temperaturen herrschten, wie einige alte Theoretiker vermuteten. Er fragte den Vortragenden nach seiner Meinung, ob man die Verwendung stationärer Ballone ausreichend in Betracht gezogen habe, denn er vertrete die Ansicht, dass man mit ihrer Hilfe einen besseren Weg würde finden können, als indem man blindlings vorstoße, so wie dies momentan der Fall sei. Ein weiterer interessanter Punkt sei die Nutzung des Pols, sofern dieser entdeckt würde. Nun, man könne nie vorhersehen, welchen Nutzen eine Entdeckung habe,

202 Die Ausschreibung der Regierung über £ 5000 sei für Walfänger nur ein geringer Anreiz, sagte Conan Doyle gemäß dem Bericht der *Hampshire Post* vom 7. Dezember, wenn man wisse, dass jeder gefangene Wal dagegen £ 1000 wert sei. Deswegen glaubte er, dass man sie auf £ 30 000 erhöhen müsse.

203 Generalmajor Alfred Drayson.

ehe sie gemacht wurde. (Hört, hört.) Er persönlich glaube in jedem Fall, dass sie gemacht werde, gerade angesichts des praktischen Vorschlags des Vortragenden, jedes Jahr eine Expedition loszuschicken. – Der Ehrenamtliche Sekretär[204] drückte ebenfalls seinen Dank aus und sagte, nur wenige wüssten, wie viele Nordpolexpeditionen tatsächlich bereits unternommen worden seien, doch habe es vermutlich bereits zwei- bis dreihundert Forschungsreisen auf der Suche nach der Nordwestpassage gegeben. Die Anzahl der Expeditionen zur Entdeckung des Nordpols sei dabei viel geringer als jene der kommerziell motivierten Reisen. Er unterstütze die Behauptung des Vorsitzenden, dass die Expeditionen sehr viel Gutes bewirkten. (Hört.) Alles Wissen sei Macht, und die Naturwissenschaften und andere Fakultäten würden von solchen Forschungsreisen und Entdeckungen profitieren. Ein wichtiger Aspekt sei geklärt worden, nämlich dass die extremen Temperaturen der Polarmeere ganz ohne Alkoholgenuss ertragen werden könnten (hört, hört), und selbst wenn Abstinenzler kein anderes Argument hätten, wäre dieses ein besonders gewichtiges. – Rev. Dr. Colbourne sagte, er meine, man habe tief in den arktischen Regionen Kohlefelder entdeckt, und wenn dies der Fall wäre, müsse man annehmen, dass irgendwann in der Erdgeschichte dort höhere Temperaturen geherrscht hätten, weil die frühere Existenz von Pflanzen eine Voraussetzung für das Entstehen von Kohle sei. Dann gebe es noch die Frage, welcher Rasse die Eingeborenen Grönlands entstammten. Waren sie die Überlebenden einer Rasse von Ureinwohnern? – Abschließend antwortete Dr. Doyle, dass man tatsächlich Kohlefelder in Grönland und Spitzbergen entdeckt habe und es Beweise für sehr hohe Temperaturen in der

204 Dr. J. Ward Cousins, F. R. C. S. (Fellow of the Royal College of Surgeons).

Vergangenheit gebe, doch ließen die Forschungen der Wissenschaftler keine endgültigen Schlussfolgerungen zu diesem Thema zu. Was die Eingeborenen angehe, so glaube er, die Wissenschaft vertrete weithin die Meinung, dass vor vielen Tausenden Jahren ganz Europa von einer Eskimorasse besiedelt gewesen sei, die von einer überlegenen Zivilisation allmählich verdrängt und überrannt wurde. Die Nutzung stationärer Ballone zu Forschungszwecken hielt er für eine vorzügliche Idee.[205] (Hört, hört.) – Hierauf endete die Veranstaltung.

»Der Vortrag ist vorbei – Gott sei Dank! Und er war ein uneingeschränkter, großartiger Erfolg«, schrieb er an seine Mutter, »mehr noch, als ich es mir je erträumt oder zu hoffen gewagt hätte. Das Publikum (das in Scharen erschienen war[206]) folgte mir gespannt vom ersten Wort bis zum letzten, und oft wurde ich von Jubel unterbrochen. Als ich fertig war, gab es gewaltigen Beifall – man dankte mir einmütig, und dann erhob sich ein Sprecher nach dem anderen, um ›den großartigen Vortrag‹, ›den vorzüglichen Vortrag‹, ›den schön geschriebenen Vortrag‹, dem sie gelauscht hatten, zu kommentieren. Es war eine richtige Ehrenbezeugung.«

Der Vortrag markierte einen Wendepunkt in Conan Doyles Leben in Southsea, erneuerte sein Selbstvertrauen und seinen beruflichen Ehrgeiz. Die Veröffentlichung von »J. Habakuk Jephson's Statement«

205 Tatsächlich schloss er laut *Portsmouth Times* vom 5. Dezember mit einem Scherz, der gut ankam: »Er begrüßte die Nutzung von Ballons überaus und war der Ansicht, dass ein Mann, der den Pol in einem Ballon überquerte, sicherlich in den dahinterliegenden Meeren von einem Schiff aufgenommen würde. Er wolle solch einem Forschungsreisenden jedoch empfehlen, zuvor eine Lebensversicherung abzuschließen. (Gelächter.)« Der Scherz war klug gewählt, da Conan Doyle damals sein Einkommen durch eine Tätigkeit als medizinischer Gutachter für die Gresham Lebensversicherungsagentur aufbesserte, für die er sogar gelegentlich Werbetexte schrieb. *Arthur Conan Doyle: A Life in Letters*, S. 199–202.

206 250 Damen und Herren. Vgl. Geoffrey Stavert, *A Study in Southsea: The Unrevealed Life of Doctor Arthur Conan Doyle* (Portsmouth 1987, S. 45).

im folgenden Monat erwies sich als weiterer Sprung nach vorne. Obwohl der Verfasser nicht genannt wurde, so wie es in *The Cornhill* üblich war, verdiente er damit erfreuliche 29 Guineen. Die Geschichte erfuhr viel Beachtung und wurde von einigen Kritikern Robert Louis Stevenson zugeschrieben, während andere sie mit Edgar Allan Poes *Narrative of Arthur Gordon Pym* in Verbindung brachten. »Für uns brechen goldene Zeiten an«, versicherte er seiner Mutter. »Wir werden von jedermann geschätzt und respektiert, nicht wenige mögen uns, keiner ist uns, soviel ich weiß, feindlich gesinnt, folglich dürften wir Erfolg haben.«

In seinen bislang bemerkenswertesten Geschichten – »Pole-Star« und »J. Habakuk Jephson« – hatte Conan Doyle seine Erfahrungen auf hoher See mit den Erzähltechniken Poes verschmolzen. Nun war es nur noch eine Frage der Zeit, bis Sherlock Holmes die Bühne betreten würde. Vier Jahre später, als Doyle immer noch seine Arbeitszeit zwischen Medizin und Literatur aufteilte, begann er eine Detektivgeschichte mit dem Titel *A Study in Scarlet (Eine Studie in Scharlachrot)* zu schreiben, in der zwei bald unsterbliche Figuren, Dr. Watson und Sherlock Holmes, auftraten. Doch die ersten beiden Novellen mit Holmes wurden vom Lesepublikum zunächst nicht sonderlich zur Kenntnis genommen, und Conan Doyle hatte noch einen langen, steinigen Weg vor sich, sowohl als Schriftsteller wie auch als Arzt. Mittlerweile verheiratet und mit einer jungen Familie, die er unterstützen musste, widmete er sich als Nächstes den ersten seiner zahlreichen historischen Romane, *Micah Clarke* und *The White Company*.

Dann, nach einer kurzen Studienzeit in Wien und Paris, ließ er sich 1891 in London nieder und eröffnete eine Augenarztpraxis. Während er an seiner Arztkarriere arbeitete, hatte er gleichzeitig Erzählungen geschrieben, sogar während seines weiterführenden Studiums. Und er gab Sherlock Holmes eine zweite Chance, diesmal in Form von Kurzgeschichten. Nachdem ihm die Veröffentlichungen der ersten beiden Erzählungen in den Juli- und August-Ausgaben des *Strand Magazine* unverhofft zu literarischem Ruhm verhalfen, beschloss er, den Arztkittel an den Nagel zu hängen und sich ausschließlich dem Schreiben zu widmen. Doch trotz seiner neuerlichen Berühmtheit wandte er den Blick immer wieder auf die Arktis. »Was für ein Klima in diesen Regionen herrscht!«, schwärmte der frischgebackene Starautor in einem Interview. »Hierzulande können wir das gar nicht begreifen. Ich meine nicht die dortige Kälte – ich meine die gesundheitsfördernden Eigenschaften. Ich glaube, die Arktis wird in kommenden Jahren der Luftkurort für die ganze Welt sein. Dort, Tausende Meilen entfernt von allem Qualm, wo die Luft die beste auf Erden ist, werden die Kranken und Schwachen hinpilgern, die andernorts nicht die Luft bekommen, die sie brauchen, und unter den wunderbar erfrischenden Eigenschaften der arktischen Atmosphäre wieder zu Kräften kommen und aufleben.«

Conan Doyle nutzte seine neue Berühmtheit, um der Öffentlichkeit seine Meinung kundzutun. »The Glamour of the Arctic« (»Der Zauber der Arktis«), erschienen im Juli 1892 in *The Idler*, nahm den Faden seines Vortrags vor der Literary & Scientific Society in Portsmouth wieder auf, indem er einen Weg zur Erreichung des Nordpols vorschlug, welcher die Bewunderung des kanadischen Forschers Vilhjalmur Stefansson weckte und zu einer lebenslangen Freundschaft führte. »Conan Doyle ist nicht nur ein treuerer Watson und ein freundlicherer Holmes. Er ist auch ein sanfterer Sir Nigel und überhaupt eine milde Mischung aus dem ganzen Heer seiner edleren Romanfiguren«, schrieb er in einer Würdigung, die am 3. Mai 1922 in *The Outlook* erschien. »Mein lieber Stefansson«, hatte Conan Doyle 1920, am Ende seiner dem Spiritismus gewidmeten Vortragsreise durch Australien, geschrieben, »wie seltsam unsere Aufgaben sind! Du arbeitest mit Rentieren und ich mit körperlosen Seelen, & beide sind gleichermaßen Teil des großen Ganzen.« Es ist nicht klar, ob Stefansson Conan Doyles Ansichten über den Spiritismus teilte, obwohl er in seinem Artikel im *Outlook* mit ihnen sympathisierte; doch sie respektierten einander als entschlossene, geradezu furchtlose Erforscher unbekannter Regionen.

Fünf Jahre nach dem Artikel über die Arktis schrieb Conan Doyle einen persönlichen Bericht über das »Leben auf einem Grönland-Walfänger«, der im Januar 1897 im *Strand Magazine* erschien. Darin erzählte er die Geschichte, wie er mit Jack Lamb, dem Steward, boxte und Lamb dem Ersten Steuermann Colin McLean sagte, dass Conan Doyle der beste Schiffsarzt sei, den die *Hope* je gehabt hätte, weil er ihm ein blaues Auge verpasst habe. Sein Artikel, den er 1924 zu einem Kapitel seiner Autobiografie *Memories and Adventures* umarbeitete, wurde in der ganzen englischsprachigen Welt aufgegriffen. Nahe der Heimat bemerkte der *Peterhead Sentinel*:

> »Zweifellos dürfte es Dr. Conan Doyle interessieren, zu erfahren, dass Colin McLean und Jack Lamb noch unter den Lebenden weilen. Letztgenannter kehrte wie gewöhnlich im November vom Walfang zurück, nachdem er als Steuermann auf einem Walfänger aus Dundee gearbeitet hatte. Er ist so stramm wie eh und je, spricht nun aber davon, die Waljagd vielleicht bald aufzugeben und sich in Peterhead niederzulassen, da seine Sehkraft nicht mehr so gut sei wie 1880. Er hegt immer noch freundliche Erinnerungen an den boxenden Schiffsarzt der *Hope* im Jahr 1880; und er konnte Dr. Doyle und die anderen Mitglieder der Gruppe mühelos identifizieren, als wir ihm die Fotografie aus dem *Strand Magazine* vorlegten. Auch hat er ebensolchen Respekt vor der Körperkraft des Doktors wie dieser vor seiner, obwohl seine Einschätzung der Fähigkeit des Schiffsarztes, auf arktischen Eisfeldern zu gehen, umso geringer ausfällt. Dr. Doyles Vermutungen über Jack Lamb, den Tenor mit der lieblichen Stimme und stämmigen, breitschultrigen Steward mit einer Vorliebe für den Boxsport, sind völlig richtig: Zweifelsohne ist Grönland für diesen inzwi-

> schen ebenso sehr zum Traum geworden wie für den ehemaligen Arzt der *Hope*, denn er ist zu seinem alten Beruf zurückgekehrt. Nun ist er Oberster Bäckermeister der Königin und begleitet sie auf all ihren Reisen. Sollte Dr. Doyle zufällig einmal im Herbst die Deeside Highlands besuchen, oder besser noch, ein, zwei Stunden entbehren können, um nach Windsor zu fahren, wo Jack Lamb und seine Frau und Familie zu Hause sind, könnte er die Bekanntschaft mit seinem alten Freund auffrischen. Jacks Repertoire an pathetischen und sentimentalen Liedern hat sich ohne Zweifel vergrößert, doch um der alten Zeiten willen wird er auch allzu gern ›Her bright smile haunts me still‹ und ›Wait for me at Heaven's Gate, Sweet Belle Mahone‹ zum Besten geben. Vielleicht kann man ihn sogar dazu überreden, alte Kämpfe buchstäblich erneut auszufechten.«

Conan Doyle bezog sich bei öffentlichen Auftritten häufig auf seine Polarreise an Bord der *Hope* und hörte gelegentlich von Personen, die davon besondere Kenntnis genommen hatten. Doch sogar als ein Artikel in der *Daily Mail* vom 23. Januar 1900 über ein Dinner des Authors Club zu Ehren Conan Doyles, der als freiwilliger Feldarzt im Burenkrieg nach Südafrika aufbrechen sollte, die Arktis mit keinem Wort erwähnte, hörte er von jemandem, der darüber Kenntnis hatte – James Brown von der Shipping Federation am Royal Albert Dock, London:

> »Auch wenn Sie mich nicht kennen, habe ich viel von Ihnen gehört und gelesen. Als alter Skipper aus Peterhead kannte ich Kapitän John Gray, Colin Campbell [sic], den Steuermann und alle anderen, die sich an Bord der SS *Hope* befanden, als Sie auf ihr Schiffsarzt waren. Und war Schiffskamerad der meisten von ihnen. Und nachdem ich heute in der *Daily Mail* Ihre Erwiderung auf den Trinkspruch auf Ihr Wohl gestern Abend im

Authors Club gelesen habe, bin ich so frei, Ihnen gute Fahrt und glückliche Heimkehr zu wünschen.«

Conan Doyle war er bekannt als der Kapitän der *Windward*, die Fridtjof Nansen 1896 nach seinem gescheiterten Versuch, den Nordpol zu erreichen, sicher nach Norwegen heimbrachte. Conan Doyle bewahrte diesen Brief bei seinen Papieren auf, zusammen mit denen, die er von Jack Lamb erhalten hatte.

Die Polarreise sollte ihren Weg auch in die Sherlock-Holmes-Bücher finden, vom vorletzten Logbucheintrag, der sich auf die Schlacht von Maiwand bezieht, in die er Dr. Watson in der ersten Erzählung schicken würde, bis zum Erscheinen von Seeleuten, Schiffen und nautischen Themen in vielen der anderen Geschichten. »Kein anderer als ein Akrobat oder ein Seemann hätte dieses Glockenseil hochklettern können, und nur ein Seemann hätte diese Knoten zu knüpfen vermocht«, lauten typische Bemerkungen Holmes' in einem Fall. »Sein Gesicht war schmal und braun und verschlagen«, notiert Watson in einem anderen, »und seine runzligen Hände waren halb geschlossen, so wie man es häufig bei Seeleuten sieht.« In »The Adventure of Black Peter« (»Der Schwarze Peter«) wird ein Walfangkapitän namens Peter Carey grausam ermordet aufgefunden, mit einer Harpune in der Brust, »festgenagelt wie ein Käfer auf einem Stück Karton«. Conan Doyle nutzte bei seiner Beschreibung von Careys schurkischem Naturell nicht nur seine Kenntnisse über den Walfang, sondern flocht auch eine subtile Anspielung auf seine früheren Schiffskameraden aus Peterhead und ihre Rivalität mit den Männern aus Dundee ein: So erfahren wir, dass der abscheuliche Carey aus Dundee stammt.

Sogar Conan Doyles Gedichte kehrten gelegentlich zurück zu den Abenteuern seiner Jugend. Ein flotter Versuch mit dem Titel »Advice to a Young Author« (»Rat an einen jungen Schriftsteller«), der 1911 veröffentlicht wurde, schlug einen seemännischen Ton an:

Erste Regel:
Hol ein die Segel.
Für Fracht gesorgt,
Alle an Bord,
Dann gelassen
Den Hafen verlassen.
Schiff ohne Fracht,
Nichts gebracht!

Dieser Rat war nirgends besser angebracht als in seiner Freundschaft mit Frank Thomas Bullen, zu dessen Fürsprecher er wurde und dessen gefährliche Wanderungen in jungen Jahren eine lange Reise auf einem Walfänger aus New Bedford, Massachusetts, miteingeschlossen hatten – sie bildete später die Grundlage seines Bestsellers von 1898, *The Cruise of the Cachalot*, des ersten von vielen Büchern, die Bullen über sein Leben auf hoher See schrieb. Bullen widmete 1901 einen seiner Romane Conan Doyle, der sich in *Through the Magic Door* revanchierte, worin er *Cachelot* und dessen Autor lobte. Es handele sich um »eine Geschichte über Pottwalfang auf hoher See, ganz anders als das Umhertappen im Grönlandeis, das ich während meiner sieben Monate langen Lehrzeit erlebte, verfasst von einem der lebhaftesten Autoren, die das Seemannsleben geschildert haben«. 1914 schrieb er in dem Vorwort zu einem Band Seemannslieder von Bullen:

»Wie Sie habe auch ich sie oft gehört, wenn ich mich zu ihrem Rhythmus bückte, während wir die schweren Walboote auf die Davits hievten. Es ist wunderbar, wie ihr musikalisches Auf und Ab die Arbeit erleichtert, wenn man immer bei einer bestimmten Note ziehen muss. Ich fürchte, dass heutzutage, im Zeitalter der Dampfwinden, das alte Hauruck von zehn Mann an einem Tau für immer verschwunden ist. Und doch wird Ihr Buch dazu beitragen, es zu bewahren, und für jene, die es wissen und spüren, liegt in jeder Zeile dieser rohen, ungestümen Verse eine Prise salziger Gischt.«[207]

Bullen »war der beste Shantysänger, den ich je gehört habe«, schwärmte Conan Doyle in *The Wanderings of a Spiritualist*, seinem Reisebericht von 1921, nachdem er schilderte, wie der Anblick von Orcas und Pottwalen »in meinem Herzen ein altes Waljagdfieber weckte«.

Stuart Frank, Hauptkurator des Walfangmuseums in New Bedford, erinnert uns daran, dass Conan Doyle und Herman Melville die einzigen bedeutenden Schriftsteller waren, die den Walfang im 19. Jahrhundert aus eigener Erfahrung schilderten. Bis zum Ende seines Lebens im Jahr 1930 blieb die Zeit in der Arktis für Conan Doyle eine liebe und lebhafte Erinnerung. »Es liegt ein Zauber auf diesen Regionen des Polarkreises, der jeden, der in sie vordringt, berühren muss«, hatte er zwanzig Jahre zuvor geschrieben. »In meinem Herzen bin ich bei jenem alten, grauhaarigen Walfangkapitän, der, als man ihn auf dem Sterbebett kurz allein ließ, in seinem Nachtgewand davontaumelte und von seinen Krankenschwestern weit abseits seines Hauses gefunden wurde, wo er immer noch murmelte, er wolle ›nach Norden vorstoßen‹.« Nicht lange vor seinem Tod zeichnete Conan Doyle eine skurrile Skizze mit dem Titel »The Old Horse« (»Das alte Pferd«), auf der er sich selbst als abgehalftertes Zugtier porträtierte, das einen schweren, mit der Fracht eines geschäftigen und aktiven Lebens gefüllten Karren zieht – »Arztpraxis«, »Sherlock Holmes«, »Historienromane« und dergleichen mehr, und oben auf dem Stapel »Arktis«. Im Hintergrund, entlang einer gewundenen Straße, an der weitere Meilensteine skizziert sind, sieht man ein Boot voller Harpuniere, die auf einen Wal zurudern.

Conan Doyle starb am 7. Juli 1930 zu Hause, im Kreis seiner Familie. Nun war es an ihm, »nach Norden vorzustoßen«.

207 *Songs of Sea Labour* (London 1914) von Frank T. Bullen und W. F. Arnold.

ARTHUR CONAN DOYLES SCHRIFTEN ÜBER DIE ARKTIS

Der Zauber der Arktis

ANMERKUNG DER HERAUSGEBER: Conan Doyles Artikel erschien im Juli 1892 in *The Idler*, im ersten Jahrgang einer populären Zeitschrift, die von seinen Freunden Robert Barr und Jerome K. Jerome gegründet wurde, und später, im März 1894, in Amerika in *McClure's Magazine* (an dem Conan Doyle finanziell beteiligt war). Mittlerweile als Erfinder von Sherlock Holmes bekannt geworden, ermöglichte ihm sein guter Name, Ansichten über die Arktis zu äußern, und er erläuterte Ideen, wie man den Nordpol erreichen könnte, über die er schon im Dezember 1883 in Portsmouth in seiner Rede vor der Literary & Scientific Society gesprochen hatte, als er noch ein Arzt ohne literarischen Ruf war, der sich mühsam durchschlug. Einige Details dieses Textes verwendete er später erneut in seiner Autobiografie *Memories and Adventures*, die 1924 erschien.

* * *

Es ist eine seltsame Vorstellung, dass es in Großbritannien eine Gruppe von Männern gibt, von denen die meisten seit ihrer Kindheit nicht mehr das Korn auf den Feldern gesehen haben. Dies ist bei den Walfängern von Peterhead der Fall. Sie beginnen ihr hartes Leben sehr früh als Schiffsjungen oder Leichtmatrosen, und von diesem Zeitpunkt an verlassen sie die Heimat jedes Jahr Ende Februar, bevor die ersten Triebe aus der Erde lugen, und kehren im September zurück, wenn nur die Stoppeln übrig sind, um anzuzeigen, wo die Ernte stattgefunden hat. Ich habe so manchen alten Walfänger getroffen und gesprochen, für den eine fransige Weizenähre ein Objekt der Bewunderung war, das sich zu bewahren lohnte.

Das Handwerk, das diese Männer betreiben, ist alt und ehrwürdig. Es gab eine Zeit, da die Schiffe vieler Nationen die Meere vor Grönland plünderten, als die Basken und Biskayaner große Waljäger waren und als Holländer, Hanseaten, Spanier und Briten sich allesamt an der großen Jagd nach dem Walspeck beteiligten. Dann, als nationale Energien oder industrielles Kapital schwanden, gaben die verschiedenen Nationen eine nach der anderen auf, bis in den ersten Jahrzehnten dieses Jahrhunderts Hull, Poole und Liverpool drei führende Walfanghäfen wurden. Doch das Gewerbe verlagerte erneut sein Zentrum: Scoresby war der letzte der bedeutenden englischen Kapitäne, und von seiner Zeit an zog die Industrie immer weiter nach Norden, bis Peterhead den Walfang in grönländischen Gewässern monopolisierte, das allerdings die Robbenjagd mit Dundee und einer norwegischen Flotte teilte. Doch heute scheint der Walfang leider in seinen letzten Zügen zu liegen, die Schiffe aus Peterhead suchen neue Gebiete im Polarmeer, und eine historische Aufbauschule tapferer und zäher Seeleute wird bald der Vergangenheit angehören.

Es liegt nicht daran, dass die heutige Generation weniger Durchhaltevermögen hätte oder weniger begabt wäre als ihre Vorgänger oder dass der Grönlandwal vom Aussterben bedroht wäre, vielmehr scheint der wahre Grund dafür die Natur zu sein, die den unbeholfenen Klumpen Walspeck zwar nicht mit Verteidigungsmitteln, dafür aber mit einem hochintelligenten Gehirn ausgestattet hat. Dass der Wal sich der Vorgänge vollkommen bewusst ist, wenn er gefangen wird, steht außer Zweifel. Das Vor- und Zurückschwimmen unter einer Eisscholle, in der Hoffnung, die Fangleine an der scharfen Eiskante durchzuwetzen, ist ein üblicher Trick der Kreatur, nachdem sie harpuniert wurde. Allmählich hat sie jedoch begriffen, dass den Kräften ihrer Widersacher Grenzen gesetzt sind und dass sie, indem sie weit in die Eisfelder vordringt, selbst die unerschrockensten Verfolger abschütteln kann. Das Geschöpf hat nach und nach das offene Meer hinter sich gelassen und sich immer weiter hinter die Eisbarrieren vorgegraben, bis es nunmehr anscheinend wirklich unerreichbare Futterplätze erreicht hat, und es kommt tatsächlich selten vor, dass die Wache im Krähennest jene hohe Fontäne seines Blases und die in die Luft gestreckte breite schwarze Schwanzflossc sichtet, die sein Herz höherschlagen lassen.

Doch wenn jemand das Glück hat, bei einem »Fang« zugegen zu sein und vor allen Dingen, so wie ich, in dem Boot der Harpuniere und Lanzenstecher mitfahren zu dürfen, wird er Zeuge einer Jagd, die kaum ihresgleichen kennt. Einen Lachs auszappeln zu lassen, ist sicherlich ein königlicher Sport, aber wenn dein Fisch mehr wiegt als eine Vorstadtvilla und zweitausend Pfund Reingewinn einbringt, wenn außerdem deine Angelschnur aus daumendickem Manilatau mit fünfzig Strängen besteht, wobei jeder einzelne Strang sechsunddreißig Pfund tragen kann, lässt dies alle anderen Erfahrungen gering erscheinen. Und das Zustechen mit der Lanze, wenn die Kreatur erschöpft ist und dein Boot zu ihr hinrudert, um ihr mit kaltem Stahl den Gnadenstoß zu versetzen, ist ebenso aufregend! Hundert Tonnen Verzweiflung wühlen das Wasser auf und verwandeln es in rote Gischt, während zwei große schwarze Flossen wie die Flügel einer Windmühle aufsteigen und niedersinken und einen Schatten über das von ihnen überragte Boot werfen. Doch der Harpunier lässt immer noch nicht von dem Kopf des Tieres ab, von dem keine Gefahr ausgeht, und den hölzernen Griff der dreieinhalb Meter langen Lanze gegen seinen Bauch gedrückt, sticht er zu, bis der lange Kampf ein Ende findet und der schwarze Rücken herumrollt, um die blasse, weißliche Unterseite zu präsentieren. Trotz all der Aufregung – und niemand, der zu solch einem Anlass nicht schon einmal ein Ruder geführt hat, kann nachvollziehen, wie aufregend es ist – hat man mit dem armen gejagten Tier Mitleid. Der Wal hat ein kleines Auge, wenig größer als das eines Stiers, doch den stummen Protest, den ich in einem von ihnen las, als das Tier in Reichweite meiner Hand sein Leben aushauchte, kann ich nicht einfach vergessen. Was wusste das arme Geschöpf schon von den Gesetzen von Angebot und Nachfrage, oder wie hätte es sich ausmalen können, dass sein Todesurteil in dem Moment unterschrieben war, als die Natur einen elastischen Filter in seinem Maul platzierte und die Menschen entdeckten, dass die Platten, aus denen dieser besteht, die flexibelsten und zugleich robustesten Produkte der Schöpfung sind?

Natürlich ist nur die eine, die seltenste aller Walarten das Ziel der Jagd. Der gemeine Finnwal, das größte Lebewesen dieses Planeten, saust dagegen mit seinen vierundzwanzig Metern voll wertlosem Talg um den Walfänger, ohne fürchten zu müssen, von etwas Gefährlicherem als einem Stück Zwieback getroffen zu werden. Er haust zusammen mit seinem nutzlosen Cousin, dem Buckelwal, in Massen im Polarmeer, und ich habe ihren Blas an klaren Tagen entlang des Horizonts aufsteigen sehen wie den Rauch einer geschäftigen Fabrik. Ein noch seltsamerer Anblick bietet sich, wenn man über das Schanzkleid hinunter ins klare Wasser blickt und in der Tiefe, wo das Grün in Schwarz übergeht, die schillernde Gestalt eines Wals sieht, der unter dem Schiff hindurchgleitet. Und dann der eigenartige grunzende, rauschende Ton, den sie beim Auftauchen erzeugen, wie eine Mischung aus einem zufriedenen Schwein und dem Wind im Kamin! Sie haben allen Grund, zufrieden zu sein, denn der Finnwal hat keine Feinde außer einem gelegentlichen Schwertwal, und die Natur, die im Falle des Nordkapers aus einer Laune heraus eines der größten Lebewesen mit einem der kleinsten Schlünde ausgestattet hat, erweiterte stattdessen den Schlund seines weniger wertvollen Bruders, auf dass dieser sich inmitten von Heringen einen schönen Lenz mache.

Den tapferen Seemann, der in den Büchern immer am Bug des Boots steht und eine Harpune über dem Kopf schwenkt, während sich die Fangleine hinter ihm durch die Luft schlängelt, findet man heutzutage nur noch in der Paternoster Row. Die Meere um Grönland haben ihn schon über hundert Jahre nicht mehr gesehen, seit man den naheliegenden Vorschlag vorbrachte, dass man sowohl heftiger als auch genauer schießen als werfen könne. Dennoch hängt man an den Wunschvorstellungen aus Kindheitstagen, und ich hoffe, dass noch ein weiteres Jahrhundert verstreicht, ehe der wackere Bursche auch von den Titelbildern verschwindet, auf denen er immer noch seine grässliche Waffe unglaublich weit in die Ferne schleudert. Die schwenkbare Kanone, die einer riesigen Bolzenpistole gleicht, mit ihrem großen Ladepfropf aus Werg und 28 Drachmen [ca. 110 Gramm] Schießpulver, ist ein viel verlässlicheres Gerät, aber bei Weitem nicht so malerisch.

Mit einer solchen Kanone zu zielen, ist allerdings eine Kunst für sich, was unschwer zu begreifen ist, wenn man bedenkt, dass die Fangleine am Schaft der Harpune befestigt ist und das Gewicht der Leine das Geschoss stark nach unten zieht. Tatsächlich ist es so schwierig, das Ziel sicher zu treffen, dass es in diesem Handwerk üblich ist, das Boot direkt an das Tier heranzurudern, bis der Bug an seiner weichen, sanft gerundeten Flanke hinaufgleitet und der Harpunier geradewegs in seinen breiten Rücken schießt, in dem nicht nur die gut einen Meter lange Harpune verschwindet, sondern auch noch drei Meter der nachfolgenden Fangleine. Wenn der Wal nun seine Schwanzflosse gemäß der althergebrachten Mode der Buchillustrationen in die Höhe schleuderte, wäre das Boot in einer schlimmen Lage, doch glücklicherweise tut er dies nicht, wenn er verängstigt oder verletzt ist, sondern rollt seine Schwanzflosse unter sich ein wie ein eingeschüchterter Hund und sinkt wie ein Stein. Dann klatschen die Bootsnasen zurück ins Wasser, der Harpunier klopft sich selbst auf die Schulter, die Männer der Crew zünden ihre Pfeifen an und halten die Beine geöffnet, während die Fangleine munter durch die Bootsmitte und über den Bug abläuft. Sie ist drei Kilometer lang, und ein zweites Boot liegt längsseits, bereit, ihre anzuknüpfen, falls die erste nicht ausreicht, deren Ende zu diesem Zweck stets lose bleibt.

Und nun kommt es zu der einen ernsthaften Gefahr beim Walfang. Die Fangleine wurde für gewöhnlich aufgerollt, während sie noch nass war, und wenn sie nun abläuft, bildet sie oftmals Schlingen, die zwischen den Beinen der Männer hindurch über den Bootsboden sausen. Wer sich in solch einer Schlinge verfängt, ist verloren und in fünfzig Faden Tiefe, ehe der Harpunier überhaupt »Wo ist Jock?« sagen kann. Und wenn das Boot selbst hängen bleibt, dann geht es ebenfalls unter wie der Köder an einer Angelschnur, und sollte es jemandem gelingen, mit Walfängerstiefeln an den Füßen zu schwimmen, ist er wirklich ein Meisterschwimmer. Manch ein Wal kann auf diese Weise seine parthische Rache nehmen. Vor einigen Jahren wurde ein Mann durch eine Taubucht um seinen Schenkel über Bord gerissen. »Verdammt, Mann, Alec ist weg!«, schrie der Bootsführer und hob die Axt, um die Leine zu kappen. Doch der Harpunier packte sein Handgelenk. »Halt ein, Mann«, rief er, »das Ölgeld kommt der Wittfrau zugute.« Und so wurde die Sache geregelt, während Alec seine entsetzliche Reise in die Tiefe fortsetzte.

Das Ölgeld ist das Geheimnis hinter dem rasenden Eifer dieser Seeleute, die, wenn es ihnen gelungen ist, Walspeck an Bord zu holen, Tag und Nacht arbeiten, obwohl Nacht dort oben bloß ein Wort ist, das keinerlei Gedanken an Müdigkeit weckt. Denn der sichere Lohn der Offiziere und Mannschaft ist wirklich gering, und nur aufgrund ihres Anteils am Profit können sie bei ihrer Rückkehr auf einen guten Gehaltsscheck hoffen. Sogar der neu hinzugekommene Schiffsjunge erhält seinen Shilling pro Tonne und verdient zusätzlich fünf Pfund, wenn die Crew hundert Tonnen Öl heimbringt. Dies ist angewandter Sozialismus, und trotzdem kann man sich keine weniger demokratische Gemeinschaft vorstellen als eine Walfängercrew. Der Kapitän herrscht über die Steuermänner, die Steuermänner über die Harpuniere, die Harpuniere über die Bootsführer, die Bootsführer über die Leinenführer und so weiter, in einer abgestuften Rangordnung, die bis hinab zum Leichtmatrosen reicht, der wiederum über die Schiffsjungen gebietet. Jeder von ihnen erhält seinen Anteil am Ölgeld, und man kann sich gut vorstellen, welch ein Eiswind von Missgunst einem glücklosen Harpunier um die Ohren weht, der aus Ungeschicklichkeit oder Pech seinen Wal verfehlt hat. Die öffentliche Meinung kann einem Angst einjagen, sogar in diesen kleinen dahintreibenden Gemeinschaften von fünfzig Seelen. Ich kannte einen ergrauten Harpunier, der in Tränen ausbrach, als er anhand seiner schlaffen Fangleine bemerkte, dass er sein Ziel verfehlt hatte, und die Aberdeener Seeleute sind beileibe keine sonderlich zartfühlenden Leute.

Obwohl in den Meeren um Grönland in einem einzelnen Jahr nur zwischen zwanzig und dreißig Wale gefangen wurden, hat das große Schlachten im letzten Jahrhundert ihre Anzahl wahrscheinlich so weit vermindert, dass heute nicht mehr als ein paar Hundert leben. Ich meine natürlich den Nordkaper, denn die anderen sind, wie bereits gesagt, reichlich vorhanden. Es ist schwierig festzustellen, wie zahlreich eine Spezies vertreten ist, die sich auf weiten Wasserstrecken und zwischen riesigen Eisfeldern bewegt, doch die Tatsache, dass ein Walfänger oft ein und denselben Wal auf aufeinanderfolgenden Reisen jagt, zeigt, wie begrenzt ihre Zahl sein muss. Ich erinnere mich an einen, der wegen einer riesigen Warze von der Größe und Form eines Bienenstocks auf einer Fluke seiner Schwanzflosse auffiel. »Ich bin schon dreimal hinter dem Burschen her gewesen«, sagte der Kapitän, als wir unsere Boote zu Wasser ließen. »'61 ist er uns entwischt. '67 hatten wir ihn an der Leine, aber die Harpune löste sich. 1876 rettete ihn ein Nebel. Die Chancen stehen gut, dass wir ihn diesmal kriegen!« Mir schien, dass die Chancen eher schlecht standen, und das stellte sich auch als richtig heraus, denn diese warzige Fluke peitscht immer noch durch das Polarmeer, zumindest habe ich nichts Gegenteiliges gehört.

Ich werde nie vergessen, wie ich zum ersten Mal einen Nordkaper sah. Er war vom Ausguck jenseits eines kleinen Eisfelds gesichtet worden, war aber abgetaucht, als wir alle an Deck geeilt kamen. Zehn Minuten warteten wir darauf, dass er wieder auftauchte, und ich hatte meinen Blick von der Stelle abgewandt, als mich ein allgemeines erstauntes Keuchen aufschauen ließ, und da war der Wal *in der Luft*. Seine Schwanzflosse war ebenso gebogen wie bei einer springenden Forelle, und jeder Zentimeter seines glitzernden bleifarbenen Körpers befand sich über dem Wasser. Es war nicht verwunderlich, dass ich darüber staunte, denn selbst der Kapitän hatte auf dreißig Reisen nichts Vergleichbares gesehen. Nachdem wir ihn gefangen hatten, entdeckten wir, dass er ziemlich dick mit einem roten, krabbenartigen Parasiten von der Größe eines Shillings bedeckt war, und wir schlossen daraus, dass ihn die durch diese Kreaturen ausgelöste Reizung hatte wild werden lassen. Wenn ein Mensch nagellose Flossen hätte und sein Rücken von einer vermehrungsfreudigen Flohfamilie befallen wäre, würde er die Situation nachvollziehen können.

Wird ein Fisch, wie der Wal wohl für alle Zeit von Walfängern genannt wird, gefangen, geht das Schiff längsseits, und das Geschöpf wird mit Kopf und Schwanz auf eigenartige und althergebrachte Weise festgemacht, sodass man durch Lockern oder Anziehen der Taue jeden beliebigen Teil des riesigen Körpers nach oben drehen kann. Man kann sich vorstellen, wie ein ganzes Boot ins Innere des gewaltigen Mauls hineinpasst, in dem die Männer mit Äxten die drei Meter langen Knochenplatten abschälen, während andere mit scharfen Spaten in den dicken Speckmantel schneiden, in den die freundliche Natur das übermäßigst gewachsene ihre Kinder gehüllt hat. Nach ein paar Stunden ist alles in den Tanks eingelagert, und ein rotes Inselchen mit weißen herausragenden Knochen liegt längsseits und sinkt wie ein Stein, sobald die Taue gelöst werden. Vor einigen Jahren hatte ein Mann, der noch auf dem Rücken herumtrödelte, das Pech, sich mit dem Fuß zwischen den Rippen des Tiers zu verfangen, gerade als das Tauwerk gelöst wurde. Vielleicht zieren die beiden Skelette, das eine mit dem Fuß am anderen festhängend, eines Tages das Museum eines subtropischen Grönlands oder versetzen die Studenten am Institut für Anatomie in Spitzbergen in Erstaunen.

Abgesehen von der Jagd liegt ein Zauber auf diesen Regionen des Polarkreises, der jeden, der in sie vordringt, berühren muss. In meinem Herzen bin ich bei jenem alten, grauhaarigen Walfangkapitän, der, als man ihn auf dem Sterbebett kurz allein ließ, in seinem Nachtgewand davontaumelte und von seinen Krankenschwestern weit abseits seines Hauses gefunden wurde, wo er immer noch murmelte, er wolle »nach Norden vorstoßen«. So entkam ein Polarfuchs, den einer meiner Freunde zu zähmen versuchte, und wurde viele Monate später in einer Wildhüterfalle in Caithness gefangen. Auch er war nach Norden vorgestoßen, wenngleich niemand weiß, nach welchem Kompass er seinen Kurs ausrichtete. Es ist eine Region der Reinheit, des weißen Eises und blauen Wassers, mit keiner menschlichen Behausung in einem Umkreis von tausend Meilen, welche die Frische der Brise besudeln könnte, die über die Eisfelder weht. Zudem ist es eine romantische Region. Man steht direkt an der Schwelle zum Unbekannten, und jede Ente, die man erlegt, trägt Kiesel im Magen, die aus Ländern stammen, die auf keiner Karte verzeichnet sind.

Diese Walfangkapitäne behaupten, es sei nicht schwierig, den Pol zu erreichen. Zweifellos muss man ausgedehnten Gesprächen bei Pfeifchen und Schnaps eine gewisse Rolle dabei einräumen, dennoch herrscht bei ihren Vorstellungen eine verblüffende Einmütigkeit. Kurz gesagt sind sie folgender Meinung:

Das, was dem Forscher die Durchfahrt versperrt, wenn er zwischen Grönland und Spitzbergen hindurch nach Norden fährt, ist jenes riesige schwimmende Riff aus Eis, welches die Forschungsreisenden »paläokrystisches Meer« nannten und die Walfänger mit dem anschaulicheren angelsächsischen Begriff »The Barrier« versehen haben. Das Schiff, das sich auf seinem Weg zwischen den großen Eisschollen vorangetastet hat, wird irgendwo um den 81. Breitengrad mit einer gewaltigen lückenlosen Mauer konfrontiert, die sich von einer Seite zur anderen ausdehnt, ohne dass es Risse oder Wasserläufe gibt, durch die es seinen Bug zwängen könnte. Es ist altes Eis, knorrig und zerklüftet und äußerst dick, undurchdringlich und fast unüberwindlich, so scharfkantig und zackig ist seine Oberfläche. Der tapfere Parry kämpfte sich 1827 mit seinen Schlitten darüber hinweg und kam bis zu einem Breitengrad (ungefähr 82° 30′, wenn ich mich richtig erinnere), der eine lange Zeit den Rekord darstellte. So weit er sehen konnte, erstreckte sich dieses alte Eis geradewegs bis zum Pol.

So viel zum Hindernis. Nun zur Ansicht der Walfänger, wie man es überwinden könnte.

Dieses Eis, sagen sie, sieht zwar solide aus, ist aber in Wirklichkeit ein treibendes Gebilde, das den Launen des Wassers ausgesetzt ist, auf dem es schwimmt. In jenen Meeren existiert eine ständige Süddrift, die den Zusammenhalt der gewaltigen Masse schwächt, und wenn die vorherrschenden Winde noch dazu aus dem Norden kommen, wird die Barriere auseinandergerissen, und ihre Oberfläche bildet große Buchten und Golfe. Ein starker Nordwind, der lange anhält, könne jederzeit eine Durchfahrt öffnen und habe dies, so schwören sie, bereits des Öfteren getan, sodass ein Schiff zum Pol hätte vordringen können. Einige Walfänger haben selbst so weit nördlich wie auf dem 82. Breitengrad in einer solchen »offenen« Saison keinerlei Eis gesehen und, was noch wichtiger ist, auch keine Spiegelung von Eis am nördlichen Firmament. Doch sie stehen im Dienst einer Firma, sie sind dort, um Wale zu fangen, und es gibt kein angemessenes Lockmittel, das sie dazu verleiten könnte, ihr Leben, ihr Schiff und ihre Fracht zu riskieren, um nach Norden vorzustoßen.

Man könnte der Sache ohne Schwierigkeiten oder große Kosten auf den Grund gehen. Man nehme ein solides hölzernes Kanonenboot, kurz und stark, mit Maschinen, die beliebig veraltet sein können, wenn sie nur auf hundert PS kommen. Man bemanne es mit ein paar Seeleuten der Royal Navy aus Schottland und den Shetlands und stelle den Rest der Mannschaft aus Burschen zusammen, die mindestens eine Übungsfahrt mitgemacht haben. Für die ersten Reisen nehme man, zusätzlich zu den normalen Marineoffizieren, ein paar erfahrene Eismeister mit an Bord. Ein Mann wie Markham sollte das Kommando haben. Dann schicke man dieses Schiff jeden Juni oder Juli aus, um die Barriere zu inspizieren, mit strengem Befehl, sich vom Packeis fernzuhalten, es sei denn, es gebe eine sehr deutliche Passage. Sechs Jahre wird es womöglich vergeblich auslaufen. Im siebten Jahr gibt es vielleicht eine »Aufbruchsaison«, starke Nordwinde und offenes Meer. Auf jeden Fall ist es weder gefährlich noch kostspielig, und es gibt kein besseres Training für junge Seeleute. Ihnen werden die Meere von Grönland im Sommer bekömmlicher und angenehmer erscheinen als die Azoren oder Madeira, wohin sie normalerweise geschickt werden. Die ganze Expedition sollte nicht länger als einen Monat dauern.

In diesen nördlichen Gewässern gibt es einzigartige Vorkommnisse, und nur wenige alte Walfänger haben keine drollige Geschichte zu erzählen, die von persönlichem oder allgemeinem Interesse ist. Eine schien mir schon seit jeher größere Aufmerksamkeit zu verdienen, als ihr je zuteilwurde: Kapitän David Gray von der *Eclipse*, der Altmeister seines Gewerbes und zusammen mit seinen Brüdern John und Alec Repräsentant einer berühmten Walfängerfamilie, kreuzte weit nach Norden, als er einen großen Vogel über das Eis flattern sah. Man ließ ein Boot zu Wasser, der Vogel wurde geschossen und an Bord gebracht, doch niemand konnte sagen, welcher Art er angehörte. In der Heimat angelangt, wurde er sogleich als halb ausgewachsener Albatros identifiziert, und heute steht er im Museum von Peterhead, mit einem hübschen kleinen Etikett zwischen seinen Schwimmfüßen, auf dem man die Bezeichnung lesen kann.

Nun ist der Albatros in der Antarktis heimisch, und es ist völlig unvorstellbar, dass dieses einzelne Exemplar vom anderen Ende der Erde herbeigeflattert sein soll. Es war jung und möglicherweise leichtsinnig, aber zu solch einem wilden Ausbruch wirklich nicht in der Lage. Gibt es eine andere Erklärung? Das Tier musste zu einer weiter im Norden lebenden Albatrosart gehören, die ursprünglich aus dem Süden stammt. Wenn es aber weiter im Norden eine andersgeartete Fauna gibt, müssen auch die Klimaverhältnisse dort anders sein. Vielleicht lag Kane letztlich doch nicht so falsch mit seiner Vermutung, dass um den Pol offenes Meer existiert. Es mag sein, dass jene Abflachungen der Erde an den Polen, die in meiner kindlichen Fantasie stets von Daumen und Zeigefinger des Schöpfers verursacht worden waren, als er den kleinen Planeten in der Hand hielt, ehe er ihn zum Drehen brachte, einen größeren Einfluss auf das Klima haben, als wir ihnen bislang zuschreiben wollten. Doch wenn dies der Fall ist, wie leicht wäre dann die Aufgabe unseres Forschungsschiffs, sobald der Nordwind erst einen Riss in der Barriere erzeugt hat.

Während einer sieben Monate dauernden Walfangreise gibt es kaum Land zu sehen. Vielleicht sichtet man die seltsame, einsame Insel Jan Mayen mit ihrem großen erloschenen Vulkan und seinem schneebedeckten Gipfel, der in die Wolken aufragt. In der Blütezeit des Walfangs hatten die Holländer dort eine Transiedestation, und heute liegen dort große Steine mit eingelassenen Eisenringen und verrostete Anker als Zeugen früherer Bewohner in einer vollkommenen Wildnis verstreut. Auch Spitzbergen mit seinen schwarzen Klippen und weißen Gletschern, ein fürchterlich aussehender Ort, könnte gesichtet werden. Ich selbst sah es zum ersten und letzten Mal in einer sich plötzlich auftuenden Lücke in dem dahintreibenden Wrack eines heftigen Sturms, und für mich bildet es geradezu das Wahrzeichen finsterer Erhabenheit. Und dann, gegen Ende der Saison, fahren die

Walfänger nach Süden, zum 72. Breitengrad, und versuchen, sich bis zur Küste Grönlands, seiner südöstlichen Ecke, durchzubohren, und wenn man dann selbst den flüchtigsten Blick auf die drohend aufragenden Klippen erhascht, wird jeder, der auch nur im Geringsten zum Träumen neigt, reichlich Nahrung für seine Träume bekommen, denn dies ist genau der Punkt, wo eines der interessantesten Rätsel der Welt darauf wartet, gelöst zu werden.

Natürlich weiß ein jeder, dass die Isländer, als Island eines der Zentren der Zivilisation in Europa bildete, eine Kolonie auf Grönland gründeten, die wuchs und gedieh und ihre eigenen Überlieferungen hervorbrachte und gegen die Skraelinger oder Eskimos Krieg führte und sich im Allgemeinen nach böser, alter, vollblütiger Manier dem Singen, Kämpfen und Saufen widmete. Sie wurden so reich, dass sie sich eine eigene Kathedrale errichteten und Dänemark baten, einen Bischof zu schicken, da es damals noch keinen kirchlichen Schutz für die Unternehmen vor Ort gab. Der Bischof konnte jedoch sein Bistum nie erreichen, da es zu einem plötzlichen Klimawandel gekommen war, der das Eis bis in das Gebiet zwischen Island und Grönland vordringen ließ, und seit jenem Tage (dies geschah im 14. Jahrhundert) ist bis heute niemand durch dieses Eis gedrungen, noch fand man je heraus, was aus der uralten Stadt und ihren Bewohnern geworden ist. Haben sie auf sich allein gestellt eine einzigartige Zivilisation erhalten, widmen sie sich immer noch dem Singen, Saufen und Kämpfen, während sie auf den Bischof von jenseits des Meeres warten? Oder wurden sie von den verhassten Skraelingern ausgelöscht oder haben sich im Gegenteil, was wahrscheinlicher ist, gar mit ihnen vermischt und eine Rasse von blonden, langgliedrigen Eskimos hervorgebracht? Wir müssen warten, bis irgendein Nansen seine Schritte in diese Richtung lenkt, bevor wir diese Frage beantworten können. Zurzeit ist es eines jener interessanten historischen Rätsel, wie das Schicksal der Vandalen, die von Belisarius ins Innere Afrikas getrieben wurden, die umso reizvoller erscheinen, als sie ungelöst sind.

Wenn wir alles über diese Erde wissen, wird ihr jegliche Romantik und Poesie ausgetrieben. Nichts ist so kunstvoll wie ein Nebelschleier.

Eigentlich wollte ich noch so einiges über Bären erzählen und über Robben und Narwale und Schwertwale und über all die anderen interessanten Dinge, die gemeinsam ihren Zauber über die Arktis breiten, doch, wie der freundliche Kritiker so gern anmerkt, wurde von alldem schon weitaus besser gesprochen. Es gibt jedoch einen Aspekt der Polarregionen, den man nie angemessen zur Kenntnis genommen hat, und dies ist ihre medizinische und heilende Wirkung. Davos' Platz hat bewiesen, wie sehr Kälte die Schwindsucht lindern kann, doch in der lebensspendenden Luft der Arktis kann auch sonst kein schädlicher Keim überdauern. Das einzige bedeutsame Leiden, das sich ein Walfänger je zuzieht, stammt von einer Gewehrkugel. Man darf davon ausgehen, dass in wenigen Jahren ganze Dampfjachten voller Lungenkranker im Sommer nach Norden aufbrechen werden, und man wird erkennen, dass das Eishaus der Natur der Gesundheit zuträglicher ist als ihre Sauna.

Leben auf einem Grönland-Walfänger

ANMERKUNG DER HERAUSGEBER: Dieser Bericht Conan Doyles erschien im Januar 1897 in *The Strand Magazine*, London, und im März desselben Jahres mit dem Untertitel »A Record of Personal Adventures in the Arctic Seas« (»Ein Bericht selbst erlebter Abenteuer im Polarmeer«) in *McClure's Magazine* in Amerika. Offensichtlich schrieb Conan Doyle den Artikel, ohne dabei ständig auf sein an Bord der *Hope* geführtes Tagebuch zurückzugreifen, denn einige der vorgebrachten Details weichen davon ab – so auch insbesondere die Erinnerung, die *Hope* sei im September heimgekehrt, obwohl das Tagebuch zeigt, dass dies tatsächlich im August 1880 geschah. Der Text diente als Grundlage für das vierte Kapitel (»Whaling in the Arctic Ocean«) seiner Autobiografie *Memories and Adventures*.

* * *

Ich hatte das große Glück, ein Leben kennenzulernen, das es heute nicht mehr gibt, denn obwohl englische wie amerikanische Walfänger immer noch zur Davisstraße aufbrechen, hatte der Grönland-Walfang – das heißt der Walfang im Meer zwischen Grönland und Spitzbergen – in den letzten zehn Jahren eine solche Pechsträhne, dass er inzwischen aufgegeben wurde. Die *Hope* und die *Eclipse*, beide aus Peterhead, waren die letzten zwei Schiffe, die sich an ein Gewerbe klammerten, das einst so einträglich war, dass es eine Flotte von hundert

Seglern unterhalten konnte; und auf der *Hope*, unter dem Kommando des bekannten Walfangkapitäns John Gray, bereiste ich 1880 sieben Monate lang das Polarmeer. Ich hatte den Rang eines Schiffsarztes, aber weil ich bei der Abreise erst zwanzig Jahre alt war und meine Medizinkenntnisse denen eines durchschnittlichen Studenten im dritten Studienjahr entsprachen, dachte ich oft, wie gut es war, dass meine Dienste nicht wirklich ernsthaft in Anspruch genommen wurden.

Es begab sich folgendermaßen: An einem nasskalten Nachmittag in Edinburgh, als ich gerade fleißig für eine jener Prüfungen las, die das Leben eines Medizinstudenten überschatten, besuchte mich ein Kommilitone, den ich nur flüchtig kennengelernt hatte. Die ungeheuerliche Frage, die er mir stellte, ließ mich alle Gedanken an meine Studien vergessen.

»Würden Sie gern nächste Woche zu einer Walfangreise aufbrechen?«, fragte er. »Sie werden als Bordarzt mitreisen und verdienen dabei zwei Pfund zehn im Monat plus drei Shilling pro Tonne Öl.«

»Wieso glauben Sie, dass man mich anheuern würde?«, erwiderte ich natürlich.

»Weil es mein Posten ist. Mir ist im letzten Moment etwas dazwischengekommen, und ich suche einen Ersatzmann.«

»Aber woher bekomme ich eine Ausrüstung für die Arktis?«

»Nehmen Sie meine.«

Die Sache war im Nu geregelt, und binnen weniger Minuten schlug mein Leben einen neuen Kurs ein.

Kaum mehr als eine Woche später war ich in Peterhead und mithilfe des Stewards eifrig dabei, mein kärgliches Gepäck im Kasten unter meiner Koje auf dem guten Schiff *Hope* zu verstauen. Und dieser erste Auftritt an Bord des Schiffes wurde von einem absurden Zwischenfall begleitet. In meinen Studententagen vertrieb ich mir die Zeit am liebsten mit Boxen, denn ich hatte festgestellt, dass man, wenn man viel lesen muss, auf diese Weise mehr Körperertüchtigung in kürzerer Zeit schafft als bei jeder anderen Sportart. Deshalb hatte ich ein Paar verbeulter und abgewetzter Boxhandschuhe in meinem Gepäck. Nun stellte sich zufällig heraus, dass der Steward ein wenig Boxerfahrung besaß; als ich also meine Sachen ausgepackt hatte, griff er aus eigenem Antrieb nach den Handschuhen und schlug vor, an Ort und Stelle einen Kampf zu wagen. Ich weiß nicht, ob Jack Lamb noch lebt, aber wenn, dann wird er sich sicher an den Zwischenfall erinnern. Ich sehe ihn vor mir, blauäugig, blonder Bart, klein, aber mit breiter Brust und den Säbelbeinen eines sehr muskulösen Mannes. Es war kein fairer Kampf, denn er hatte eine um mehrere Zoll geringere Reichweite und keine Ahnung vom Sparring, auch wenn er in einem Straßenkampf zweifellos ein Prachtkerl gewesen wäre. Ich wehrte ihn immer wieder ab, wenn er auf mich zuraste, und schließlich, als ich merkte, dass er wirklich entschlossen war, seine Faust ins Ziel zu bringen, musste ich ihn ernsthaft k. o. schlagen. Ungefähr eine Stunde später, als ich im Salon saß und las, war ein Murmeln aus der Koje des Steuermanns zu vernehmen, die gleich nebenan lag, und plötzlich hörte ich den Steward im Brustton der Überzeugung sagen: »Ehrenwort, Colin, er ist der beste Arrrzt, den wir je hatten! Er hat mir ein blaues Auge verpasst!« Das war die erste (und auch so gut wie die letzte) Anerkennung, die ich je aufgrund meiner beruflichen Fähigkeiten erfuhr.

Der Steward war ein guter Kerl, und wenn ich an die lange Reise zurückdenke, als wir sieben Monate niemals einen Fuß an Land setzten, ist sein freundliches, offenes Gesicht eins von den Dingen, an die ich mich gern erinnere. Er hatte einen sehr schönen und sympathischen Tenor, und so manche Stunde habe ich seiner Stimme, begleitet vom Klappern der Teller und Klirren der Messer, gelauscht, während er das Geschirr in seiner Kombüse wusch. Er hatte einen großen Vorrat an traurigen und gefühlvollen Liedern, und erst wenn man seit sechs Monaten kein Frauengesicht gesehen hat, versteht man die Bedeutung des Wortes »Gefühl«. Wenn Jack »Her Bright Eyes Haunt Me Still« oder »Wait for Me at Heaven's Gate, Sweet Belle Mahone«

schmetterte, erfüllte er uns alle mit einer vagen, süßen Unzufriedenheit, die ich jetzt, wo ich daran denke, erneut spüre. Was sein Boxen angeht, so übte er fast täglich mit mir und wurde zu einem hervorragenden Gegner – insbesondere bei starkem Seegang, wenn er mit seinen eher ans Meer gewöhnten Beinen die Schräglage des Schiffs für seinen Angriff ausnutzte. Er war gelernter Bäcker, und ich vermute, dass Grönland für ihn heute ebenso sehr zum Traum geworden ist wie für mich.

Es gab einen eigenartigen Umstand bei der Bemannung der *Hope*: Der Mann, der als Erster Steuermann anheuerte, war ein kleiner, klappriger, gebrochener Kerl, der absolut unfähig war, seine Pflicht zu tun. Der Gehilfe des Kochs wiederum war ein Riese von einem Mann, rotbärtig, braun gebrannt, mit langen Armen und Beinen und einer donnernden Stimme. Doch in dem Moment, als das Schiff den Hafen verließ, verschwand der kleine, klapprige Steuermann in der Kombüse und arbeitete die ganze Reise über als Küchenjunge, indes der gewaltige Küchenjunge nach achtern ging und zum Ersten Steuermann wurde. Dies klärte sich durch die Tatsache, dass der eine zwar das Steuermannspatent besaß, für die Arbeit jedoch zu alt war, während der andere weder lesen noch schreiben konnte, dafür aber einer der besten Seemänner war, die die Erde je gesehen hat; also tauschten sie in allgemeinem Einverständnis die Posten, sobald sie auf See waren.

Colin McLean, einen Meter achtzig groß, mit seiner aufrechten, strammen Haltung und seinem wilden roten Bart, der zwischen den Klappen seiner Robbenjagdmütze hervorstand, war ein geborener Offizier, was einen höheren Rang bedeutete, als ein Patent der Handelskommission ihn je vergeben könnte. Sein einziger Makel war sein sehr heißblütiges Wesen und dass eine Kleinigkeit ihn bis zur Weißglut aufregen konnte. Ich erinnere mich lebhaft an einen Abend, als ich ihn vom Steward wegzerren musste, der so unklug gewesen war, seine Art und Weise zu kritisieren, einen Wal anzugreifen, der uns entkommen war. Beide Männer hatten etwas Rum getrunken, was den einen streitlustig und den anderen gewalttätig machte, und da wir alle drei in einem Raum saßen, der nur ungefähr zwei Quadratmeter groß war, erforderte es einige Mühe, ein Blutvergießen zu verhindern. Immer wenn ich gerade dachte, die Gefahr sei gebannt, begann der Steward von Neuem mit seiner albernen Rede: »Ich will Ihnen ja nicht zu nahe treten, Colin, ich sage ja nur, dass Sie, wenn Sie ein klein wenig schneller am Füsch dran gewesen wären ...« Ich weiß nicht, wie oft dieser Satz begonnen wurde, er wurde jedenfalls kein einziges Mal zu Ende gebracht, denn immer wenn der Steward das Wort »Füsch« sagte, packte Colin ihn an der Gurgel, und ich packte Colin um die Taille, und wir kämpften, bis wir alle außer Atem und vollkommen erschöpft waren. Dann, sobald der Steward wieder etwas Luft bekam, begann er jenen elenden Satz von vorne, und der »Füsch« diente als Signal für die nächste Kampfrunde. Ich glaube wirklich, dass der Steuermann ihn umgebracht hätte, wenn ich nicht da gewesen wäre, denn er war so ziemlich der jähzornigste Mann, dem ich je begegnet bin.

An Bord unseres Walfängers befanden sich fünfzig Männer, von denen die eine Hälfte Schotten und die andere Shetlander waren, die wir in Lerwick aufgenommen hatten, als wir dort vorbeifuhren. Die Shetlander waren zuverlässiger und gehorsamer, ruhig, würdevoll und freundlich, während die schottischen Seeleute gern einmal Ärger machten, aber auch kräftiger waren und einen festeren Charakter hatten. Die Offiziere und Harpuniere waren allesamt Schotten, doch als Leichtmatrosen und besonders als Bootsruderer waren die Shetlander so gut, wie man es sich nur wünschen konnte.

Nur ein Mann befand sich an Bord, der weder aus Schottland noch von den Shetlands stammte, und er war das Rätsel des Schiffes: Er war groß, hatte dunkle Haut und dunkle Augen, schwarzblaues Kopf- und Barthaar, ein ausnehmend attraktives Gesicht, und er ließ seine Schultern beim Gehen auf eine seltsam verwegene Art schlenkern.

Man munkelte, er stamme aus Südengland und sei auf der Flucht vor dem Gesetz. Er freundete sich mit niemandem an und sprach sehr selten, doch war er einer der geschicktesten Seeleute auf dem Schiff. Sein Erscheinungsbild könnte mich glauben lassen, dass er ein satanisches Gemüt besaß und dass das Verbrechen, wegen dem er untergetaucht war, ein blutiges sein mochte. Nur ein Mal gewährte er uns einen flüchtigen Blick auf seine verborgenen Leidenschaften. Der Koch – ein sehr stämmiger, kräftiger Mann – hatte einen privaten Rumvorrat und bediente sich so freimütig an diesem, dass er das Mittagessen der Crew an drei aufeinanderfolgenden Tagen ruinierte. Am dritten Tag trat unser schweigsamer Gesetzloser mit einem Messingkochtopf in der Hand an den Koch heran. Er sagte kein Wort, aber schlug ihm den Topf so heftig auf den Kopf, dass der Boden herausbrach und der Rest dem Koch um den Hals baumelte. Der halb betrunkene, halb betäubte Smutje wollte seinen Gegner zum Kampf auffordern, merkte jedoch bald, dass niemand auf dem Schiff auf seiner Seite stand, also taumelte er murmelnd zurück zu seinen Pflichten, indes der Rächer wieder in seine gewohnte trübsinnige Gleichgültigkeit zurückfiel. Über die Küche gab es keine weiteren Beschwerden.

An Bord eines Walfängers gibt es acht Boote, doch schickt man für gewöhnlich nur sieben aus, da man sechs Mann benötigt, um eines zu bemannen, sodass, wenn die sieben zu Wasser gelassen sind, nur die sogenannten Freiwächter an Bord bleiben, die für keinerlei Seemannsarbeiten unter Vertrag stehen. Zufällig waren die Freiwächter der *Hope* eine außergewöhnlich aktive und lebhafte Schar, weswegen wir uns freiwillig meldeten, das achte Boot zu bemannen, und wir machten es, zumindest unserer eigenen Einschätzung nach, zu einem der erfolgreichsten – sowohl bei der Robbenjagd als auch beim Walfang. Der Steward, der Zweite Maschinist, der Hilfsmaschinenbetreuer und ich bedienten die Ruder, mit einem rothaarigen Highlander als Harpunier und dem gut aussehenden Gesetzlosen als Steuermann. Unsere Robbenliste war so lang wie jede andere, und beim Walfang waren wir einmal das harpunierende Boot und einmal das, das dem Wal mit Lanzen den Todesstoß versetzte, folglich war unsere Leistung ausgezeichnet. Mir gefiel die Arbeit so sehr, dass Kapitän Gray die Güte hatte, mir einen doppelten Posten als Harpunier und Schiffsarzt anzubieten, falls ich ihn auf eine zweite Reise begleiten würde, wofür ich auch den doppelten Lohn eingestrichen hätte. Es ist gut, dass ich abgelehnt habe, denn jenes Leben übt eine solche Faszination aus, dass es einem vermutlich mit der Zeit immer schwerer fällt, es wieder aufzugeben. Die meisten Männer der Crew werden allerdings nie dazu aufgefordert, sie verbringen ihr ganzes Leben in demselben Gewerbe. An Bord der *Hope* gab es Männer, die nie das Korn wachsen gesehen hatten, weil sie vom Knabenalter an jeden März auf Walfang ausgezogen und im September heimgekehrt waren.

Einer der Reize der Arbeit liegt darin, dass sie in gewisser Hinsicht einem Glücksspiel ähnelt. Jeder erhält einen Anteil am Profit – einer für den Kapitän, einer für den Steuermann, einer für den Seemann. Ist die Reise erfolgreich, hat jeder bis zum nächsten Frühling volle Taschen. Kommt das Schiff mit leeren Frachträumen nach Hause, bedeutet dies, dass alle Mann winters Hunger leiden müssen. Man muss den Männern nicht sagen, sich mit Eifer der Sache zu widmen. Der Ruf aus dem Krähennest, der die Gegenwart eines Wals verkündet, das Rattern der Läufer, wenn die Boote zu Wasser gelassen werden, verschmelzen zu einem Ton. Die Wache unter Deck eilt aus ihren Kojen, die Kleidung am Arm, und springt in eisiger Polarluft in ihre Boote, wo sie auf eine Gelegenheit wartet, sich vollständig anzuziehen. Wehe dem Harpunier oder Bootsführer, der aus Ungeschicklichkeit einen Walfisch verfehlt! Er zieht damit jedem der gewöhnlichsten Arbeitskräfte an Bord einen Fünfpfundschein aus der Tasche. Kehrt er zurück zu seinen Kameraden, wirft man ihm finstere Blicke zu.

Was mich an der Polarregion am meisten überrascht hat, war, wie schnell man sie erreichte. Ich hatte mir nie vorgestellt, dass sie quasi direkt vor der Haustür lag. Ich glaube, wir waren erst vier Tage zuvor von den Shetlands aufgebrochen, als wir uns mitten im Treibeis befanden. Eines Morgens erwachte ich und hörte die Treibeisstücke gegen die Bordwand rumpeln, und als ich an Deck ging, sah ich, dass das ganze Meer bis zum Horizont von ihnen bedeckt war. Keines der Stücke war groß, doch sie lagen so dicht beisammen, dass jemand, der von einem zum anderen sprang, weit gekommen wäre. Ihr blendendes Weiß ließ das Meer im Kontrast umso blauer erscheinen, und mit dem ebenso blauen Himmel über mir und der herrlichen Polarluft in der Nase war es ein denkwürdiger Morgen. Einmal sichteten wir auf einer der schwankenden, schaukelnden Schollen eine große Robbe, geschmeidig, schläfrig und unerschütterlich, sie blickte mit äußerster Selbstsicherheit zu dem Schiff auf, als ob sie wüsste, dass die Schonzeit erst in drei Wochen ablaufen würde. Weiter entfernt sahen wir auf dem Eis die langen, menschenähnlichen Fußabdrücke eines Bären. All dies, während in den Kabinen die Schneeglöckchen aus Schottland noch frisch in unseren Vasen standen.

Ich habe die Schonzeit erwähnt und sollte erklären, dass durch ein Abkommen zwischen der norwegischen und der britischen Regierung den Bürgern beider Nationen untersagt ist, eine Robbe vor dem 3. April zu töten. Dies liegt daran, dass im März ihre Brutzeit ist, und wenn die Mütter getötet werden, bevor die Jungtiere für sich selbst sorgen können, würde die Tierart bald aussterben. Die Robben sammeln sich zur Fortpflanzung alle an einem wechselnden Ort, auf den sie sich offensichtlich zuvor geeinigt haben, und da dieser Ort irgendwo in einem Gebiet von vielen Hundert Quadratmeilen aus Treibeis liegen kann, ist es für den Jäger nicht leicht, ihn zu finden. Die Methode, mit der er sich ans Werk macht, ist einfach, aber genial. Während das Schiff sich seinen Weg durch die freien Passagen im Eis bahnt, beobachtet man einen durchs Wasser schwimmenden Robbenschwarm. Sein Kurs wird sorgfältig mit dem Kompass gemessen und auf der Seekarte eingetragen. Eine Stunde später sieht man vielleicht einen weiteren Schwarm. Auch dieser wird eingetragen. Wenn diese Kursmessungen einige Male gemacht wurden, werden die Linien auf der Karte verlängert, bis sie sich überschneiden. An diesem Punkt findet man höchstwahrscheinlich die Hauptkolonie der Robben.

Wenn man sich ihnen nähert, ist das ein wundervoller Anblick. Vermutlich ist es die größte Ansammlung von Lebewesen auf der Erdoberfläche – und dies auf offenen Eisfeldern, die Hunderte Meilen von der Küste Grönlands entfernt sind. Der Treffpunkt liegt irgendwo zwischen dem 71. und 75. Breitengrad, und der Längengrad ist noch schwerer zu bestimmen, doch die Robben haben kein Problem damit, die Adresse ausfindig zu machen. Vom Krähennest an der Spitze des Großmastes aus scheint die Kolonie endlos. Auf dem letzten, gerade noch sichtbaren Eisfeld kann man immer noch jene verstreuten Pfefferkörner erkennen. Und auch die Jungtiere liegen überall herum, schneeweiße Faulpelze mit kleinen schwarzen Nasen und großen, dunklen Augen. Ihre nahezu menschlichen Schreie erfüllen die Luft, und sitzt man in der Kabine eines Schiffs, das sich inmitten einer Robbenkolonie befindet, möchte man meinen, nebenan befinde sich ein monströses Kinderzimmer.

Die *Hope* war eines der ersten Schiffe, die in jenem Jahr die Robbenkolonie entdeckten, doch vor dem ersten Tag, an dem die Jagd gestattet war, kam eine Reihe starker Stürme auf, gefolgt von heftigem Seegang, der die Eisschollen zum Kippen brachte und die Jungrobben vorzeitig ins Wasser beförderte. Und so ließ die Natur uns nur sehr wenig Arbeit übrig, als das Gesetz uns endlich erlaubte, ans Werk zu gehen. Doch als der dritte Tag anbrach, begaben sich die Männer des Schiffs aufs Eis und begannen ihre mörderische Ernte. Es ist eine brutale Arbeit, wenn auch nicht brutaler als die, die überall im Land für das Fleisch auf dem Mittagstisch sorgt. Und doch schienen jene schimmernden blutroten Pfützen auf dem blendenden Weiß der Eisfelder, unter der friedlichen Stille des blauen Polarhimmels, ein entsetzlicher Frevel zu sein. Doch unerbittliche Nachfrage erzeugt unerbittliche Beschaffung, und die Robben helfen mit ihrem Tod einer langen Kette von Seeleuten, Hafenarbeitern, Gerbern, Pöklern, Ausschmelzern, Kerzenmachern, Leder- und Ölhändlern zu überleben, die zwischen dem alljährlichen Gemetzel auf der einen Seite und dem vornehmen Herrn mit seinen weichen Lederstiefeln oder dem Gelehrten, der feines Öl für seine philosophischen Instrumente benutzt, auf der anderen Seite stehen.

Ich erinnere mich aus gutem Grund an jenen ersten Tag der Robbenjagd, denn ich erlebte damals ein Abenteuer. Ich erwähnte bereits, dass eine starke Dünung aufgekommen war, und da diese die treibenden Eisschollen aufeinanderprallen ließ, hielt es der Kapitän für einen unerfahrenen Mann für zu gefährlich, sich daraufzuwagen. Und so befahl er mir, als ich gerade mit den anderen über das Schanzkleid klettern wollte, zurückzukehren und an Bord zu bleiben. Mein Protest war zwecklos, und schließlich setzte ich mich in übelster Laune auf das Schanzkleid, ließ die Beine über Bord baumeln und leckte meine Wunden, während ich mit dem Rollen des Schiffs auf und ab schaukelte. Zufällig hatte ich mich jedoch auf einer dünnen Eisschicht niedergelassen, die sich auf dem Holz gebildet hatte, und als die Dünung die *Hope* in einen besonders steilen Winkel kippte, sauste ich hinab und verschwand im Wasser zwischen zwei Eisschollen. Wie ich an die Oberfläche kam, klammerte ich mich an einer von ihnen fest und kraxelte bald wieder an Bord. Der Unfall führte jedoch dazu, dass sich mein Wunsch erfüllte, denn der Kapitän bemerkte, dass ich, da ich offenbar so oder so in den Ozean stürzen würde, dies ebenso gut vom Eis wie vom Schiff aus tun könne. Ich bestätigte seine ursprüngliche Vorsicht, indem ich an diesem Tag noch zweimal ins Wasser fiel, und beendete ihn schändlich, indem ich zu Bett gehen musste, während meine ganze Kleidung im Maschinenraum trocknete. Ich wurde über meine Missgeschicke hinweggetröstet, als ich herausfand, dass sich der Kapitän derart über sie amüsierte, dass er darüber die mangelhafte Ausbeute unserer Robbenjagd vergaß, und noch lange Zeit später musste ich mir den Spitznamen »der große Eistaucher« gefallen lassen. Einmal kam ich nur knapp mit dem Leben davon, als ich rückwärts über den Rand einer Eisscholle fiel, während ich eine Robbe häutete. Ich hatte mich von den anderen entfernt, und niemand bemerkte mein Missgeschick. Die Eisoberfläche war so glatt, dass ich nichts greifen konnte, um mich hochzuziehen, und mein Körper wurde in dem eiskalten Wasser rasch taub. Schließlich gelang es mir jedoch, die Hinterflosse der toten Robbe zu packen, und es entwickelte sich eine Art albtraumhaftes Tauziehen, bei dem es darum ging, ob ich eher die Robbe herunter- oder doch mich heraufziehen würde. Letztlich konnte ich jedoch mein Knie über die Kante schwingen und wälzte mich auf die Scholle. Ich erinnere mich, dass meine Kleider so hart wie eine Rüstung waren, bis ich das Schiff erreicht hatte, und ich musste mein erstarrtes Gewand erst auftauen, bevor ich es ausziehen konnte.

Die Robbenjagd im April gilt den Müttern und Jungtieren. Im Mai zieht der Robbenjäger dann weiter nach Norden, und um den 77. oder 78. Breitengrad herum erreicht er die ausgewachsenen männlichen Robben, die bei Weitem nicht so leichte Beute sind. Sie sind wachsame Tiere, und man muss auf lange Distanz gut schießen, um sie zur Strecke zu bringen. Im Juni dann ist die Robbenjagd vorbei, und das Schiff dringt noch weiter nach Norden vor, bis es am 79. oder 80. Breitengrad in den besten Walfanggebieten von Grönland ankommt. Dort bleibt es ungefähr drei Monate, und wenn es Erfolg hat, bringt es seinen Reedern 300 bis 400 Prozent Gewinn und jedem aus der Besatzung ebenfalls eine hübsche kleine Summe. Und wenn der Gewinn bescheidener ausfällt, hat es sich zumindest an einer Jagd beteiligt, gegenüber der alle anderen Formen der Jagd vergleichsweise kümmerlich wirken. Man trifft nur selten jemanden, der um den Wert eines Grönlandwals weiß. Ein großer mit guten Barten ist heutzutage zwischen zwei- und dreitausend Pfund wert. Dieser enorme

Preis kommt aufgrund des Werts von Fischbein zustande, eine sehr seltene Ware, die dennoch für einige Branchen unverzichtbar ist. Der Preis steigt ständig, da die Zahl der Tiere abnimmt. Kapitän Grays Schätzungen zufolge lebten 1880 vermutlich nicht mehr als 300 dieser Tiere in dem großen Gebiet der Grönlandmeere, das Tausende Quadratmeilen umfasst. Wie wenige es gibt, beweist die Tatsache, dass er unter den von uns gejagten Walen Einzeltiere wiedererkannte. Unter diesen gab es einen mit einer merkwürdigen Warze, ungefähr so groß wie ein Bienenstock, auf seiner Schwanzflosse, den er bereits gejagt zu haben sich erinnerte, als er noch ein junger Bursche auf dem Schiff seines Vaters war. Vielleicht folgen auch noch zukünftige Walfängergenerationen jener warzigen Fluke, denn der Wal ist ein sehr langlebiges Tier. Wie lang es wirklich lebt, wurde bislang nicht ermittelt, doch in der Zeit, als es noch üblich war, den Namen des Schiffs in die Harpunen zu prägen, schnitt man einige alte Harpunen aus Walen heraus, die Schiffsnamen trugen, welche im Gewerbe längst vergessen waren, und alles scheint darauf hinzudeuten, dass die Tiere gut und gern hundert Jahre alt werden können.

Es ist ein aufregendes Unterfangen, sich in einem Ruderboot einem Wal zu nähern. Man rudert mit dem Rücken zu ihm, und das Einzige, was man über ihn weiß, liest man aus dem Antlitz des Bootssteuermanns. Er starrt einem über den Kopf hinweg, beobachtet das Geschöpf, das langsam durch das Wasser schwimmt, hebt hin und wieder seine Hand, um anzuzeigen, dass man aufhören soll zu schlagen, wenn er merkt, dass das Auge an der Seite erscheint, und dass man sich weiter heranpirschen soll, wenn der Wal wieder nach vorne blickt. Es gibt so viele Eisschollen, dass das Boot allein für das Tier kein Anlass ist, abzutauchen, solange man die Ruder still hält. So schleicht man sich langsam näher und ist schließlich so nah, dass der Bootsführer weiß, man kann den Wal erreichen, bevor er Zeit hat, abzutauchen – denn es braucht eine Weile, einen so großen Leib in Bewegung zu setzen. Man sieht einen plötzlichen Schimmer in den Augen des Bootssteuermanns, seine Wangen röten sich, und dann heißt es: »Pullt los, Jungs! Pullt los, ihr alle! Feste!« Der Abzug der großen Harpunenkanone klickt, und die Gischt fliegt von den Ruderblättern. Sechs Ruderschläge vielleicht, dann stößt der Bug mit einem dumpfen, schmierigen Platschen gegen etwas Weiches, und die Bootscrew wird mitsamt den Rudern in alle Richtungen gewirbelt. Doch man schert sich kaum darum, denn sowie man gegen den Wal prallt, hört man den Knall der Kanone und weiß, dass die Harpune direkt in die riesige bleifarbene Rundung seiner Flanke geschleudert wurde. Das Tier sinkt wie ein Stein, der Bootsbug taucht wieder ins Wasser, doch da ist der kleine rote Wimpel, der in der Mitte der Ruderbank flattert und anzeigt, dass man festgemacht hat, und die Fangleine surrt rasch unter den Sitzen, zwischen den gestreckten Beinen hindurch und über den Bug.

Und dies ist die größte Gefahr – denn der Wal selbst hat selten genug Kampfgeist, um sich gegen seine Feinde zu wenden. Die Leine wird sehr sorgfältig von einem Spezialisten, dem Leinenführer, aufgerollt, sodass sie sich keinesfalls verknäult. Wenn sie es allerdings doch tut und die Schlinge Arm oder Bein eines Mitglieds der Bootscrew zu fassen bekommt, wird dieser Mann so schnell in den Tod gerissen, dass seine Kameraden sein Verschwinden kaum registrieren. Die Leine dann zu kappen wäre Verschwendung an Fisch, denn das Opfer befindet sich bereits Hunderte Faden tief.

›Halt ein, Mann‹, rief der Harpunier einst bei solch einem Anlass, als ein Matrose schon sein Messer zückte. ›Der Füsch kommt der Wittfrau zugute.‹ Es klingt gefühllos, doch letztendlich ergibt diese Haltung Sinn.

Dies ist das Harpunieren, und darüber hinaus hat jenes Boot keine weiteren Aufgaben. Allerdings ist das Zustechen mit der Lanze, wenn der erschöpfte Fisch mit dem kalten Stahl getötet wird, tatsächlich noch aufregender, weil sich dieses Erlebnis länger hinzieht. Man verbringt bis zu einer halben Stunde so nah dran an dem Tier, dass man die Hand an seine schleimige Flanke legen kann. Der Wal scheint wenig schmerzempfindlich zu sein, denn er zuckt kein einziges Mal zusammen, wenn die langen Lanzen seinen Leib durchstoßen. Doch sein Instinkt bringt ihn dazu, mit der Schwanzflosse nach den Booten zu schlagen, weswegen man gezwungen ist, sich entlang seiner Seite mit Stangen und Bootshaken abzustoßen, um in einer sicheren Position bei seiner Schulter zu bleiben. Sogar dort mussten wir bei einer solchen Gelegenheit jedoch feststellen, dass wir uns nicht ganz außer Gefahr befanden, denn das Tier hob in seinem Todeskampf die Seitenflosse und hielt sie über dem Boot in der Luft. Ein Schlag hätte uns auf den Meeresboden befördert, und ich werde nie vergessen, wie jeder von uns eine Hand nach oben reckte, um die große, drohende Finne abzuwehren, während wir unter ihr durchruderten – als ob all unsere Kraft etwas genutzt hätte, wenn der Wal sie hätte senken wollen. Doch er war erschöpft vom Blutverlust, und anstatt auf uns niederzusausen, kippte die Flosse in die andere Richtung, und wir wussten, dass das Tier tot war. Wer wollte diesen Augenblick gegen irgendeinen anderen Triumph eintauschen, den die Jagd zu vermitteln vermag?

Das merkwürdig jenseitige Gefühl der Polarregionen – ein so einzigartiges Gefühl, dass es einen ein Leben lang verfolgt, wenn man einmal dort gewesen ist – hängt größtenteils vom ständigen Tageslicht ab. Die Nacht scheint einen stärkeren Anflug von Orange zu haben und weniger grell zu sein als der Tag, doch sind die Unterschiede nicht groß. Einige Kapitäne waren dafür bekannt, ihren Tagesablauf aus einer Laune heraus auf den Kopf zu stellen, mit nächtlichem Frühstück und Abendessen um zehn Uhr früh. Hier habt ihr eure vierundzwanzig Stunden, und ihr könnt sie nach Belieben einteilen. Nach ein oder zwei Monaten werden die Augen des ewigen Lichts müde, und man versteht auf einmal, welch eine beruhigende Wirkung die Dunkelheit in unseren Breiten hat. Ich erinnere mich, wie ich auf unserer Heimreise, als wir uns neben Island befanden, zum ersten Mal wieder einen Stern erblickte und meinen Blick nicht von ihm abwenden konnte, weil er so ein niedliches, kleines, glitzerndes Ding war. Die Hälfte der Schönheiten der Natur gehen verloren, wenn man sich zu sehr an sie gewöhnt.

Das Gefühl von Einsamkeit verstärkt ebenfalls die Wirkung des Polarmeers. Als wir uns in den Walfanggebieten befanden, gab es wahrscheinlich kein anderes Schiff im Umkreis von 800 Meilen, abgesehen von unserem Geleitschiff. Sieben lange Monate erreichten uns keine Briefe und Nachrichten aus der Welt im Süden. Dabei waren wir in aufregenden Zeiten aufgebrochen: Der Afghanistan-Feldzug hatte begonnen, und ein Krieg mit Russland schien kurz bevorzustehen. Wir kehrten auf der Höhe der Ostseemündung heim, ohne zu wissen, ob nicht irgendein Kreuzer ebenso mit uns umspringen würde wie wir zuvor mit den Walen. Als wir nördlich der Shetlands ein Fischerboot trafen, lautete unsere erste Frage, ob Krieg oder Frieden herrsche. Große Ereignisse hatten sich in diesen sieben Monaten abgespielt: die Niederlage von Maiwand und Roberts' berühmter Marsch von Kabul nach Kandahar. Doch für uns lag das alles im Nebel, und bis zum heutigen Tag ist es mir nicht gelungen, dieses besondere Stück Militärgeschichte im Geiste zu entwirren.

Das ständige Licht, der Glanz des weißen Eises, das Dunkelblau des Wassers, dies sind die Dinge, an die man sich am deutlichsten erinnert, und die trockene, frische, belebende Luft, die das bloße Dasein zu einer der größten Freuden werden lässt. Und dann sind da noch die unzähligen Seevögel, deren Schreie einem für immer in den Ohren gellen – die Möwen, die Eissturmvögel, die Elfenbeinmöwen, die Eismöwen, die Eistaucher und die Rothalsgänse. Sie füllen die Lüfte, während in der Tiefe das Meer einem unentwegt Blicke auf irgendein seltsames neues Geschöpf gewährt. Der Nutzwal wird vielleicht nicht allzu oft aufkreuzen, doch von seinen weniger wertvollen Brüdern wimmelt es allerorts. Der Finnwal zeigt seine siebenundzwanzig Meter wertlosen Talgs in der absoluten Gewissheit, dass kein

Walfänger sich dazu herablassen würde, seinetwegen ein Boot auszusetzen. Der unförmige Buckelwal, der gespenstische Weißwal, der Narwal mit seinem Einhorn-Horn, der drollig aussehende Entenwal, der riesige träge Grönlandhai und der furchterregende Killer- oder Schwertwal, jenes schrecklichste aller Monster der Tiefe, dies sind die Geschöpfe, die diese unbefahrenen Meere beherrschen. Auf dem Eis hausen die Robben, Sattel-, Grau- und die großen Mützenrobben, dreieinhalb Meter von der Schwanzspitze bis zur Schnauze, an der sie einen mächtigen blutroten Fußball aufblasen, wenn sie zornig sind – und das sind sie meistens. Gelegentlich sichtet man einen weißen Polarfuchs auf dem Eis, und überall gibt es Bären. Die Eisschollen in der Umgebung des Robbenjagdgebiets sind überzogen von ihren Spuren – arme harmlose Geschöpfe mit dem schlurfenden und schaukelnden Gang eines Hochseematrosen. Sie kommen wegen der Robben aus Hunderten Meilen Entfernung über das Eis – und sie haben eine sehr gewitzte Methode, sie zu fangen, denn sie suchen sich stets ein großes Eisfeld mit nur einem Blasloch für die Robben in der Mitte. Dorthin hockt sich der Bär und krümmt seine mächtigen Vordertatzen um die Öffnung. Dann, wenn die Robbe ihren Kopf aus dem Wasser streckt, schnappen die großen Tatzen zu, und Meister Petz bekommt sein Mittagessen. Manchmal verbrannten wir Küchenabfälle in den Maschinenraumfeuern, und der Geruch lockte binnen weniger Stunden jeden Bären über Meilen leewärts von uns an.

Doch so angenehm die Reise auch sein mag, irgendwann kommt der Tag, an dem man seinen Bug wieder nach Süden wenden muss. Manchmal bricht der Winter urplötzlich herein, und wehe dem Walfänger, der nicht schnell genug fortkommt. So wurden im September unsere Boote eingeholt, unsere Trantanks versiegelt, und die *Hope* ging rechtzeitig auf Heimatkurs. In der Ferne ragte drohend der riesige Gipfel der Insel Jan Mayen auf, das Eis leuchtete hinter uns auf und verblasste, und ich warf einen letzten Blick auf das Grönlandmeer, das ich wohl nur noch in meinen Träumen wiedersehen werde.

Der Kapitän der *Pole-Star*

ANMERKUNG DER HERAUSGEBER: »The Captain of the Pole-Star« erschien erstmals 1883 in der Januar-Ausgabe der Zeitschrift *Temple Bar* und bedeutete für Conan Doyle einen wichtigen frühen Erfolg. Mit unverkennbaren Bezügen zu seinen Erfahrungen an Bord der *Hope* und geschrieben in Form eines Tagebuchs eines Medizinstudenten, der als Schiffsarzt auf einem Walfänger dient, zeigt diese Erzählung, wie jenes »seltsame und faszinierende Kapitel« im Leben des Autors dessen Fantasie beflügelt hatte. *Temple Bar* zahlte ihm dafür eindrucksvolle zehn Guineen. »Ich glaube, sie mochten die Geschichte«, schrieb Conan Doyle an einen Freund, und sein Name wurde dem britischen Lesepublikum hernach als der eines vielversprechenden neuen Kurzgeschichtenautors bekannt.

* * *

Das Folgende ist ein Auszug aus dem einzigen Tagebuch von John M'Alister Ray, Student der Medizin.

11. September. – Breitengrad 81° 40′ Nord; Längengrad 2° Ost. Liegen immer noch beigedreht inmitten gewaltiger Eisfelder. Jenes, das sich von uns aus nach Norden erstreckt und an dem unser Eisanker festgemacht ist, ist wohl kaum kleiner als eine englische Grafschaft. Zur Rechten und Linken breiten sich dichte Eisdecken bis zum Horizont aus. Heute Morgen meldete der Steuermann, dass es in südlicher Richtung Anzeichen von Packeis gebe. Sollte dieses sich als dick genug erweisen, um uns den Rückweg zu versperren, geraten wir in eine gefährliche Lage, weil der Proviant angeblich schon jetzt ein wenig knapp wird. Die Saison ist bereits fortgeschritten, und allmählich wird es nachts wieder dunkel. Heute Morgen habe ich genau über der Fockrah einen Stern glitzern gesehen, den ersten seit Anfang Mai. In der Crew herrscht große Unzufriedenheit, weil viele der Männer unbedingt rechtzeitig zu Beginn der Heringssaison zu Hause sein wollen, wenn die Arbeit an der schottischen Küste einen hohen Lohn einbringt. Bislang zeigen sie ihr Missvergnügen nur durch betrübte Gesichter und finstere Blicke, doch heute Nachmittag erfuhr ich vom Zweiten Steuermann, dass sie erwägen, eine Abordnung zum Kapitän zu schicken, um ihre Beschwerden vorzubringen. Ich weiß wirklich nicht, wie er sie aufnehmen wird, denn er neigt zum Jähzorn und ist sehr empfindlich, wenn es um die geringste Untergrabung seiner Rechte geht. Nach dem Essen werde ich es wagen, ihm ein paar Worte zu diesem Thema zu sagen. Ich habe immer wieder festgestellt, dass er Äußerungen von mir toleriert, die er bei keinem anderen Crewmitglied durchgehen lassen würde. Die Amsterdam-Insel an der nordwestlichen Ecke von Spitzbergen ist von unserem Steuerbordachter aus sichtbar – eine zerklüftete Reihe vulkanischer Felsen, unterbrochen von weißen Nähten, den Gletschern. Es ist eigenartig, sich vorzustellen, dass uns in diesem Moment wahrscheinlich kein menschliches Wesen näher ist als die dänischen Siedler im Süden Grönlands – rund neunhundert Meilen Luftlinie entfernt. Ein Kapitän übernimmt große Verantwortung, wenn er sein Schiff unter solchen Bedingungen einem derartigen Risiko aussetzt. Kein Walfänger ist jemals so spät im Jahr in diesen Breiten geblieben.

9 Uhr abends. – Ich habe mit Kapitän Craigie gesprochen, und obwohl das Ergebnis kaum zufriedenstellend ausfiel, muss ich doch sagen, dass er mir sehr still und geradezu respektvoll zuhörte. Als ich geendet hatte, nahm er eine Haltung eiserner Entschlossenheit an, die ich schon oft in seinen Zügen wahrgenommen habe, und ging einige Minuten lang rasch in der schmalen Kabine auf und ab. Zunächst befürchtete ich, ihn ernstlich beleidigt zu haben, doch er zerstreute diese Befürchtung, indem er sich wieder setzte und seine Hand an meinen Arm legte, eine Geste, die fast wie ein Streicheln wirkte. Auch in seinen wilden, dunklen Augen lag ein Ausdruck tiefer Zärtlichkeit, der mich reichlich überraschte.

»Sehen Sie, Doktor«, sagte er, »es tut mir leid, dass ich Sie je angeheuert habe – wirklich leid –, und ich würde ohne Umschweife fünfzig Pfund geben, Sie sicher am Kai von Dundee zu wissen. Für mich heißt es diesmal alles oder nichts. Nördlich von uns gibt es Walfische. Wie können Sie es wagen, den Kopf zu schütteln, wenn ich Ihnen doch sage, dass ich sie vom Masttopp aus blasen gesehen habe?« – dies in einem plötzlichen Wutausbruch, obwohl ich mir nicht bewusst war, irgendwelche Zweifel angedeutet zu haben. »Zweiundzwanzig Fische in ebenso vielen Minuten, so wahr ich hier stehe, und keiner unter drei Meter.[208] Nun, Doktor, glauben Sie wirklich, ich könnte das Land verlassen, wenn zwischen mir und meinem Glück nur ein einziger teuflischer Streifen aus Eis liegt? Schon wenn morgen ein Nordwind aufkommt, könnten wir das Schiff füllen und wären fort, ehe der Frost uns erwischen kann. Bläst der Wind von Süden – nun, ich schätze, die Männer werden dafür bezahlt, ihr Leben zu riskieren, und was mich betrifft, für mich macht es kaum einen Unterschied, denn mich verbindet mehr mit der Welt, die da kommt, als mit dieser. Ich gebe allerdings zu, dass es mir um Sie leidtut. Ich wünschte, der alte Angus Tait, der mich auf meiner letzten Reise begleitete, wäre mitgekommen, denn er war jemand, den man nicht vermisst hätte, und Sie – Sie erwähnten einmal, Sie seien verlobt, nicht wahr?«

208 Walfänger messen Wale nicht nach der Körperlänge, sondern nach der Länge des Fischbeins.

»Ja«, erwiderte ich, klappte das Medaillon auf, das an meiner Uhrenkette hing, und hielt eine kleine Vignette von Flora hoch.

»Verflucht sollen Sie sein!«, brüllte er und sprang aus seinem Sessel, während sogar sein Bart sich vor Wut sträubte. »Was geht mich Ihr Glück an? Was hab ich mit ihr zu schaffen, dass Sie unbedingt mit ihrer Fotografie vor meinen Augen herumwedeln müssen?« Ich rechnete fast damit, dass er mich in seinem rasenden Zorn schlagen würde, doch mit einem weiteren Fluch riss er die Kabinentür auf und eilte an Deck, während ich bass erstaunt über seine außergewöhnliche Heftigkeit zurückblieb. Es ist das erste Mal, dass er sich mir gegenüber anders als höflich und freundlich zeigt. Dieweil ich diese Zeilen schreibe, höre ich ihn über mir aufgebracht auf und ab schreiten.

Ich würde gern den Charakter dieses Mannes skizzieren, doch scheint es vermessen, dergleichen schriftlich zu versuchen, wenn das Bild, das ich im Kopf habe, bestenfalls vage und unsicher ist. Mehrmals dachte ich, ich hätte den Schlüssel zu seiner wahren Natur zu fassen bekommen, doch nur, um enttäuscht zu werden, wenn er sich kurz darauf in einem neuen Licht präsentierte, das alle meine Schlussfolgerungen über den Haufen warf. Es mag wohl sein, dass kein menschliches Auge außer meinem je diese Zeilen lesen wird, doch möchte ich versuchen, einige Notizen über Kapitän Nicholas Craigie als psychologische Studie zu hinterlassen.

Die äußere Schale eines Menschen gibt für gewöhnlich einige Hinweise auf die ihr innewohnende Seele. Der Kapitän ist groß und kräftig gebaut, mit einem dunklen, freundlichen Gesicht, und zuckt auf eigenartige Weise mit den Gliedern, was von Nervosität herrühren mag oder einfach das Resultat überschüssiger Energie ist. Sein Kiefer, seine ganze Gesichtsform ist männlich und entschlossen, doch sind seine Augen die eigentlich hervorstechenden Merkmale. Sie sind von dunkelstem Haselnussbraun, strahlend und begierig, mit einem einzigartigen Ausdruck, der eine Mischung aus Verwegenheit und noch etwas darstellt, von dem ich manchmal denke, dass es dem

Grauen nähersteht als jedem anderen Gefühl. Im Allgemeinen überwiegt die erstgenannte Empfindung, doch gelegentlich, insbesondere wenn er nachdenklich ist, weitet und vertieft sich der Blick der Angst, bis er seinem ganzen Gesicht einen neuen Wesenszug verleiht. In solchen Momenten wird er am häufigsten von stürmischen Wutanfällen heimgesucht, und er scheint sich dessen bewusst zu sein, denn ich weiß, dass er sich gelegentlich einschloss, damit niemand ihm zu nahe kam, bis seine schwarze Stunde verstrichen war. Er schläft schlecht, und ich habe ihn nachts schreien gehört, doch seine Kabine liegt ein wenig entfernt von meiner, und ich konnte die Worte, die er von sich gab, nie deutlich verstehen.

Dies ist eine Seite seines Charakters, und zwar die unfreundlichste. Nur weil ich ihn durch unser tagtägliches enges Zusammenleben so gut kenne, konnte ich sie beobachten. Ansonsten ist er ein freundlicher Gefährte, belesen und amüsant und einer der tapfersten Seemänner, die je ein Deck betreten haben. Schwerlich werde ich vergessen, wie er das Schiff steuerte, als wir Anfang April inmitten von Treibeis in einen Sturm gerieten. Ich habe ihn noch nie so fröhlich, sogar übermütig erlebt wie in jener Nacht, als er auf der Brücke im Lichtschein der Blitze und bei heulendem Wind auf und ab tigerte. Er hat mir mehrmals erzählt, dass für ihn der Gedanke an den Tod ein erfreulicher ist, was aus dem Munde eines jungen Mannes traurig klingt; er kann nicht viel älter als dreißig sein, auch wenn sein Haar und Schnurrbart bereits ein wenig ergraut sind. Ein großer Kummer muss ihn einst befallen und sein ganzes Leben vergiftet haben. Vielleicht wäre ich wie er, wenn ich meine Flora verlöre – weiß Gott! Wenn sie nicht wäre, würde ich mich wohl kaum darum scheren, ob der Wind morgen aus nördlicher oder aus südlicher Richtung weht. Da, ich höre ihn die Kajüttreppe herunterkommen, und jetzt hat er sich in seinem Zimmer eingeschlossen, was beweist, dass er immer noch übellaunig ist. Also zu Bett, wie der alte Pepys zu sagen pflegte, denn die Kerze brennt herunter (wir müssen sie inzwischen verwenden, da die Nächte wieder dunkler werden), und der Steward ist schlafen gegangen, sodass ich nicht auf Ersatz hoffen kann.

12. September. – Ruhiger, klarer Tag, und wir liegen immer noch an derselben Stelle. Wenn Wind weht, kommt er aus Südost, ist aber sehr schwach. Die Laune des Kapitäns hat sich gebessert, und er entschuldigte sich beim Frühstück für seine Grobheit. Er blickt allerdings immer noch etwas beunruhigt drein, und seine Augen behalten jenen wilden Ausdruck, welcher bei einem Schotten aus den Highlands bedeutet, er sei »todgeweiht« – dies erzählte mir zumindest der oberste Maschinist, der beim keltischen Teil unserer Crew einen gewissen Ruf als Seher und Deuter von Vorzeichen genießt.

Seltsam, welch großen Einfluss der Aberglaube auf dieses so sturköpfige und praktisch veranlagte Volk ausübt. Ich hätte nie geglaubt, wie weit er reicht, hätte ich es nicht selbst miterlebt. Auf unserer Reise hat er geradezu epidemische Ausmaße angenommen, sodass ich schon daran dachte, Beruhigungsmittel und Baldriantropfen mit der samstäglichen Ration Grog auszuteilen. Das erste Anzeichen gab es, kurz nachdem wir Schottland verlassen hatten, als die Männer am Steuerrad darüber klagten, wehleidige Rufe und Schreie im Kielwasser des Schiffs gehört zu haben, als ob etwas ihm folgte, es aber nicht einholen konnte. Diese Fantasievorstellung hält sich seitdem die ganze Reise über, und in dunklen Nächten zu Beginn der Robbenjagd konnte man die Männer nur mit großer Mühe dazu bringen, ihren Dienst zu verrichten. Das, was sie gehört hatten, war zweifellos entweder das Knarren der Ruderketten oder der Schrei eines vorbeifliegenden Seevogels. Ich wurde mehrmals aus dem Bett geholt, um es mir selbst anzuhören, doch muss ich wohl nicht erwähnen, dass ich nie irgendetwas Unnatürliches bemerkte. Die Männer sind sich allerdings so absurd sicher, wenn es um dieses Thema geht, dass es keinen Sinn hat, ihnen zu widersprechen. Einmal erwähnte ich die Angelegenheit dem Kapitän gegenüber, doch er nahm sie zu meiner Überraschung sehr ernst und schien tatsächlich ziemlich beunruhigt über meine Worte. Ich hätte gedacht, dass zumindest er über solch vulgären Wahnvorstellungen stünde.

Diese ganze Abhandlung zum Thema Aberglauben bringt mich zu der Tatsache, dass Mr. Manson, unser Zweiter Steuermann, letzte Nacht einen Geist sah – oder wenigstens behauptete, einen gesehen zu haben, was natürlich dasselbe ist. Es ist tatsächlich recht erfrischend, ein neues Gesprächsthema zu haben, nachdem sich so viele Monate lang alles immer nur um Bären und Wale gedreht hat. Manson schwört, dass es auf dem Schiff spuke und dass er keinen Tag länger an Bord bliebe, wenn sich die Gelegenheit ergäbe, anderswohin zu gehen. Der Bursche ist wirklich ganz schön verängstigt, und ich musste ihm heute Morgen etwas Chloral und Kaliumbromid verabreichen, um ihn ruhigzustellen. Er wirkte ziemlich entrüstet, als ich ihm unterstellte, er habe in der vorigen Nacht ein Gläschen zu viel gekippt, und ich musste ihn besänftigen, indem ich eine möglichst ernste Miene aufsetzte, während er seine Geschichte erzählte, was er freilich auf eine sehr direkte und nüchterne Weise tat.

»Ich war auf der Brücke«, sagte er, »es war ungefähr vier Glasen in der Mittelwache, gerade als die Nacht am dunkelsten war. Der Mond schien ein wenig, doch der Wind trieb Wolken davor, sodass man vom Schiff aus nicht weit sehen konnte. John M'Leod, der Harpunier, kam vom Vorschiff nach achtern und meldete ein seltsames Geräusch am Steuerbordbug. Ich ging nach vorne, und wir hörten es beide, mal wie ein weinendes Kind, mal wie ein Weibsbild, das Schmerzen hat. Ich reise seit siebzehn Jahren in diese Gegend und habe keine Robbe, ob alt oder jung, je solche Geräusche machen gehört. Wie wir vorne am Bug standen, kam der Mond hinter einer Wolke hervor, und wir sahen beide eine Art weiße Gestalt, die sich in derselben Richtung, aus der wir die Schreie gehört hatten, über das Eisfeld bewegte. Wir verloren sie eine Zeit lang aus den Augen, doch sie kam am Backbordbug wieder zum Vorschein, kaum deutlicher als ein Schatten auf dem Eis. Ich schickte einen Matrosen nach achtern, um Gewehre zu holen, und M'Leod und ich stiegen hinunter aufs Packeis, denn wir dachten, es handle sich vielleicht um einen Bären. Als wir das Eis erreichten, verlor ich M'Leod aus den Augen, doch ich stieß weiter in die Richtung vor, aus der ich immer noch die Schreie hören konnte. Ich folgte ihnen eine Meile oder womöglich weiter, und dann, als ich einen Hügel umrundet hatte, stand es mir direkt gegenüber und schien auf mich zu warten. Ich weiß nicht, was es war. Jedenfalls kein Bär. Es war groß und weiß und stand aufrecht, und wenn es weder Mann noch Frau war, dann, soll mich der Teufel holen, war es etwas Schlimmeres. Ich rannte so schnell ich nur konnte zurück zum Schiff und war unglaublich froh, wieder an Bord zu sein. Ich habe meinen Vertrag unterzeichnet, dass ich gegenüber dem Schiff meine Pflicht erfülle, und auf dem Schiff will ich auch bleiben, doch wird man mich nie wieder nach Sonnenuntergang auf dem Eis erwischen.«

Das ist seine Geschichte, wiedergegeben in seinen eigenen Worten, soweit es mir möglich ist. Obwohl er es leugnet, glaube ich, dass er nur einen jungen Bären gesehen hat, der sich auf seinen Hinterbeinen aufrichtete, eine Haltung, die diese Tiere häufig einnehmen, wenn sie beunruhigt sind. Im unbeständigen Licht würde dies einer menschlichen Gestalt ähneln, insbesondere aus der Sicht eines Mannes, dessen Nerven bereits ein wenig angegriffen waren. Was immer es auch gewesen sein mag, war dieser Zwischenfall unglückselig, denn er hatte eine äußerst unerfreuliche Wirkung auf die Crew. Die Männer blicken trübsinniger drein als zuvor und zeigen ihre Unzufriedenheit noch offener. Der doppelte Kummer, dass ihnen das Heringfischen versagt bleibt und sie auf einem von ihnen so genannten »Spukschiff« festsitzen, könnte sie dazu bringen, unbesonnen zu handeln. Sogar die Harpuniere, die zu den Ältesten und Zuverlässigsten der Mannschaft zählen, lassen sich von der allgemeinen Unruhe anstecken.

Abgesehen von diesem absurden Ausbruch von Aberglauben wenden sich die Dinge eher zum Guten. Das Packeis, das sich südlich von uns bildete, ist teilweise verschwunden und das Wasser so warm, dass mir der Gedanke kam, dass wir vermutlich in einem der Nebenströme des Golfstroms liegen, die zwischen Grönland und Spitzbergen verlaufen. Rund um das Schiff sind zahlreiche Medusen und Meereszitronen zu beobachten, mitsamt einer Unmenge Garnelen, weswegen es gut möglich ist, dass wir auch »Fische« sichten. Tatsächlich sah man einen um die Mittagszeit blasen, allerdings an einer Stelle, wohin die Boote ihm unmöglich hätten folgen können.

13. September. – Hatte ein interessantes Gespräch mit dem Ersten Steuermann, Mr. Milne, auf der Brücke. Es scheint, als sei unser Kapitän den Seeleuten und sogar den Reedern ebensolch ein Rätsel wie mir. Mr. Milne erzählt mir, dass Kapitän Craigie, wenn das Schiff nach der Heimkehr von einer Reise ausgezahlt wird, verschwindet und erst wieder zu Beginn der neuen Saison auftaucht, wenn er seelenruhig das Büro der Reede betritt und fragt, ob seine Dienste benötigt werden. Er hat in Dundee keine Freunde, und es gibt auch niemanden, der behauptet, seine Vorgeschichte zu kennen. Sein Rang beruht allein auf seinen seemännischen Fähigkeiten sowie auf dem Mut und der Gelassenheit, die man ihm schon seit seiner Zeit als Steuermann nachsagt, bevor man ihm schließlich ein eigenes Kommando anvertraute. Man scheint sich darüber einig, dass er kein Schotte ist und seinen Namen später angenommen hat. Mr. Milne glaubt, er widme sich nur deshalb dem Walfang, weil dieser das gefährlichste Handwerk ist, das er hätte wählen können, und dass er auf jede erdenkliche Weise den Tod herausfordert. Hierfür erwähnte er verschiedene Beispiele, von denen eines recht eigenartig ist, falls es der Wahrheit entspricht. Anscheinend war er einmal nicht im Reedereibüro erschienen, und man musste einen Ersatzmann für ihn suchen. Dies geschah in der Zeit des letzten russisch-türkischen Kriegs. Als er im nächsten Frühjahr wieder aufkreuzte, hatte er eine vernarbte Wunde an der

Seite seines Halses, die er mit seinem Halstuch zu verbergen suchte. Ob die Schlussfolgerung des Steuermanns, dass der Kapitän im Krieg gekämpft habe, richtig ist oder nicht, kann ich nicht sagen. Es war gewiss ein merkwürdiger Zwischenfall.

Der Wind hat gedreht und kommt nun aus Osten, ist aber immer noch sehr schwach. Ich glaube, das Eis ist heute dichter am Schiff als gestern. So weit das Auge reicht, erstreckt sich in alle Richtungen eine große Fläche aus makellosem Weiß, die nur von einer gelegentlichen Spalte oder dem Schatten eines Eishügels unterbrochen wird. Im Süden sieht man eine schmale Rinne aus blauem Wasser, unser einziger Fluchtweg, der mit jedem Tag enger wird. Der Kapitän bürdet sich hier gerade eine große Verantwortung auf. Ich höre, dass der Kartoffelvorrat aufgebraucht ist und sogar der Zwieback zur Neige geht, doch er zeigt weiterhin seine undurchdringliche Miene und verbringt den größten Teil des Tages im Krähennest, von wo aus er den Horizont mit seinem Fernglas absucht. Er verhält sich sehr unberechenbar und scheint meine Gesellschaft zu meiden, doch die Gewalttätigkeit, die er in der damaligen Nacht zeigte, blieb ein Einzelfall.

7 Uhr 30 abends. – Ich bin fest davon überzeugt, dass wir unter dem Kommando eines Wahnsinnigen stehen. Durch nichts sonst lassen sich die exzentrischen Launen Kapitän Craigies erklären. Glücklicherweise habe ich unterwegs dieses Tagebuch geführt, denn es wird uns als Rechtfertigung dienen, falls wir dazu gezwungen sind, ihn auf irgendeine Weise in Gewahrsam zu nehmen, ein Schritt, dem ich nur als Notlösung zustimmen würde. Kurioserweise war er selbst es, der Irrsinn, nicht bloß Verschrobenheit, als Grund für sein seltsames Verhalten anbrachte.

Vor ungefähr einer Stunde stand er auf der Brücke und blickte wie gewöhnlich durch sein Fernglas, während ich auf dem Achterdeck auf und ab schritt. Die meisten Männer waren unter Deck, um ihren Tee zu trinken, denn die Wachen wurden in letzter Zeit nicht regelmäßig gehalten. Des Umhergehens müde, lehnte ich mich gegen das Schanzkleid und bewunderte die sanfte Glut, die von der untergehenden Sonne auf die großen Eisfelder ringsum geworfen wurde. Plötzlich wurde ich von einer rauen Stimme an meiner Seite aus dem Tagtraum gerissen, in den ich versunken war, und als ich mich erschreckt umdrehte, sah ich, dass der Kapitän herabgestiegen war und direkt neben mir stand. Er starrte hinaus auf das Eis, mit einem Ausdruck, in dem Grauen, Staunen und etwas, das Freude nahekam, um die Oberhand rangen. Trotz der Kälte liefen ihm große Schweißtropfen über die Stirn, und er war offenkundig schrecklich aufgeregt. Seine Glieder zuckten wie die eines Mannes kurz vor einem epileptischen Anfall, und die Furchen um seinen Mund waren verzerrt und hart.

»Sehen Sie!«, keuchte er, packte mein Handgelenk, aber ohne den Blick von dem fernen Eis abzuwenden, und drehte seinen Kopf langsam zur Seite, als folgten seine Augen einem Objekt, das sich entlang seines Sichtfeldes bewegte. »Sehen Sie! Dort, Mann, dort! Zwischen den Eishügeln! Jetzt kommt es hinter dem abgelegenen hervor! Sie sehen sie doch – Sie *müssen* sie sehen! Sie ist noch dort! Sie flieht vor mir, bei Gott, flieht vor mir – jetzt ist sie weg!«

Die letzten Worte flüsterte er in einem Ton von solch geballter Qual, nie werde ich den vergessen. Er klammerte sich an die Webeleine und versuchte, auf das Schanzkleid zu klettern, als hoffte er, einen letzten Blick auf das schwindende Objekt zu erhaschen. Er war jedoch nicht stark genug für das Unterfangen und wankte zurück gegen die Oberlichter des Salons, an die er sich keuchend und erschöpft lehnte. Sein Gesicht war so blass, dass ich damit rechnete, er würde in Ohnmacht fallen, also verlor ich keine Zeit, führte ihn die Kajüttreppe hinunter und legte ihn auf eines der Sofas in der Kabine. Dann goss ich ihm ein wenig Brandy in ein Glas, das ich ihm an die Lippen hielt und das bei ihm eine wunderbare Wirkung zeigte, das Blut wieder in sein weißes Gesicht fließen ließ und seine armen zitternden Glieder beruhigte. Er stützte sich auf einen Ellbogen und schaute sich um, um sich zu vergewissern, dass wir allein waren, woraufhin er mir mit einem Wink bedeutete, zu ihm zu kommen und mich neben ihn zu setzen.

»Sie haben es gesehen, nicht wahr?«, fragte er, immer noch in demselben gedämpften, ängstlichen Tonfall, der dem Wesen dieses Mannes so wenig entsprach.

»Nein, ich habe nichts gesehen.«

Sein Kopf sank zurück auf die Kissen. »Nein, ohne das Fernglas konnte er das wohl gar nicht«, murmelte er. »Er konnte es gar nicht. Nur durch das Fernglas konnte ich sie sehen, und dann die Augen der Liebe – die Augen der Liebe. Doktor, lassen Sie bloß nicht den Steward herein! Er wird mich für wahnsinnig halten. Verriegeln Sie einfach die Tür, bitte!«

Ich stand auf und tat, wie er mir befohlen hatte.

Er lag eine Zeit lang still, anscheinend in Gedanken versunken, stützte sich dann erneut auf den Ellbogen und bat um einen weiteren Schluck Brandy.

»Sie glauben das doch nicht, oder, Doc?«, fragte er, als ich die Flasche zurück in den Achterschrank stellte. »Sagen Sie es mir jetzt, von Mann zu Mann: Glauben Sie, dass ich verrückt bin?«

»Ich glaube, Sie haben etwas auf dem Herzen«, erwiderte ich, »das Sie aufregt und sehr belastet.«

»So ist es, mein Junge!«, rief er, und seine Augen funkelten von der Wirkung des Brandys. »Jede Menge auf dem Herzen – jede Menge! Aber ich kann immer noch Breitengrad und Längengrad bestimmen, und ich kann mit meinem Sextanten umgehen und meine Logarithmen berechnen. Vor Gericht könnten Sie nicht beweisen, dass ich wahnsinnig bin, nicht wahr?« Es war eigenartig, dem Mann zuzuhören, wie er da lag und ganz gelassen über die Frage disputierte, ob er geistig gesund sei.

»Vielleicht nicht«, sagte ich, »aber ich glaube immer noch, dass Sie gut daran täten, so schnell wie möglich nach Hause zurückzukehren und sich eine Weile Ruhe zu gönnen.«

»Nach Hause zurückkehren, was?«, murmelte er und grinste dabei höhnisch. »Ihr Wort in Gottes Ohr, Junge. Mich niederlassen mit Flora – hübsche kleine Flora. Sind schlechte Träume Anzeichen von Wahnsinn?«

»Manchmal«, erwiderte ich.

»Was noch? Was wären die ersten Symptome?«

»Kopfschmerzen, Geräusche in den Ohren, Lichtblitze vor den Augen, Sinnestäuschungen …«

»Ah! Was hat es damit auf sich?«, unterbrach er mich. »Was verstehen Sie unter Sinnestäuschung?«

»Etwas zu sehen, was nicht da ist, ist eine Sinnestäuschung.«

»Aber sie *war* da!«, stöhnte er, an sich selbst gewandt. »Sie *war* da!«, und damit stand er auf, entriegelte die Tür und ging mit langsamen und unsicheren Schritten zu seiner eigenen Kabine, wo er zweifellos bis morgen früh bleiben wird. Sein ganzer Organismus scheint einen entsetzlichen Schock erlitten zu haben, was immer er sich einbildete gesehen zu haben. Der Mann wird mit jedem Tag ein größeres Rätsel, obwohl ich fürchte, dass die Erklärung, die er selbst andeutete, die richtige ist und sein Verstand wirklich zerrüttet. Ich glaube nicht, dass sein Verhalten von einem schlechten Gewissen herrührt. Diese Theorie erfreut sich großer Beliebtheit im Kreise der Offiziere und, wie ich vermute, auch bei der Crew, doch konnte ich selbst bislang nichts feststellen, was diese These unterstützt. Seine Haltung entspricht nicht der eines Schuldigen, sondern der eines Menschen, dem das Schicksal übel mitgespielt hat und den man eher als Märtyrer denn als Verbrecher betrachten sollte.

Der Wind drehte heute auf Süd. Gott steh uns bei, wenn er den schmalen Korridor blockiert, der unseren einzigen Weg in sichere Gewässer darstellt! Auf der Position, auf der wir uns befinden, am Rand des großen Polareises oder der »Barriere«, wie die Walfänger sie nennen, bewirkt Wind aus dem Norden, dass das Eis ringsum aufbricht und uns die Möglichkeit zur Flucht lässt, während Südwind das ganze Treibeis hinter uns ansammelt und uns zwischen zwei Eisfeldern einklemmt. Ich wiederhole – Gott steh uns bei!

14. September. – Sonntag, ein Ruhetag. Meine Befürchtungen haben sich bestätigt, und die schmale Rinne blauen Wassers ist vom Süden her verschwunden. Nichts außer den großen reglosen Eisfeldern ringsum, mit ihren unheimlichen Hügeln und fantastischen Gipfeln. Über der weiten Fläche liegt eine Totenstille, die entsetzlich ist. Kein Plätschern der Wellen mehr, keine Seemöwenschreie oder gespannte Segel, sondern eine tiefe, universelle Stille, in der das Murmeln der Seeleute und das Knarren ihrer Stiefel auf dem weiß glänzenden Deck misstönend und fehl am Platz wirkt. Unser einziger Besucher war ein Polarfuchs, ein seltenes Tier auf dem Packeis, auch wenn man es an Land ziemlich häufig sieht. Es kam jedoch nicht nah an das Schiff heran, sondern flüchtete rasch über das Eis, nachdem es uns aus einiger Entfernung beäugt hatte. Dieses Verhalten war merkwürdig, da diese Tiere für gewöhnlich noch nie einen Menschen gesehen haben, und dank ihrer neugierigen Art sind sie üblicherweise so zutraulich, dass man sie leicht fangen kann. Auch wenn es unglaublich scheint, hatte selbst dieser kleine Zwischenfall schlechte Auswirkungen auf die Crew. »Dieses arme Tierchen weiß mehr, aye, und sieht mehr als wir alle zusammen!«, lautete der Kommentar eines unserer führenden Harpuniere, und die anderen nickten zustimmend. Es ist sinnlos, zu versuchen, einem so kindischen Aberglauben zu widersprechen. Für sie steht fest, dass auf dem Schiff ein Fluch liegt, und nichts könnte sie je vom Gegenteil überzeugen.

Der Kapitän blieb den ganzen Tag für sich, bis auf eine halbe Stunde am Nachmittag, als er hinaus aufs Achterdeck trat. Ich bemerkte, dass er seinen Blick auf die Stelle heftete, wo ihm gestern das Phantom erschienen war, und rechnete schon mit einem neuerlichen Anfall, doch dazu kam es nicht. Er schien mich nicht zu sehen, obwohl ich dicht bei ihm stand. Der erste Maschinist las wie üblich die Heilige Messe. Seltsam, dass auf Walfangschiffen stets das Gebetsbuch der anglikanischen Kirche verwendet wird, obwohl niemals auch nur ein Offizier oder Crewmitglied dieser Kirche angehört. Unsere Männer sind alle römisch-katholisch oder Presbyterianer, die meisten Ersteres. Da man eine Messe feiert, die beiden Konfessionen fremd ist, kann sich immerhin niemand beschweren, dass die andere gegenüber der seinen bevorzugt wurde, und sie lauschen sehr aufmerksam und demütig, weshalb das Verfahren durchaus etwas für sich hat.

Ein herrlicher Sonnenuntergang, der die großen Eisfelder wie einen See aus Blut aussehen ließ. Ich habe noch nie einen schöneren und gleichzeitig unheimlicheren Effekt gesehen. Der Wind dreht. Wenn er jetzt vierundzwanzig Stunden lang aus dem Norden weht, könnte doch noch alles gut werden.

15. September. – Heute ist Floras Geburtstag. Mein liebes Mädchen! Nur gut, dass sie ihren Jungen, wie sie mich gern nannte, nicht sehen kann, so eingeschlossen zwischen Eisfeldern mit einem verrückten Kapitän und Proviant für wenige Wochen. Zweifellos geht sie jeden Morgen das Schiffsverzeichnis im *Scotsman* durch, um nachzusehen, ob wir auf den Shetlands gemeldet wurden. Ich muss den Männern ein Vorbild sein und heiter und sorglos dreinschauen; doch Gott weiß, wie schwer mir manchmal ums Herz wird.

Das Thermometer zeigt heute minus 7,2 Celsius. Es herrscht nur leichter Wind, und dieser kommt aus einer ungünstigen Richtung. Kapitän ist bei bester Laune. Ich glaube, er bildet sich ein, nachts ein weiteres Omen oder eine Vision gehabt zu haben, der arme Kerl, denn er kam frühmorgens in mein Zimmer, beugte sich über meine Koje und flüsterte: »Es war keine Täuschung, Doktor, es ist alles wahr!«

Nach dem Frühstück bat er mich, zu prüfen, wie viel Proviant wir noch übrig hätten, was ich gemeinsam mit dem Zweiten Steuermann tat. Es ist noch weniger, als wir erwartet haben. Im Vorschiff haben sie einen halben Tank Zwieback, drei Fässer Pökelfleisch und einen sehr begrenzten Vorrat an Kaffeebohnen und Zucker. Im Achterfrachtraum und in den Schränken befinden sich noch eine Menge Leckerbissen wie Dosenlachs, Suppen, Hammelragout etc., doch werden auch sie schnell verbraucht sein, wenn man sie unter einer fünfzig Mann starken Crew aufteilt. Im Frachtraum sind noch zwei Fässer Mehl und ein unbegrenzter Vorrat an Tabak. Insgesamt haben wir noch etwa genug, um die Männer achtzehn bis zwanzig Tage bei halber Ration zu versorgen – mehr gewiss nicht. Als wir dem Kapitän über den Stand der Dinge berichteten, ließ er die Mannschaft zusammenpfeifen und hielt vom Achterdeck aus eine Ansprache. Noch nie hat er einen besseren Eindruck auf mich gemacht. Mit seiner großen, drahtigen Gestalt und seinem dunklen, lebhaften Gesicht wirkte er wie der geborene Befehlshaber, und er erläuterte die Situation in gelassener seemännischer Manier, die zeigte, dass er sich der Gefahr bewusst war und gleichzeitig jedwedes Schlupfloch im Auge behielt.

»Meine Jungs«, sagte er, »zweifellos denkt ihr, dass ich euch in diese üble Lage gebracht habe, wenn sie denn wirklich übel ist, und vielleicht machen mir einige von euch deswegen Vorwürfe. Aber ihr müsst bedenken, dass seit etlichen Jahren kein Schiff, das hier herausfährt, so viel Ölgeld eingebracht hat wie die alte *Pole-Star*, und jeder von euch hat seinen Anteil davon erhalten. Ihr könnt eure Frauen getrost daheimlassen, während andere arme Kerle nach Hause kommen, um festzustellen, dass ihre Mädchen am Verhungern sind. Wenn ihr mir für das eine Dank schuldet, dann auch für das andere, und somit sind wir quitt. Wir sind schon früher so manches Wagnis eingegangen und hatten damit Erfolg, also gibt es nun, da wir etwas gewagt haben und gescheitert sind, keinen Grund zum Jammern. Wenn es zum Schlimmsten kommt, können wir das Land über das Eis erreichen und uns einen Robbenvorrat anlegen, der uns bis zum Frühjahr am

Leben hält. So weit wird es jedoch nicht kommen, denn ihr werdet spätestens in drei Wochen die schottische Küste wiedersehen. Vorerst muss sich jeder mit der halben Ration begnügen, jeder bekommt denselben Anteil, und niemand wird bevorzugt. Seid tapfer, dann werdet ihr diese Gefahr ebenso überwinden wie so manche zuvor.« Diese wenigen schlichten Worte hatten eine wunderbare Wirkung auf die Crew. Seine frühere Unbeliebtheit war vergessen, und der alte Harpunier, den ich bereits wegen seines Aberglaubens erwähnt habe, rief ein dreifaches Hurra, in das alle Mann von Herzen einstimmten.

16. September. – Während der Nacht hat der Wind auf Nord gedreht, und das Eis sieht stellenweise so aus, als wolle es aufbrechen. Die Männer sind bei guter Laune, obwohl sie auf kleinere Rationen gesetzt wurden. Der Maschinenraum steht unter Dampf, damit es zu keiner Verzögerung kommt, sollte sich eine Fluchtmöglichkeit bieten. Der Kapitän ist in Hochstimmung, obwohl er immer noch diesen wilden, »todgeweihten« Ausdruck zeigt, den ich bereits erwähnte. Dieser Ausbruch an Heiterkeit verblüfft mich noch mehr als sein vorheriger Trübsinn. Er ist mir unbegreiflich. Ich glaube in einem früheren Abschnitt des Tagebuchs erwähnt zu haben, dass eine seiner Schrullen darin besteht, niemanden in seine Kabine zu lassen, und dass er darauf beharrt, sein Bett selbst zu machen und auch alle anderen persönlichen Dinge selber zu regeln. Ich war deshalb erstaunt, als er mir heute den Schlüssel reichte und mich bat, hinunterzugehen und die Uhrzeit an seinem Chronometer abzulesen, während er zu Mittag den Sonnenstand maß. Es ist ein spartanischer kleiner Raum mit einem Waschbecken und ein paar Büchern, aber ansonsten weitgehend ohne Luxusgegenstände, außer einigen Bildern an den Wänden. Bei den meisten handelte es sich um billige Öldrucke, doch hing dort auch ein Aquarellporträt einer jungen Dame, das meine Aufmerksamkeit erregte. Offensichtlich handelte es sich um ein Porträt und nicht um eine jener schrillen Darstellungen weiblicher Schönheit, die Seeleute besonders schätzen. Kein Künstler hätte aus eigenem Antrieb eine solche Mischung aus Charakter und Schwäche erfinden können. Die matten, verträumten Augen mit ihren schweren Lidern und die breite, niedrige Stirn, frei von Sorgenfalten oder nachdenklichen Runzeln, standen in scharfem Kontrast zu dem kantigen, vorstehenden Kiefer und der entschlossenen, festen Unterlippe. Darunter stand in einer der Ecken geschrieben: »M. B., æt. 19.« Dass irgendjemand in nur neunzehn Lebensjahren solch eine Willenskraft entwickeln können sollte, wie sie sich in ihren Gesichtszügen abzeichnete, schien mir damals schier unglaublich. Sie muss eine außergewöhnliche Frau gewesen sein. Ihre Züge hatten mich derart in ihren Bann gezogen, dass ich, obwohl ich nur einen flüchtigen Blick auf sie werfen konnte, jede einzelne Linie auf dieser Seite meines Tagebuchs nachzeichnen könnte, wenn ich der Zeichenkunst kundig wäre. Ich frage mich, welche Rolle sie im Leben unseres Kapitäns spielt. Er hat ihr Bild über das Kopfende seiner Koje gehängt, sodass er es immer im Auge hat. Wenn er weniger verschlossen wäre, würde ich ihn auf das Thema ansprechen. Die anderen Gegenstände in seiner Kabine waren nicht der Rede wert – Uniformmäntel, ein Feldsessel, ein kleines Fernglas, eine Tabakschachtel und mehrere Pfeifen, einschließlich einer orientalischen Wasserpfeife – welche übrigens Mr. Milnes Geschichte über seinen Kriegsdienst etwas Farbe verleiht, auch wenn der Zusammenhang etwas weit hergeholt scheint.

11 Uhr 20 nachts. – Kapitän ging gerade zu Bett, nach einem langen und interessanten Gespräch über allgemeine Themen. Wenn er will, kann er ein äußerst faszinierender Gesellschafter sein, denn er ist außergewöhnlich belesen und vermag seine Meinung entschieden zum Ausdruck zu bringen, ohne dogmatisch zu erscheinen. Ich hasse es, wenn man mir Belehrungen unter die Nase reibt. Er sprach über das Wesen der Seele und skizzierte meisterhaft die Ansichten Aristoteles' und Platons zu diesem Thema. Er scheint mit der Seelenwanderung und den Lehren des Pythagoras zu liebäugeln. Als wir diese diskutierten, kamen wir auf den modernen Spiritismus zu sprechen, und ich spielte scherzhaft auf Slades Betrügereien an[209], woraufhin er mich zu meiner Überraschung eindrücklich davor warnte, Unschuldige und Schuldige zu verwechseln, und behauptete, ebenso gut könnte man das Christentum als Irrtum verwerfen, nur weil Judas, der sich zu dieser Religion bekannte, ein Schurke war. Kurz darauf wünschte er mir eine gute Nacht und zog sich zurück in sein Zimmer.

Der Wind frischt auf und weht beständig aus dem Norden. Die Nächte sind nun so dunkel wie in England. Ich hoffe, dass der neue Tag uns von unseren eisigen Fesseln befreit.

17. September. – Wieder das Gespenst. Gott sei Dank habe ich gute Nerven! Der Aberglauben dieser armen Kerle und die ausführlichen Schilderungen, die sie im Brustton der Überzeugung und Gewissheit liefern, würden jeden erschrecken, der mit ihrem Naturell nicht vertraut ist. Es gibt viele Versionen von der Angelegenheit, die jedoch alle darauf hinauslaufen, dass etwas Unheimliches die ganze Nacht lang um das Schiff herumgesaust ist und dass Sandie M'Donald aus Peterhead und der »lange« Peter Williamson von den Shetlands es ebenso wie Mr. Milne auf der Brücke gesehen haben – da es in ihrem Fall also drei Zeugen gibt, können sie die Sache besser verteidigen als der Zweite Steuermann. Nach dem Frühstück sprach ich mit Milne und sagte ihm, er sollte über solchem Unsinn stehen und als Offizier den anderen Männern ein besseres Vorbild sein. Er schüttelte unheilvoll sein sturmzerzaustes Haupt, antwortete aber mit der für ihn typischen Vorsicht: »Vielleicht, vielleicht aber auch nich, Doktor«, sagte er. »Ich hab's nie Gespenst genannt. Ich würd wohl nich behaupten,

209 Der amerikanische Spiritist Henry Slade wurde 1876 in England als Betrüger entlarvt und vor Gericht gestellt.

dass ich an Klabautermänner und dergleichen glaub, auch wenn viele meinen, die und Schlimmeres gesehen zu haben. Mir kann man nich so leicht Angst einjagen, aber vielleicht hätten Sie auch kalte Füße gekriegt, wenn Sie, anstatt tagsüber im Trüben zu fischen, nachts bei mir gewesen wärn und diese schreckliche Gestalt gesehen hätten, weiß und grausig, erst hier, dann da, und dabei Rufe und Schreie in der Dunkelheit wie von 'nem kleinen Lamm, das seine Mutter verloren hat. Dann wärn Sie wohl nich so schnell bereit, alles als Altweibergeschwätz abzutun.«

Ich merkte, dass es sinnlos war, mit ihm zu diskutieren, also gab ich mich damit zufrieden, ihn um den persönlichen Gefallen zu bitten, mich zu rufen, wenn das Gespenst das nächste Mal erschien – eine Bitte, auf die er einging, wobei er wortreich seiner Hoffnung Ausdruck verlieh, dass es nie dazu kommen möge.

Wie ich gehofft hatte, sind in der weißen Wüste hinter uns viele dünne Wasserrinnen aufgebrochen, die diese nun überall durchschneiden. Unser heutiger Breitengrad war 80° 52′ N, was beweist, dass eine starke Südströmung auf das Packeis einwirkt. Sollte der Wind weiterhin günstig bleiben, wird es so schnell aufbrechen, wie es sich gebildet hat. Momentan können wir nichts tun außer rauchen und warten und auf das Beste hoffen. Ich werde gerade rasch zum Fatalisten. Wenn man es mit so unsicheren Faktoren wie Wind und Eis zu tun hat, kann man gar nichts anderes sein. Womöglich waren es einst Wind und Sand der arabischen Wüsten, die die ersten Gefolgsleute Mohammeds dazu brachten, sich dem Kismet zu beugen.

All das Gerede von Gespenstern hat einen sehr schlechten Einfluss auf den Kapitän. Ich fürchtete, es könnte seinen empfindsamen Verstand aufregen, und versuchte, die absurde Geschichte vor ihm zu verheimlichen, doch leider hörte er, wie einer der Männer eine Anspielung machte, und bestand darauf, über die Sache aufgeklärt zu werden. Wie ich erwartet hatte, brachte dies seinen ganzen verborgenen Wahnsinn in gesteigerter Form wieder zum Vorschein. Ich kann kaum glauben, dass dies derselbe Mann ist, der erst gestern Abend mit äußerst kritischem Scharfsinn und nüchterner Urteilskraft mit mir über Philosophie diskutierte. Wie ein Tiger im Käfig schreitet er auf dem Achterdeck auf und ab und bleibt immer wieder stehen, um seine Hände in einer sehnsüchtigen Geste auszustrecken und ungeduldig auf das Eis hinauszustarren. Er führt ständig murmelnde Selbstgespräche und rief einmal laut aus: »Nur noch ein wenig Zeit, Liebste – nur noch ein wenig Zeit!«

Armer Kerl – es ist traurig, einen so tapferen Seemann und vollendeten Gentleman in solch einem kümmerlichen Zustand zu sehen und sich vorzustellen, dass Fantasie und Sinnestäuschung einen Verstand einzuschüchtern vermögen, dem echte Gefahr des Lebens Würze war. Wer hat sich je in solch einer Situation vorgefunden, zwischen einem schwachsinnigen Kapitän und einem Steuermann, der Gespenster sieht? Manchmal halte ich mich für den Einzigen an Bord, der noch nicht den Verstand verloren hat – mit Ausnahme vielleicht des Zweiten Maschinisten, der ein wenig zum Grübeln neigt und dem all die Teufel des Roten Meeres egal wären, solange sie ihn in Frieden ließen und nicht sein Werkzeug durcheinanderbrächten.

Das Eis öffnet sich immer noch rasch, und höchstwahrscheinlich werden wir morgen in der Lage sein aufzubrechen. Wenn ich zu Hause von all den seltsamen Dingen erzähle, die ich erlebt habe, werden sie es für Seemannsgarn halten.

12 Uhr nachts. – Mir ist ein gewaltiger Schreck in die Glieder gefahren, auch wenn ich mich, dank eines Glases starken Brandys, schon etwas beruhigt habe. Ich bin jedoch immer noch nicht ganz bei Sinnen, wie meine Handschrift bezeugt. Tatsächlich habe ich ein sehr seltsames Erlebnis gehabt und beginne daran zu zweifeln, ob es mir zustand, alle an Bord als verrückt zu brandmarken, nur weil sie vorgeblich Dinge gesehen haben, die mir nicht vernünftig erschienen.

Pah! Ich bin ein Narr, mich von solch einer Kleinigkeit derartig erschüttern zu lassen; und dennoch ist es nach all dem Aufruhr von umso größerer Bedeutung, denn nun, da ich selbst erlebt habe, was ich zuvor verhöhnte, kann ich weder Mr. Mansons Geschichte noch jene des Steuermanns anzweifeln.

Letztlich war es gar nicht besonders erschreckend – nur ein Geräusch, sonst nichts. Ich kann unmöglich erwarten, dass jemand, der diese Zeilen liest, falls sie überhaupt je gelesen werden, meine Gefühle nachvollziehen oder die Wirkung, die es damals auf mich hatte, begreifen kann. Es war nach dem Abendessen, und ich ging an Deck, um vor dem Schlafengehen friedlich eine Pfeife zu rauchen. Die Nacht war sehr dunkel – so dunkel, dass ich, als ich unter dem Seitenboot stand, den Offizier auf der Brücke nicht sehen konnte. Ich glaube, ich habe bereits die außergewöhnliche Stille erwähnt, die auf diesen Eismeeren herrscht. In anderen Teilen der Welt, auch wenn sie noch so öde und leer sind, gibt es immer leichte Luftvibrationen – ein schwaches Summen, sei es von fernen menschlichen Behausungen, von den Blättern der Bäume, Vogelschwingen oder auch nur vom leisen Rascheln des Grases, das den Boden bedeckt. Man nimmt das Geräusch vielleicht nicht wirklich wahr, doch wenn es verstummen würde, würde man es vermissen. Nur hier auf diesen Polarmeeren drängt sich die reine unermessliche Stille in ihrer ganzen schauerlichen Wahrhaftigkeit auf. Das Trommelfell spannt sich, um irgendein leises Murmeln einzufangen, und verweilt begierig bei jedem zufälligen Geräusch auf dem Schiff. In dieser Stimmung also lehnte ich am Schanzkleid, als fast direkt unter mir vom Eis ein scharfer und schriller Schrei in die stille Nachtluft aufstieg, schon zu Beginn in einer Tonlage, die, wie mir schien, keine Opernsängerin je hätte erreichen können, und von da an immer noch höher werdend, bis er in einem lang gezogenen Klagegeheul gipfelte, das dem letzten Aufschrei einer verlorenen Seele glich. Dieser gespenstische Schrei klingelt mir immer noch in den Ohren. Leid, unsagbares Leid und eine große Sehnsucht schienen darin zum Ausdruck zu kommen, und gleichzeitig klang gelegentlich ein Ton wie der eines wilden Triumphgeheuls durch. Der Schrei erschallte ganz nah bei mir, doch als ich in die Dunkelheit starrte, konnte ich nichts erkennen. Ich wartete kurze Zeit, doch da sich das Geräusch nicht wiederholte, ging ich aufgewühlter denn je zuvor in meinem Leben unter Deck. Dieweil ich die Kajüttreppe hinunterstieg, traf ich Mr. Milne, auf dem Weg zur Wachablösung. »Na, Doktor«, sagte er, »ist das nun wohl Altweibergeschwätz? Haben Sie's etwa nich pfeifen gehört? Ist das vielleicht Aberglauben? Was sagen Sie nun?«

Ich musste mich bei dem ehrlichen Burschen entschuldigen und zugeben, dass ich von der Sache ebenso verwirrt war wie er. Vielleicht sieht es morgen schon anders aus. Momentan wage ich kaum, all meine Gedanken niederzuschreiben. Wenn ich dies hier irgendwann noch einmal lese und all die Assoziationen abgeschüttelt habe, werde ich mich dafür verachten, so schwach gewesen zu sein.

18. September. – Hatte eine schlaflose und unruhige Nacht, wurde immer noch von diesem seltsamen Geräusch verfolgt. Der Kapitän sieht auch nicht so aus, als hätte er lang geschlafen, denn sein Gesicht ist verhärmt und seine Augen rot. Ich habe ihm noch nicht von meinem Abenteuer von gestern Nacht erzählt und werde es auch nicht tun. Er ist jetzt schon nervös und aufgewühlt, steht auf, setzt sich sogleich wieder hin und ist offenkundig nicht in der Lage, ruhig zu bleiben.

Wie ich erwartet hatte, bildete sich heute Morgen eine schöne Fahrrinne, und wir konnten unseren Eisanker lösen und ungefähr zwölf Meilen in westsüdwestliche Richtung dampfen. Dann wurden wir jedoch durch eine große Eisscholle gestoppt, die nicht weniger massiv ist als all jene, die wir hinter uns gelassen haben. Sie versperrt uns die Durchfahrt vollständig, und so können wir nichts anderes tun, als wieder zu ankern und zu warten, bis sie aufbricht, was wahrscheinlich innerhalb der nächsten vierundzwanzig Stunden geschehen wird, wenn der Wind nicht dreht. Einige Mützenrobben wurden im Wasser gesichtet, und eine wurde geschossen, ein gewaltiges Geschöpf, über drei Meter lang. Sie sind wilde, kampflustige Tiere, und man sagt, sie könnten spielend mit einem Bären fertigwerden. Zum Glück bewegen sie sich nur langsam und schwerfällig, sodass es kaum gefährlich ist, sie auf dem Eis anzugreifen.

Der Kapitän glaubt offensichtlich nicht, dass unsere Schwierigkeiten schon vorüber sind, obwohl ich beim besten Willen nicht begreife, warum er unsere Situation so düster einschätzt, ist doch jeder andere an Bord davon überzeugt, dass wir auf wundersame Weise entkommen sind und nun gewiss das offene Meer erreichen werden.

»Sie glauben vermutlich, dass jetzt alles gut ist, Doktor?«, fragte er, als wir nach dem Essen beisammensaßen.

»Das hoffe ich«, erwiderte ich.

»Wir sollten uns nicht zu sehr in Sicherheit wiegen – und doch haben Sie zweifelsohne recht. Es wird nicht mehr lange dauern, bis wir alle unsere Liebsten in die Arme schließen können, nicht wahr, Junge? Aber noch sollten wir uns nicht zu sicher sein – nicht zu sicher.«

Er saß eine Weile schweigend da und ließ sein Bein nachdenklich hin und her schaukeln. »Sehen Sie«, fuhr er fort, »dies ist ein gefährlicher Ort. Ich habe gesehen, wie Männer in einer Landschaft wie dieser urplötzlich ihr Leben verloren. Manchmal genügt ein kleiner Ausrutscher – ein einziger falscher Schritt, und schon verschwindet man in einer Spalte, und nur eine Luftblase auf dem grünen Wasser markiert die Stelle, wo man versunken ist. Es ist seltsam«, fuhr er mit einem nervösen Lachen fort, »aber all die Jahre, die ich hier draußen verbracht habe, habe ich kein einziges Mal daran gedacht, ein Testament zu verfassen – nicht dass ich irgendetwas Erwähnenswertes zu vererben hätte, doch sollte ein Mann, der sich Gefahren aussetzt, nichtsdestotrotz alle seine Angelegenheiten geordnet und geregelt haben – finden Sie nicht auch?«

»Gewiss«, erwiderte ich, wunderte mich aber gleichzeitig, was er um Himmels willen damit sagen wollte.

»Er fühlt sich besser, wenn er weiß, dass alles geregelt ist«, ergänzte er. »Sollte mir also irgendetwas zustoßen, hoffe ich, dass Sie sich für mich um meine Sachen kümmern. In der Kabine befindet sich nur sehr wenig, aber wie es nun einmal ist, möchte ich, dass alles verkauft und der Erlös im selben Verhältnis wie das Ölgeld an die Crew verteilt wird. Ich möchte, dass Sie das Chronometer behalten, als kleines Andenken an Ihre Reise. Das ist natürlich alles nur eine reine Vorsichtsmaßnahme, aber ich dachte, ich könnte diese Gelegenheit nutzen, mit Ihnen darüber zu sprechen. Ich schätze, ich darf mich auf Sie verlassen, wenn es notwendig ist?«

»Ganz gewiss«, antwortete ich, »und da Sie diese Schritte unternehmen, will auch ich …«

»Sie! Sie!«, unterbrach er. »Ihnen geht es doch gut. Was zum Teufel ist los mit Ihnen? Also, ich möchte keine Standpauke halten, aber ich will nicht hören, wie ein junger Bursche, dessen Leben kaum erst begonnen hat, über den Tod spekuliert. Gehen Sie an Deck und füllen Sie Ihre Lungen mit frischer Luft, anstatt in der Kabine Unsinn zu reden und mich dazu zu ermuntern, dasselbe zu tun.«

Je länger ich nun über unser Gespräch nachdenke, desto weniger schmeckt es mir. Warum will der Mann seine Angelegenheiten ausgerechnet jetzt regeln, wo wir doch gerade allem Anschein nach der Gefahr entrinnen? Sein Wahnsinn muss Methode haben. Denkt er womöglich an Selbstmord? Ich erinnere mich, wie er einmal überaus ehrfurchtsvoll davon sprach, wie abscheulich das Verbrechen des Selbstmords doch sei. Ich werde ihn jedenfalls im Auge behalten, und auch wenn ich nicht in die Privatsphäre seiner Kabine eindringen kann, werde ich zumindest darauf beharren, an Deck zu bleiben, solange er sich ebenfalls dort aufhält.

Mr. Milne macht sich über meine Befürchtungen lustig und sagt, das sei nur »eine kleine Schrulle des Skippers«. Er selbst betrachtet unsere Situation in einem sehr günstigen Licht. Wenn es nach ihm geht, sind wir übermorgen aus dem Eis heraus, passieren zwei Tage später Jan Mayen und sichten in weniger als einer Woche die Shetlands. Ich hoffe, er ist nicht zu optimistisch. Seine Meinung ist jedoch ein guter Ausgleich zu den düsteren Vorkehrungen des Kapitäns, denn er ist ein alter und erfahrener Seemann, der nachdenkt, bevor er spricht.

* * *

Die lange schon drohende Katastrophe ist nun endlich über uns gekommen. Ich weiß kaum, wie ich darüber schreiben soll. Der Kapitän ist fort. Vielleicht kehrt er lebend zu uns zurück, aber ich fürchte das Schlimmste – das Schlimmste. Es ist jetzt sieben Uhr früh am 19. September. Ich habe die ganze Nacht damit zugebracht, mit einer Gruppe Seeleute die große Eisscholle vor uns zu überqueren, in der Hoffnung, irgendeine Spur von ihm zu finden, doch vergeblich. Ich will versuchen, von den Umständen seines Verschwindens zu berichten. Sollte irgendjemand zufällig einmal die Worte lesen, die ich niederschreibe, dann mögen meine Leser stets bedenken, dass ich keine Mutmaßungen anstelle oder nur Dinge vom Hörensagen berichte, sondern dass ich, ein geistig gesunder und gebildeter Mann, nur das beschreibe, was sich genau so vor meinen Augen abgespielt hat. Die Schlussfolgerungen sind meine eigenen, aber für die Fakten verbürge ich mich.

Der Kapitän blieb nach dem Gespräch, von dem ich berichtet habe, bei bester Laune. Er schien jedoch nervös und unruhig zu sein, wechselte häufig seinen Platz und zuckte planlos mit den Gliedern, wie dies zuweilen seine Art war. Innerhalb einer Viertelstunde ging er sieben Mal an Deck, nur um nach ein paar hastigen Schritten wieder herunterzusteigen. Ich folgte ihm jedes Mal, denn sein Gesichtsausdruck hatte etwas an sich, das meinen Entschluss festigte, ihn nicht aus den Augen zu lassen. Er schien zu bemerken, welchen Eindruck seine Bewegungen erweckten, denn er versuchte, meine Befürchtungen durch übertriebene Heiterkeit zu zerstreuen, und lachte lauthals über die kümmerlichsten Scherze.

Nach dem Abendessen ging er noch einmal aufs Achterdeck, und ich folgte ihm. Die Nacht war dunkel und sehr still, bis auf das melancholische Rauschen des Windes zwischen den Spieren. Eine dicke Wolke näherte sich aus Nordwest, und die zerlumpten Tentakel, die sie von sich streckte, trieben vor das Antlitz des Mondes, der nur hin und wieder durch einen Riss im Gewölk schien. Der Kapitän schritt hastig auf und ab, und dann, als er merkte, dass ich ihn immer noch überwachte, kam er zu mir herüber und meinte, es sei sicherlich besser, wenn ich nach unten ginge – ich muss wohl kaum erwähnen, dass mich dies zusätzlich in meinem Entschluss bestärkte, an Deck zu bleiben.

Ich glaube, er vergaß daraufhin, dass ich bei ihm war, denn er lehnte sich schweigend über die Heckreling und starrte hinaus auf die große Schneewüste, die zum Teil im Schatten lag und zum Teil neblig im Mondlicht schimmerte. Mehrmals konnte ich anhand seiner Bewegungen erkennen, dass er seine Taschenuhr konsultierte, und einmal murmelte er einen kurzen Satz, von dem ich nur das eine Wort aufschnappen konnte: »bereit«.

Ich gebe zu, dass mich ein unheimliches Gefühl beschlich, als ich seine hoch aufragende Gestalt in der Dunkelheit beobachtete und feststellte, wie sehr er dem Bild eines Mannes entsprach, der auf ein Rendezvous wartet. Doch ein Rendezvous mit wem? Eine vage Erkenntnis begann in mir zu dämmern, als ich die Fakten wie Puzzlestücke zusammensetzte, doch auf das, was dann geschah, war ich vollkommen unvorbereitet.

Anhand der Anspannung, die er plötzlich zeigte, spürte ich, dass er etwas gesehen hatte. Ich näherte mich ihm leise von hinten. Mit einem begierig fragenden Blick starrte er auf etwas, das wie eine Nebelschwade aussah, die rasch neben das Schiff geweht wurde. Es war eine undeutliche, nebelhafte Gestalt, formlos, mal mehr, mal weniger sichtbar, je nachdem, wie das Licht darauffiel. In diesem Moment wurde das Mondlicht von einer hauchdünnen Wolkenschicht wie durch die Haut einer Seeanemone gedämpft.

»Ich komm schon, Mädchen, ich komm schon«, rief der Skipper in einem Ton unermesslicher Zärtlichkeit und grenzenlosen Mitleids, als würde er seine Liebste mit einer lang ersehnten Gunst trösten, und ebenso glücklich, zu geben, wie zu empfangen.

Was folgte, geschah in Sekundenschnelle. Ich hatte keine Gelegenheit, einzugreifen. Mit einem Satz stand er auf dem Schanzkleid, und ein zweiter brachte ihn auf das Eis, fast genau zu Füßen der blassen Nebelgestalt. Er streckte die Hände aus, wie um sie zu umfangen, und rannte so mit ausgestreckten Armen und unter Liebesbekundungen in die Dunkelheit. Ich stand immer noch steif und reglos, zwang mich, seine schwindende Gestalt nicht aus den Augen zu verlieren, bis seine Stimme in der Ferne verstummte. Ich war sicher, dass ich ihn nie wiedersehen würde, doch in diesem Moment fiel das strahlend helle Mondlicht durch eine Lücke in der Wolkendecke und beleuchtete das große Eisfeld. Da sah ich seine dunkle Gestalt, wie sie, bereits sehr weit entfernt, in erstaunlicher Geschwindigkeit über die gefrorene Ebene rannte. Dies war der letzte Blick, den wir auf ihn erhaschten – vielleicht der allerletzte. Eine Gruppe wurde zusammengestellt, um ihm zu folgen, und ich begleitete sie, doch die Männer waren nicht mit Leib und Seele bei der Sache und fanden nichts. In einigen Stunden wird eine zweite Gruppe gebildet. Ich kann kaum glauben, dass ich das alles nicht geträumt oder nur unter einem bösen Albdruck gelitten habe, wenn ich diese Ereignisse hier niederschreibe.

7 Uhr 30 abends. – Gerade völlig zerschlagen und todmüde von einer zweiten erfolglosen Suche nach dem Kapitän zurückgekehrt. Die Eisscholle ist ungeheuer groß, denn obwohl wir mindestens zwanzig Meilen ihrer Fläche überquert haben, konnte man immer noch kein Ende erkennen. Der Frost war kürzlich so stark, dass die Schnee-

decke hart wie Granit ist, sonst hätten wir uns an seinen Fußspuren orientieren können. Die Crew möchte unbedingt ablegen und um die Scholle herumdampfen, denn das Eis ist in der Nacht aufgebrochen, und am Horizont kann man das Meer sehen. Sie meinen, dass Kapitän Craigie sicherlich tot sei und wir alle sinnlos unser Leben riskierten, wenn wir blieben, obwohl es einen Fluchtweg gebe. Mr. Milne und ich konnten sie nur mühsam dazu überreden, bis morgen Abend abzuwarten, und waren gezwungen, ihnen zu versprechen, dass wir unsere Abfahrt keinesfalls noch länger hinauszögern würden. Deshalb haben wir nun vor, ein paar Stunden zu schlafen und dann eine letzte Suchaktion zu beginnen.

20. September, abends. – Heute Morgen überquerte ich mit ein paar Männern das Eis und erkundete den südlichen Teil der Scholle, während Mr. Milne in nördliche Richtung loszog. Wir marschierten zehn bis zwölf Meilen, ohne die Spur irgendeines Lebewesens zu sehen, außer einem einzelnen Vogel, der weit über uns vorbeiflatterte und den ich aufgrund seiner Flugbewegungen für einen Falken hielt. Das südliche Ende des Eisfeldes verjüngte sich zu einer schmalen Landzunge, die ins Meer hineinragte. Als wir ihren Anfang erreichten, blieben die Männer stehen, doch ich bat sie, bis zum äußersten Ende weiterzugehen, um sicher zu sein, dass wir keine Möglichkeit außer Acht gelassen hatten.

Wir waren keine hundert Meter weit gegangen, als M'Donald aus Peterhead rief, dass er vor uns etwas sehen könne, und losrannte. Wir konnten auch alle etwas erkennen und liefen hinterher. Zunächst war es nur ein undeutlicher dunkler Fleck auf dem weißen Eis, doch während wir darauf zurannten, nahm es die Gestalt eines Mannes an und schließlich die desjenigen Mannes, nach dem wir suchten. Er lag mit dem Gesicht nach unten auf einem Eiswall. Viele kleine Eiskristalle und Schneeflocken waren bereits auf ihn geweht worden und glitzerten auf seiner dunklen Seemannsjacke. Dieweil wir uns näherten, wirbelte eine Windböe diese winzigen Flocken auf, hoch in die Luft, ließ sie zum Teil wieder fallen und fing sie dann erneut in ihrem Strom, der sie rasch in Richtung Meer trieb. In meinen Augen war es nichts weiter als eine Schneewehe, doch viele meiner Gefährten behaupteten, sie hätte anfangs die Gestalt einer Frau gehabt, die sich über die Leiche beugte, sie küsste und dann über die Eisscholle forteilte. Ich habe gelernt, mich über niemandes Meinung lustig zu machen, wie befremdlich diese auch scheinen mag. Sicher ist nur, dass Kapitän Craigies Ende kein qualvolles gewesen sein konnte, denn auf seinen bläulich verfärbten Gesichtszügen lag ein strahlendes Lächeln, und seine Hände waren immer noch ausgestreckt, als greife er nach jener seltsamen Besucherin, die ihn in die Schattenwelt jenseits des Grabes rief.

Wir bestatteten ihn am selben Nachmittag, eingehüllt in die Flagge des Schiffs und mit einer zweiunddreißig Pfund schweren Kanonenkugel an seinen Füßen. Ich verlas die Totenmesse, während die rauen Seeleute wie die Kinder weinten, denn viele von ihnen standen tief in der Schuld seines freundlichen Herzens und offenbarten nun die Zuneigung, die er mit seinem seltsamen Betragen zu Lebzeiten abgewiesen hatte. Er rutschte mit einem dumpfen, tristen Platschen von der Gräting, und als ich hinab in das grüne Wasser blickte, sah ich ihn immer tiefer und tiefer sinken, bis er nur noch ein kleiner, flackernder weißer Fleck am Rand der ewigen Dunkelheit war. Dann verschwand sogar dieser, und er war fort. Dort liegt er nun, mit all seinen Geheimnissen und seinem Kummer tief in seinem Herzen begraben, bis zu jenem großen Tag, wenn das Meer all seine Toten freigibt und Nicholas Craigie mit einem Lächeln auf dem Gesicht und seinen zum Gruß ausgestreckten steifen Armen aus dem Eis hervortritt. Ich bete dafür, dass sein Schicksal in jenem Leben glücklicher sein wird, als es in diesem gewesen ist.

Ich werde mein Tagebuch nicht fortsetzen. Unser Weg zurück in die Heimat liegt klar und deutlich vor uns, und das große Eisfeld wird bald nur noch eine Erinnerung an die Vergangenheit sein. Es wird eine Weile dauern, ehe ich den Schock der jüngsten Ereignisse überwunden habe. Als ich diese Aufzeichnungen über unsere Reise begann, konnte ich kaum ahnen, wie ich sie eines Tages würde beenden müssen. Ich schreibe diese letzten Worte in meiner einsamen Kabine, schrecke manchmal immer noch auf und glaube, die eiligen, nervösen Schritte des Toten auf dem Deck über mir zu hören. Heute Abend betrat ich pflichtgemäß seine Kabine, um eine Liste seiner Habe zusammenzustellen, die in das offizielle Logbuch übertragen werden soll. Alles war noch genau so, wie ich es bei meinem letzten Besuch vorgefunden hatte, bis auf das von mir beschriebene Bild, das über dem Kopfende des Bettes gehangen hatte – es war anscheinend mit einem Messer aus dem Rahmen geschnitten worden und verschwunden. Mit diesem letzten Glied in einer seltsamen Kette von Beweisstücken schließe ich mein Tagebuch der Reise der *Pole-Star*.

[Anmerkung von Dr. John M'Alister Ray, Senior. – Ich habe die seltsamen Ereignisse im Zusammenhang mit dem Tod des Kapitäns der *Pole-Star* gelesen, wie sie im Tagebuch meines Sohnes dargestellt werden. Darauf, dass alles genau so geschah, wie er es schildert, vertraue ich ganz und gar und bin mir dessen wirklich vollkommen sicher, da ich ihn als nervenstarken und nüchternen Mann kenne, der stets der Wahrheit verpflichtet ist. Dennoch ist die Geschichte von außen betrachtet so nebulös und unwahrscheinlich, dass ich mich einer Veröffentlichung lang widersetzt habe. In den letzten Tagen habe ich jedoch unabhängige Aussagen zu diesem Thema gehört, die ein neues Licht auf die Angelegenheit werfen. Ich war nach Edinburgh gereist, um einen Kongress des Britischen Ärztebundes zu besuchen, als ich zufällig Dr. P—— traf, einen alten Collegefreund, der heute in Saltash, Devonshire, praktiziert. Als ich ihm von den Erlebnissen meines Sohnes erzählte, behauptete er, den Kapitän gekannt zu haben, und fuhr zu meinem großen Erstaunen fort, mir eine Beschreibung zu liefern, die in bemerkenswerter Weise jener im Tagebuch entsprach, nur dass er ihn als jungen Mann schilderte. Nach seinen Worten war er mit einer jungen Dame von einmaliger Schönheit verlobt gewesen, die an der Küste von Cornwall wohnte. Während er auf See war, starb seine Verlobte unter ausgesprochen grauenvollen Umständen.]

Der Schwarze Peter

ANMERKUNG DER HERAUSGEBER: In den Sherlock-Holmes-Geschichten finden unzählige Schiffe und Seeleute aller Art Erwähnung, doch weist keine so deutliche Spuren von Conan Doyles Erfahrungen an Bord der *Hope* auf wie »The Adventure of Black Peter«, in der ein Walfangkapitän mit einer Stahlharpune in der Brust, »festgenagelt wie ein Käfer auf einem Stück Karton«, aufgefunden wird. Einigen von Conan Doyles Biografen zufolge zog die Veröffentlichung der Erzählung in *The Strand Magazine* im März 1904 einen wütenden Brief von John Gray nach sich, was darauf hindeute, dass der Kapitän der *Hope* sich bis zu einem gewissen Grad in dem schurkischen Peter Carey wiedererkannte. Dies scheint jedoch unwahrscheinlich, nicht nur, weil Carey in der Geschichte aus Dundee, dem Hafen von Grays Rivalen, stammt, sondern vor allem, weil Kapitän Gray bereits zwölf Jahre vor der Veröffentlichung der Geschichte zu Hause in Peterhead gestorben war.

* * *

Nie habe ich meinen Freund in besserer geistiger und körperlicher Verfassung erlebt als im Jahr 1895. Seine zunehmende Berühmtheit hatte zu einem ungeheuren Arbeitspensum geführt, und ich wäre indiskret, wenn ich die Identität einiger der illustren Klienten, die unser bescheidenes Heim in der Baker Street aufsuchten, auch nur andeutungsweise preisgeben würde. Holmes lebte jedoch, wie alle großen

Künstler, für seine Kunst, und außer im Fall des Herzogs von Holdernesse habe ich kaum je erlebt, dass er einen größeren Lohn für seine unschätzbaren Dienste forderte. Er war so weltfremd – oder so eigenwillig –, dass er es oft ablehnte, den Mächtigen und Reichen zu helfen, wenn ihn das Problem nicht auf irgendeine Weise interessierte, während er sich dem Anliegen irgendeines armen Klienten, dessen Fall jene seltsamen und dramatischen Eigenschaften aufwies, die seine Vorstellungskraft reizten und seine Erfindungsgabe herausforderten, wochenlang mit größtem Eifer widmete.

In diesem denkwürdigen Jahr '95 hatte eine ganze Reihe merkwürdiger und verschiedenartiger Fälle seine Aufmerksamkeit gefesselt, von seinen berühmten Nachforschungen zum plötzlichen Tod von Kardinal Tosca – einer Untersuchung, die er auf ausdrücklichen Wunsch Seiner Heiligkeit des Papstes durchführte – bis zur Verhaftung Wilsons, des berüchtigten Kanarienvogeltrainers, die dafür sorgte, dass ein ganzer Seuchenherd aus dem Londoner East End verschwand. Dicht auf den Fersen dieser ruhmreichen Fälle folgten schließlich die Tragödie von Woodman's Lee und die überaus obskuren Umstände des Todes von Kapitän Peter Carey.

Jeder Bericht über die Abenteuer von Sherlock Holmes wäre unvollständig, wenn er nicht einige Worte zu dieser äußerst ungewöhnlichen Affäre enthielte.

In der ersten Juliwoche war mein Freund so oft und lange aus unserer Wohnung fort gewesen, dass ich wusste, er hatte etwas auf Lager. Die Tatsache, dass in jener Zeit einige Männer von roher Erscheinung vorbeischauten und nach Kapitän Basil fragten, gab mir zu verstehen, dass Holmes irgendwo unter dem Deckmantel einer seiner zahlreichen Verkleidungen und falschen Namen agierte, mit denen er seine eigene ehrenwerte Identität verhüllte. Er besaß mindestens fünf kleine Zufluchtsorte in verschiedenen Stadtteilen Londons, an denen er seine Persönlichkeit wechseln konnte. Er erzählte mir nichts von seinen Angelegenheiten, und es entsprach nicht meiner Gewohnheit,

Vertraulichkeiten zu erzwingen. Das erste ausdrückliche Zeichen, das er mir dann hinsichtlich der Richtung, die seine Ermittlungen einschlugen, gab, war durchaus bemerkenswerter Natur. Er war vor dem Frühstück ausgegangen, und ich hatte mich gerade zu meinem niedergelassen, als er das Zimmer betrat, seinen Hut auf dem Kopf und einen riesigen Speer mit gezackter Spitze wie einen Regenschirm unter den Arm geklemmt.

»Du meine Güte, Holmes!«, rief ich. »Sie sind doch nicht etwa mit diesem Ding durch London spaziert?«

»Ich bin zum Metzger und zurück gefahren.«

»Zum Metzger?«

»Und ich kehre mit ausgezeichnetem Appetit heim. Kein Zweifel, mein lieber Watson, Leibesübungen vor dem Frühstück haben ihren Wert. Aber ich bin bereit, darauf zu wetten, dass Sie nicht erraten, welche Übungen ich gemacht habe.«

»Ich will es gar nicht erst versuchen.«

Er lachte leise, während er den Kaffee einschenkte.

»Wenn Sie einen Blick in den hinteren Teil von Allardyces Laden geworfen hätten, dann hätten sie ein totes Schwein an einem Haken von der Decke baumeln gesehen und einen Herrn in Hemdsärmeln, der mit dieser Waffe wie wild darauf einstach. Jene energische Person war nämlich ich, und ich habe mich davon überzeugt, dass ich auch unter Aufwendung all meiner Kraft das Schwein nicht mit einem einzigen Stoß durchbohren kann. Vielleicht möchten Sie es einmal versuchen?«

»Nicht um alles in der Welt. Aber warum haben Sie das getan?«

»Weil mir schien, als gebe es einen indirekten Zusammenhang zu dem Rätsel von Woodman's Lee. – Ah, Hopkins, ich habe Ihr Telegramm gestern Abend erhalten und Sie bereits erwartet. Kommen Sie herein und setzen Sie sich zu uns.«

Unser Besucher war ein äußerst aufgeweckter Mann von dreißig Jahren, er trug einen unauffälligen Tweedanzug, zeigte jedoch die aufrechte Haltung eines Mannes, der an Dienstuniformen gewöhnt war. Ich erkannte ihn sogleich als Stanley Hopkins, einen jungen Polizeiinspektor, in dessen Zukunft Holmes große Hoffnungen setzte, während er im Gegenzug die Bewunderung eines Schülers für und den Respekt vor den wissenschaftlichen Methoden des namhaften Amateurs hegte. Hopkins blickte finster drein und machte einen sehr niedergeschlagenen Eindruck, als er sich setzte.

»Nein, danke, Sir, ich habe bereits gefrühstückt, bevor ich mich zu Ihnen auf den Weg gemacht habe. Ich habe die Nacht in der Stadt verbracht, da ich bereits gestern herkam, um Meldung zu machen.«

»Und was hatten Sie zu vermelden?«

»Versagen, Sir – absolutes Versagen.«

»Sie haben keine Fortschritte erzielt?«

»Keine.«

»Liebe Güte! Ich muss mir die Sache einmal ansehen.«

»Ich wünsche mir von Herzen, dass Sie das tun, Mr. Holmes. Dies ist meine erste große Chance, und ich bin mit meiner Weisheit am Ende. Kommen Sie um Himmels willen mit und helfen Sie mir.«

»Gut, gut, zufällig habe ich ohnehin gerade alle verfügbaren Beweise mit einiger Sorgfalt studiert, einschließlich des Berichts der gerichtlichen Untersuchung. Was halten Sie übrigens von dem Tabakbeutel, der am Tatort gefunden wurde? Ist das kein Anhaltspunkt?«

Hopkins blickte überrascht.

»Der Beutel gehörte dem Mann, Sir. Seine Initialen befanden sich auf der Innenseite. Und er war aus Robbenfell – und er selbst ein alter Robbenjäger.«

»Aber er besaß keine Pfeife.«

»Nein, Sir, wir konnten keine Pfeife finden. Tatsächlich rauchte er nur sehr wenig. Aber vielleicht hatte er ein wenig Tabak für seine Freunde dabei.«

»Zweifellos. Ich erwähne es nur, weil ich es wohl zum Ausgangspunkt der Ermittlungen gemacht hätte, wenn ich mich um den Fall kümmern würde. Mein Freund Dr. Watson weiß jedoch noch überhaupt nichts von dieser Geschichte, und auch mir wird es nicht schaden, wenn ich den Ablauf der Ereignisse noch einmal zu hören bekomme. Bitte skizzieren Sie nur kurz das Wesentliche.«

Stanley Hopkins zog ein Stück Papier aus der Tasche.

»Ich habe hier eine kleine Chronik, die Ihnen eine Vorstellung vom Lebenslauf des Toten, Kapitän Peter Carey, geben wird. Er wurde 1845 geboren – demnach war er fünfzig Jahre alt. Er war ein äußerst wagemutiger und erfolgreicher Robbenjäger und Walfänger. 1883 kommandierte er den Robbenjagd-Dampfer *Sea Unicorn* aus Dundee. Zu dem Zeitpunkt konnte er bereits auf mehrere erfolgreiche Fahrten hintereinander zurückblicken, und im darauffolgenden Jahr 1884 setzte er sich zur Ruhe. In den Jahren danach ging er auf Reisen und kaufte sich schließlich ein kleines Anwesen namens Woodman's Lee, in der Nähe von Forest Row, in Sussex. Dort hat er die letzten sechs Jahre gelebt, und dort starb er heute vor einer Woche.

Über diesen Mann gibt es einiges äußerst Bemerkenswertes zu berichten. Im Alltag war er ein strenger Puritaner – ein schweigsamer, schwermütiger Bursche. Sein Haushalt bestand aus seiner Frau, seiner zwanzigjährigen Tochter und zwei Dienstmädchen. Diese wechselten ständig, denn die Arbeitsumstände waren nie besonders erbaulich und manchmal geradezu unerträglich. Der Mann war Gelegenheitstrinker, und im Rausch verwandelte er sich in einen regelrechten Teufel. Er war bekannt dafür, Frau und Tochter mitten in der Nacht aus dem Haus zu jagen und durch den Park zu prügeln, bis das ganze Dorf jenseits der Tore durch ihre Schreie geweckt wurde.

Einmal wurde er vorgeladen wegen eines blindwütigen Angriffs auf den alten Vikar, der ihn besucht hatte, um ihn wegen seines Verhaltens zu tadeln. Kurzum, Mr. Holmes, man müsste lange suchen, um einen gefährlicheren Mann als Peter Carey zu finden, und ich habe gehört, dass er schon dieselben Wesenszüge an den Tag legte, als er noch sein Schiff kommandierte. In seinem Gewerbe war er als

»Schwarzer Peter« bekannt, und dies nicht nur wegen seines dunklen Teints und der Farbe seines mächtigen Barts, sondern wegen seiner Launen, mit denen er alle um ihn herum terrorisierte. Ich muss wohl kaum erwähnen, dass er von jedem einzelnen seiner Nachbarn gehasst und gemieden wurde und dass ich kein einziges Wort des Bedauerns über sein schreckliches Ende gehört habe.

Sie müssen bereits in dem Bericht der gerichtlichen Untersuchung von der Kajüte des Mannes gelesen haben, Mr. Holmes, aber vielleicht weiß Ihr Freund nichts davon. Er hatte sich ein paar Hundert Meter vom Haus entfernt einen Holzschuppen gebaut – er nannte ihn stets die ›Kajüte‹ –, wo er jede Nacht schlief. Es war eine kleine Hütte mit nur einem Raum, fünfzehn Quadratmeter groß. Er hatte den Schlüssel dazu stets in seiner Tasche, machte sein Bett selbst, putzte eigenhändig und erlaubte niemandem, über die Schwelle zu treten. Auf jeder Seite gibt es kleine Fenster mit Vorhängen, die nie geöffnet wurden. Eines dieser Fenster wies in Richtung Landstraße, und wenn nachts darin Licht brannte, machten sich die Dorfleute gegenseitig darauf aufmerksam und fragten sich, was der Schwarze Peter wohl dort drinnen anstellte. Dieses Fenster, Mr. Holmes, lieferte uns eines der wenigen Beweisstücke, die wir während der Untersuchung entdeckt haben.

Sie erinnern sich, dass ein Steinmetz, Slater sein Name, zwei Tage vor dem Mord um ein Uhr morgens die Forest Row entlangging, als er auf der Höhe des Anwesens stehen blieb und das Viereck aus Licht betrachtete, das immer noch zwischen den Bäumen leuchtete. Er schwört, dass auf dem Vorhang deutlich der Schatten eines Männerkopfes im Profil zu erkennen war und dass dieser Schatten gewiss nicht jener von Peter Carey gewesen sei, den er gut kenne. Er gehörte einem Mann mit Bart, aber einem kurzen, der sich ganz anders als derjenige des Kapitäns nach vorne sträubte. Das behauptet er, allerdings war er vorher zwei Stunden im Pub, und das Fenster ist von der Straße ziemlich weit entfernt. Außerdem geschah es am Montag, während das Verbrechen erst am Mittwoch begangen wurde.

Am Dienstag war Peter Carey in einer seiner übelsten Launen, vom Alkohol ganz erhitzt und so rabiat wie ein gefährliches wildes Tier. Er wanderte im Haus umher, und die Frauen liefen schnell fort, als sie hörten, dass er sich näherte. Spät am Abend ging er hinüber in seine eigene Hütte. Ungefähr um zwei Uhr am folgenden Morgen hörte seine Tochter, die bei offenem Fenster schlief, einen überaus furchtbaren Schrei aus dieser Richtung, doch war es für ihn nicht ungewöhnlich, herumzugrölen und zu schreien, wenn er betrunken war, weswegen man dem keine weitere Beachtung schenkte. Eines der Hausmädchen bemerkte, als es um sieben aufstand, dass die Hüttentür offen stand, doch die Angst, die dieser Mann verbreitete, war so groß, dass es Mittag wurde, bevor jemand wagte, nach ihm zu sehen. Als sie durch die offene Tür spähten, bot sich ihnen ein Anblick, der sie mit bleichen Gesichtern ins Dorf fliehen ließ. Innerhalb einer Stunde war ich vor Ort und übernahm den Fall.

Nun, wie Sie wissen, Mr. Holmes, habe ich recht gute Nerven, aber ich gebe Ihnen mein Wort, dass ich am ganzen Leib zu zittern begann, als ich meinen Kopf in das Häuschen steckte. Es brummte wie ein Harmonium vor lauter Stuben- und Schmeißfliegen, und Boden und Wände glichen einem Schlachthaus. Er hatte es Kajüte genannt, und nichts anderes war es auch, denn man meinte, man befände sich auf einem Schiff. An einem Ende gab es eine Koje, eine Seekiste, Karten und Pläne, ein Bild der *Sea Unicorn*, ein Regal voller Logbücher, alles genau so, wie man es in einer Kapitänskabine erwarten würde. Und in der Mitte von alledem sah man den Mann selbst, sein Gesicht war verzerrt wie eine verlorene Seele unter Folterqualen, und sein mächtiger, grau melierter Bart hatte sich im Todeskampf gesträubt. Eine Stahlharpune war geradewegs durch seine breite Brust gestoßen und tief in das Holz der Wand hinter ihm getrieben worden. Er war festgenagelt wie ein Käfer auf einem Stück Karton. Natürlich war er mausetot, und zwar seit dem letzten qualvollen Schrei, den er ausgestoßen hatte.

Ich kenne Ihre Methoden, Sir, und wandte sie an. Bevor ich zuließ, dass irgendetwas angefasst wurde, untersuchte ich sorgfältig den Boden vor und in der Hütte. Es gab keine Fußabdrücke.«

»Das heißt, Sie haben keine gesehen?«

»Ich versichere Ihnen, Sir, dass keine vorhanden waren.«

»Mein lieber Hopkins, ich habe bereits viele Verbrechen untersucht, bin aber noch nie auf eines gestoßen, das von einem fliegenden Wesen verübt wurde. Solange der Kriminelle sich auf zwei Beinen bewegt, muss es irgendeine Delle oder irgendwelche Abdrücke geben, etwas, das minimal verrückt worden ist und von einem wissenschaftlichen Ermittler aufgespürt werden kann. Es ist schwer zu glauben, dass dieser blutbespritzte Raum keine Spuren enthielt, die uns hätten helfen können. Der Untersuchungsbericht deutet jedoch darauf hin, dass Sie einige Gegenstände gar nicht näher betrachtet haben?«

Der junge Inspektor zuckte bei den ironischen Kommentaren meines Gefährten zusammen.

»Es war dumm von mir, Sie in dem Moment nicht hinzuzuziehen, Mr. Holmes, aber daran kann man jetzt nichts mehr ändern. Ja, da waren verschiedene Gegenstände in dem Zimmer, die besondere Aufmerksamkeit verlangten.

Einer war die Harpune, mit der die Tat verübt wurde. Man hatte sie von einem Gestell an der Wand abgenommen. Zwei weitere hingen noch dort, und der Platz für die dritte war leer. Am Griff waren die Worte ›S. S. *Sea Unicorn*, Dundee‹ eingraviert. Dies schien zu bestätigen, dass das Verbrechen in einem Moment des Zorns begangen wurde und dass der Mörder sich die erstbeste Waffe geschnappt hatte, die ihm in die Hände fiel. Die Tatsache, dass der Mord um zwei Uhr früh begangen wurde und Peter Carey dennoch vollständig bekleidet war, deutet darauf hin, dass er eine Verabredung mit dem Täter hatte, was der Umstand belegt, dass eine Flasche Rum und zwei benutzte Gläser auf dem Tisch standen.«

»Ja«, sagte Holmes, »ich halte beide Schlussfolgerungen für zulässig. Befand sich außer Rum noch ein anderes alkoholisches Getränk in dem Zimmer?«

»Ja, auf der Seekiste stand ein Flaschenständer mit Brandy und Whiskey. Für uns ist dies jedoch ohne Bedeutung, da beide Flaschen voll waren, weswegen niemand daraus getrunken hatte.«

»Dennoch ist es nicht unwichtig, dass er dort stand«, sagte Sherlock Holmes. »Erzählen Sie uns jedoch mehr von den Gegenständen, die Ihrer Meinung nach etwas mit dem Fall zu tun haben.«

»Auf dem Tisch lag ein Tabakbeutel.«

»Wo genau auf dem Tisch?«

»Er lag in der Mitte. Er war aus rauem Robbenfell gefertigt – mit glattem Fell und einer Lederschnur zum Zubinden. Auf der Innenseite der Klappe stand ›P. C.‹. Darin befanden sich vierzehn Gramm starker Schiffstabak.«

»Ausgezeichnet. Was noch?«

Stanley Hopkins zog ein graubraunes Notizbuch aus der Tasche. Der Einband war rau und abgewetzt, die Seiten ausgebleicht. Auf der ersten Seite standen die Initialen »J. H. N.« und das Datum »1883« geschrieben. Holmes legte es auf den Tisch und untersuchte es peinlich genau, wie es seine Art war, während Hopkins und ich ihm links und rechts über die Schulter blickten. Auf der zweiten Seite standen die gedruckten Buchstaben »C. P. R.«, gefolgt von einigen Zahlentabellen. Eine andere Überschrift lautete »Argentinien«, eine »Costa Rica« und eine weitere »São Paulo«, und auf jede folgten einige Seiten mit Zeichen und Zahlen.

»Was halten Sie davon?«, fragte Sherlock Holmes.

»Es scheint sich um Listen von Aktien zu handeln. Ich hielt ›J. H. N.‹ für die Initialen eines Börsenmaklers, und ›C. P. R.‹ könnte sein Kunde sein.«

»Versuchen Sie es mit Canadian Pacific Railway«, sagte Holmes.

Stanley Hopkins stieß einen unterdrückten Fluch aus und schlug sich mit der geballten Faust auf den Oberschenkel.

»Wie dumm von mir!«, rief er. »Natürlich ist es so, wie Sie sagen. Jetzt müssen wir nur noch die Initialen ›J. H. N.‹ klären. Ich habe bereits die alten Aktienlisten durchgesehen, und ich konnte für das Jahr 1883 weder innerhalb der Börse noch unter unabhängigen Maklern jemanden finden, dessen Initialen mit diesen übereinstimmen. Dennoch spüre ich, dass dieser Hinweis mein wichtigster ist. Sie werden zugeben, Mr. Holmes, dass diese Initialen möglicherweise jene der zweiten anwesenden Person sein könnten – mit anderen Worten, jene des Mörders. Auch möchte ich nachdrücklich darauf hinweisen, dass die Einführung eines Dokuments in die Ermittlungsarbeit, welches eine große Anzahl wertvoller Aktien auflistet, uns den ersten Hinweis auf das Mordmotiv bietet.«

Sherlock Holmes' Gesichtsausdruck zeigte, dass ihn diese neue Entwicklung völlig überraschte.

»Ich muss Ihnen in beiden Punkten zustimmen«, sagte er. »Ich gebe zu, dass dieses Notizbuch, das bei der gerichtlichen Untersuchung unerwähnt blieb, all meine Meinungen ändert, die ich mir ansonsten vielleicht gebildet habe. Ich hatte eine Theorie zu dem Mordfall, die hiermit unvereinbar ist. Haben Sie versucht, einige der hier erwähnten Aktien aufzuspüren?«

»Die entsprechenden Maklerbüros werden derzeit befragt, doch ich befürchte, dass das komplette Register der Aktieninhaber dieser südamerikanischen Konzerne sich in Südamerika befindet und dass einige Wochen ins Land ziehen werden, ehe wir die Aktien zurückverfolgen können.«

Holmes hatte den Umschlag des Notizbuchs mit seiner Lupe untersucht.

»Wenn das hier nicht eine kleine Verfärbung ist«, sagte er.

»Ja, Sir, ein Blutfleck. Ich habe Ihnen ja gesagt, dass ich das Buch vom Boden aufhob.«

»War der Blutfleck oben oder unten?«

»Auf der Seite, die zum Boden zeigte.«

»Was natürlich beweist, dass das Buch fallen gelassen wurde, nachdem das Verbrechen verübt worden war.«

»Genau, Mr. Holmes. Ich habe über diesen Punkt nachgedacht und den Schluss gezogen, dass es vom Mörder fallen gelassen wurde, als dieser sich schleunigst aus dem Staub machte. Es lag in der Nähe der Tür.«

»Ich vermute, dass keine dieser Wertpapiere bei den Besitztümern des Toten gefunden wurden?«

»Nein, Sir.«

»Haben Sie irgendeinen Grund, von Raub auszugehen?«

»Nein, Sir, anscheinend wurde nichts angerührt.«

»Du liebe Güte, das ist wirklich ein sehr interessanter Fall. Dann war da noch ein Messer, nicht wahr?«

»Ein Jagdmesser, das noch in der Scheide steckte. Es lag zu Füßen des Toten. Mrs. Carey hat es als Eigentum ihres Mannes identifiziert.«

Holmes verlor sich eine Weile in Gedanken.

»Nun«, sagte er schließlich, »ich sollte wohl einmal hingehen und mir das Ganze anschauen.«

Stanley Hopkins stieß einen Freudenschrei aus.

»Danke, Sir. Mir fällt wirklich ein Stein vom Herzen.«

Holmes hob mahnend den Finger vor dem Inspektor.

»Vor einer Woche wäre die Arbeit leichter gewesen«, sagte er. »Doch vielleicht wird mein Besuch auch jetzt nicht ganz vergeblich sein. Watson, wenn Sie Zeit haben, würde ich mich über Ihre Gesellschaft sehr freuen. Hopkins, wenn Sie eine Droschke rufen, können wir in einer Viertelstunde zur Forest Row aufbrechen.«

Nachdem wir an dem kleinen Bahnhof ausgestiegen waren, fuhren wir einige Meilen durch ein ausgedehntes Waldstück, das früher zu den großen Wäldern gehörte, die einst die sächsischen Invasoren so lange in Schach gehalten hatten – der undurchdringliche »weald«, der Britannien sechzig Jahre lang als Bollwerk diente. Große Teile davon wurden mittlerweile gerodet, denn hier standen die ersten Eisenhütten des Landes, und die Bäume wurden gefällt, um das Erz zu schmelzen. Nun haben die reicheren Gebiete im Norden das Gewerbe verdrängt, und nur diese geplünderten Haine und großen Narben im Erdboden erinnern noch an die Arbeit vergangener Tage. Hier, auf einer Lichtung am grünen Hang eines Hügels, stand ein flaches, längliches Steinhaus, zu dem über die Felder eine gewundene Straße hinführte. Näher an der Straße, an drei Seiten von Büschen umgeben, stand ein kleiner Schuppen, dessen Fenster und Tür in unsere Richtung wiesen. Hier war der Mord verübt worden.

Stanley Hopkins führte uns zunächst zu dem Haus, wo er uns einer hageren, grauhaarigen Frau vorstellte, der Witwe des Mordopfers, deren abgehärmtes und von tiefen Falten zerfurchtes Gesicht mit dem verstohlenen Blick der Angst in den Tiefen ihrer blutunterlaufenen Augen von den jahrelangen Strapazen und Misshandlungen kündete, die sie erduldet hatte. Bei ihr war ihre Tochter, ein blasses, blondes Mädchen, deren Augen trotzig aufblitzten, als sie uns mitteilte, dass sie über den Tod ihres Vaters froh sei und die Hand segne, die ihn niedergestreckt habe. Es war ein schrecklicher Haushalt, den sich der Schwarze Peter Carey geschaffen hatte, und wir waren einigermaßen erleichtert, als wir uns wieder im Sonnenlicht befanden und einem Pfad durch die Felder folgten, den die Füße des Toten ausgetreten hatten.

Der Schuppen war ein äußerst schlichtes Bauwerk, mit Holzwänden, einem Schindeldach, einem Fenster neben der Tür und einem auf der gegenüberliegenden Seite. Stanley Hopkins zog den Schlüssel aus seiner Tasche und hatte sich bereits über das Schloss gebeugt, als er mit einem wachsamen und erstaunten Blick innehielt.

»Jemand hat daran herumgepfuscht«, sagte er.

Daran war nicht zu zweifeln. Das Holz wies Messerspuren auf, die Kerben blitzten hell unter dem Anstrich hervor, als wären sie noch ganz frisch. Holmes inspizierte derweil das Fenster.

»Auch das hier hat jemand mit Gewalt zu öffnen versucht. Wer immer das war, es ist ihm nicht gelungen, einzudringen. Es muss sich um einen überaus kümmerlichen Einbrecher gehandelt haben.«

»Das ist wirklich bemerkenswert«, sagte der Inspektor. »Ich könnte schwören, dass diese Spuren gestern Abend noch nicht zu sehen waren.«

»Vielleicht ein Neugieriger aus dem Dorf«, schlug ich vor.

»Sehr unwahrscheinlich. Von denen würde kaum einer es wagen, das Grundstück zu betreten, und erst recht nicht, gewaltsam in die Hütte einzudringen. Was denken Sie, Mr. Holmes?«

»Ich denke, das Schicksal meint es sehr gut mit uns.«

»Sie glauben, dass der Betreffende wiederkommen wird?«

»Höchstwahrscheinlich. Der Betreffende kam in der Erwartung, die Tür offen vorzufinden. Er versuchte, sich mit der Klinge eines sehr kleinen Taschenmessers Zutritt zu verschaffen. Es ist ihm nicht gelungen. Was würde er daraufhin wohl tun?«

»In der nächsten Nacht mit einem besseren Werkzeug wiederkommen?«

»Das will ich meinen. Wir sind selbst schuld, wenn wir nicht hier auf ihn warten. Inzwischen würde ich mir gern das Innere der Hütte ansehen.«

Die Spuren der Tragödie waren beseitigt worden, doch die Einrichtung des kleinen Zimmers stand noch genau so wie in der Mordnacht. Holmes untersuchte zwei Stunden mit äußerster Konzentration jedes einzelne Objekt, doch sein Gesichtsausdruck verriet, dass seine Suche nicht erfolgreich war. Nur einmal hielt er in seiner geduldigen Ermittlung inne.

»Haben Sie irgendetwas aus diesem Regal genommen, Hopkins?«

»Nein, ich habe nichts angerührt.«

»Hier wurde etwas herausgenommen. In dieser Ecke des Regals ist weniger Staub als anderswo. Es könnte sich um ein auf der Seite liegendes Buch gehandelt haben. Es mag aber auch eine Schachtel gewesen sein. Nun ja, mehr kann ich nicht tun. Lassen Sie uns in diesen schönen Wäldern spazieren gehen, Watson, und uns ein paar Stunden lang den Vögeln und Blumen widmen. Wir treffen uns später wieder hier, Hopkins, und wollen doch mal sehen, ob wir dem Herrn, der hier gestern seinen Besuch abgestattet hat, nicht auf die Pelle rücken können.«

Nach elf Uhr legten wir unseren kleinen Hinterhalt. Hopkins wollte die Tür der Hütte offen lassen, doch Holmes meinte, dies würde das Misstrauen des Fremden wecken. Das Schloss war ein ganz einfaches Fabrikat, und man brauchte lediglich eine robuste Klinge, um es zu entriegeln. Holmes schlug außerdem vor, nicht in der Hütte, sondern draußen zwischen den Büschen zu warten, die um das hintere Fenster herum wuchsen. Auf diese Weise sollten wir unseren Mann beobachten können, wenn er ein Licht anzündete, und sehen, was er bei seinem heimlichen nächtlichen Besuch zu finden hoffte.

Es war eine lange und melancholische Nachtwache, die dennoch ein klein wenig von der Aufregung vermittelte, die ein Jäger verspürt, der neben einer Wasserstelle lauert und auf die Ankunft seines durstigen Beutetiers wartet. Was für ein wildes Geschöpf würde sich da in der Dunkelheit anschleichen? Ein grimmiger Tiger des Verbrechens, den man nur nach einem harten Kampf mit Klauen und Zähnen würde fangen können, oder ein heimtückischer Schakal, der nur den Schwachen und Schutzlosen gefährlich wird? Mucksmäuschenstill kauerten wir uns zwischen die Büsche und warteten auf das, was da kommen mochte. Anfangs lockerten die Schritte einiger spät nach Hause gehender Dorfbewohner oder Stimmen aus dem Dorf unsere Wache auf, doch diese Unterbrechungen wurden immer seltener, und um uns herum herrschte absolute Stille, bis auf den Glockenschlag einer fernen Kirche, der für uns die nächtlichen Stunden zählte, und den raschelnden und flüsternden Nieselregen, der auf das Blätterdach fiel, das uns schützte.

Es hatte halb drei geschlagen, und es war die dunkelste Stunde vor der Morgendämmerung, als wir alle von einem leisen, aber scharfen Klickgeräusch aufgeschreckt wurden, das aus der Richtung des Tors kam. Jemand hatte die Zufahrt betreten. Dann herrschte erneut Stille, und ich begann bereits zu fürchten, dass es sich um einen falschen Alarm gehandelt hatte, als man verstohlene Schritte auf der anderen Seite der Hütte und kurz darauf ein metallisches Kratzen und Klimpern vernahm. Der Mann versuchte, das Schloss zu knacken! Diesmal ging er geschickter vor oder hatte besseres Werkzeug, denn plötzlich ertönte ein Klicken und anschließend das Quietschen der Türangeln. Dann wurde ein Streichholz entfacht, und kurz darauf erfüllte Kerzenlicht das Innere der Hütte. Wir alle starrten gebannt durch den dünnen Vorhang hindurch auf das, was sich in dem Zimmer abspielte.

Der nächtliche Besucher war ein junger Mann, schwächlich und dünn, mit einem schwarzen Schnurrbart, der die Totenblässe seines Gesichts verstärkte. Er konnte nicht viel älter als zwanzig Jahre gewesen sein. Ich habe noch nie einen Menschen gesehen, der sich so jämmerlich fürchtete, denn er klapperte sichtlich mit den Zähnen und zitterte am ganzen Leib. Er war wie ein Gentleman in Norfolk-Jacke und Knickerbocker gekleidet und trug eine Arbeitermütze. Wir beobachteten, wie er sich angsterfüllt umblickte. Dann stellte er den Kerzenstummel auf den Tisch und verschwand aus unserem Sichtfeld in einer Ecke. Mit einem großen Buch in der Hand tauchte er wieder auf, einem der Logbücher, die nebeneinander auf dem Regal standen. Er lehnte sich an den Tisch und blätterte den Band hastig durch, bis er den gesuchten Eintrag fand. Dann schloss er das Buch mit einer wütenden Geste seiner geballten Faust, stellte es zurück in die Ecke und löschte das Licht. Gerade wollte er die Hütte verlassen, da packte Hopkins den Burschen beim Kragen, und ich hörte ihn vor Schreck laut keuchen, als er begriff, dass er erwischt worden war. Die Kerze wurde wieder angezündet, und da war unser elender Gefangener, zitternd und zusammengekauert, während der Ermittler ihn festhielt. Er ließ sich auf die Seekiste sinken und sah uns der Reihe nach hilflos an.

»Also, mein Lieber«, sagte Stanley Hopkins, »wer sind Sie, und was wollen Sie hier?«

Der Mann raffte sich auf und blickte uns um Fassung ringend an.

»Sie sind vermutlich von der Polizei?«, sagte er. »Sie glauben, dass ich etwas mit dem Tod von Kapitän Peter Carey zu tun habe. Ich versichere Ihnen, dass ich unschuldig bin.«

»Das werden wir ja sehen«, sagte Hopkins. »Nennen Sie uns zunächst Ihren Namen.«

»John Hopley Neligan.«

Ich sah, wie Holmes und Hopkins einen raschen Blick wechselten.

»Was machen Sie hier?«

»Bleibt das unter uns?«

»Natürlich nicht.«

»Warum sollte ich es Ihnen verraten?«

»Wenn Sie nicht antworten, könnte das vor Gericht schlecht aussehen.«

Der junge Mann zuckte zusammen.

»Also, dann werde ich es Ihnen erzählen«, sagte er. »Warum auch nicht? Und trotzdem finde ich die Vorstellung schrecklich, dass dieser alte Skandal wieder aufgewärmt wird. Haben Sie je von Dawson und Neligan gehört?«

Ich konnte an Hopkins' Gesichtsausdruck ablesen, dass er nie davon gehört hatte, doch Holmes blickte interessiert drein.

»Sie meinen die Bankiers von der West Country Bank«, sagte er. »Sie verspekulierten eine Million und ruinierten die Hälfte aller Familien in der Grafschaft Cornwall, woraufhin Neligan verschwand.«

»Richtig. Neligan war mein Vater.«

Endlich bekamen wir greifbare Informationen, und doch schien es ein großer Sprung von einem untergetauchten Bankier zu Kapitän Peter Carey, den man mit einer seiner eigenen Harpunen an die Wand genagelt hatte. Wir lauschten aufmerksam den Worten des jungen Mannes.

»Mein Vater war derjenige, der wirklich von der Sache betroffen war. Dawson hatte sich zur Ruhe gesetzt. Ich war damals erst zehn Jahre alt, aber alt genug, um die Schande und den Schrecken der ganzen Geschichte mitzubekommen. Es hieß damals immer, dass mein Vater alle Wertpapiere gestohlen hatte und geflüchtet war. Das ist gelogen. Er hatte geglaubt, dass er sie verkaufen könnte, wenn er nur genug Zeit dafür hätte, und dass alles gut werden und jeder Gläubiger sein ganzes Geld zurückbekommen könnte. Er segelte in seiner kleinen Jacht nach Norwegen ab, kurz bevor ein Haftbefehl auf ihn ausgestellt wurde. Ich erinnere mich an jene letzte Nacht, als er sich von meiner Mutter verabschiedete. Er hinterließ uns eine Liste der Aktien, die er mitnehmen wollte, und schwor, dass er mit weißer Weste zurückkehren und niemand, der sein Vertrauen in ihn gesetzt hatte, dies bereuen würde. Nun, man hörte nie wieder von ihm. Sowohl er als auch die Jacht verschwanden spurlos. Meine Mutter und ich waren sicher, dass er samt den Wertpapieren, die er mitgenommen hatte, auf dem Meeresgrund lag. Wir hatten jedoch einen engen Vertrauten, einen Geschäftsmann, der vor einer Weile herausfand, dass einige der Aktien, die mein Vater mit sich geführt hatte, auf der Londoner Börse wiederaufgetaucht waren. Sie können sich vorstellen, wie sehr uns das erstaunte. Ich versuchte monatelang, sie aufzuspüren, und schließlich, nach vielen Zweifeln und Schwierigkeiten, entdeckte ich, dass der ursprüngliche Verkäufer Kapitän Peter Carey war, der Besitzer dieser Hütte.

Natürlich stellte ich einige Nachforschungen über den Mann an. Ich fand heraus, dass er das Kommando auf einem Walfänger gehabt hatte, der zur selben Zeit aus dem Polarmeer zurückkehrte, als mein Vater nach Norwegen segelte. Der Herbst jenes Jahres war stürmisch gewesen, und es gab etliche Stürme aus südlicher Richtung. Die Jacht meines Vaters hätte gut nach Norden getrieben und dort auf Peter

Careys Schiff gestoßen sein können. Was war in dem Fall aus meinem Vater geworden? Wenn Carey mir erklären konnte, wie die Wertpapiere an die Börse gekommen waren, hätte ich zumindest den Beweis dafür gehabt, dass mein Vater sie nicht verkauft und nicht in der Absicht mitgenommen hatte, sich persönlich daran zu bereichern.

Ich reiste also nach Sussex, um den Kapitän zu treffen, doch zur selben Zeit kam er auf grauenvolle Weise ums Leben. Im Bericht der gerichtlichen Untersuchung las ich eine Beschreibung der Hütte, in der erwähnt wurde, dass er darin die alten Logbücher seines Schiffs aufbewahrte. Mir kam die Idee, dass ich das Rätsel um das Schicksal meines Vaters lösen könnte, wenn ich herausfand, was sich im August 1883 an Bord der *Sea Unicorn* zugetragen hatte. Letzte Nacht versuchte ich bereits, an die Logbücher heranzukommen, konnte aber die Tür nicht öffnen. Heute Nacht versuchte ich es erneut und hatte Erfolg, musste aber feststellen, dass jemand die Seiten des entsprechenden Monats aus dem Buch herausgerissen hat. Im selben Moment wurde ich auch schon von Ihnen gefangen genommen.«

»Ist das alles?«, fragte Hopkins.

»Ja, das ist alles.« Bei diesen Worten wandte er den Blick ab.

»Sonst haben Sie uns nichts zu sagen?«

Er zögerte.

»Nein. Nichts.«

»Letzte Nacht sind Sie zum ersten Mal hier gewesen?«

»Ja.«

»Welche Erklärung haben Sie dann für *das* hier?«, rief Hopkins, während er als erdrückenden Beweis das Notizbuch mit den Initialen unseres Gefangenen auf der ersten Seite und dem Blutfleck auf dem Umschlag hochhielt.

Der Elende brach zusammen. Er barg das Gesicht in den Händen und zitterte am ganzen Leib. »Wo haben Sie das gefunden?«, stöhnte er. »Ich hatte ja keine Ahnung. Ich dachte, ich hätte es im Hotel liegen lassen.«

»Das reicht«, sagte Hopkins streng. »Was auch immer Sie sonst noch zu sagen haben, müssen Sie vor Gericht erzählen. Sie begleiten mich jetzt zur Polizeiwache. Nun, Mr. Holmes, ich danke Ihnen und Ihrem Freund sehr dafür, dass Sie hergekommen sind und mir geholfen haben. Wie sich nun herausstellt, war Ihre Anwesenheit überflüssig, und ich hätte den Fall auch ohne Ihre Unterstützung aufgeklärt. Ich bin Ihnen aber trotzdem sehr dankbar. Im Brambletye Hotel sind Zimmer für Sie reserviert, wir können also zusammen ins Dorf gehen.«

»Nun, Watson, was halten Sie davon?«, fragte Holmes, als wir am nächsten Morgen zurückfuhren.

»Ich sehe, dass Sie nicht zufrieden sind.«

»O doch, mein lieber Watson, ich bin völlig zufrieden. Gleichzeitig haben mich Stanley Hopkins' Methoden nicht überzeugt. Ich bin von Stanley Hopkins enttäuscht. Ich habe mir weit Besseres von ihm erhofft. Man sollte stets nach einer möglichen Alternative suchen und diese widerlegen. Das ist die Grundregel von Kriminalermittlungen.«

»Was wäre denn die Alternative?«

»Die Spur, die ich selbst verfolgt habe. Vielleicht ist sie wertlos. Ich weiß es nicht. Aber zumindest werde ich ihr bis ans Ende folgen.«

In der Baker Street warteten einige Briefe auf Holmes. Er schnappte sich einen, öffnete ihn und lachte triumphierend in sich hinein.

»Vorzüglich, Watson. Die Alternative nimmt Gestalt an. Haben Sie Telegrafieformulare? Schreiben Sie doch bitte einige Mitteilungen für mich: ›Sumner, Schiffsagent, Ratcliff Highway. Schicken Sie drei Mann, Ankunft morgen, zehn Uhr früh. – Basil.‹ Das ist mein Name in dieser Gegend. Die andere lautet: ›Inspektor Stanley Hopkins, 46 Lord Street, Brixton. Kommen Sie morgen um neun Uhr dreißig zum Frühstück. Wichtig. Schicken Sie Telegramm, wenn Sie nicht kommen können. – Sherlock Holmes.‹ Also, Watson, dieser teuflische Fall verfolgt mich nun seit zehn Tagen. Hiermit verbanne ich ihn vorerst aus meinem Umkreis. Ich bin mir sicher, dass wir morgen das allerletzte Wort darüber hören werden.«

Inspektor Stanley Hopkins erschien pünktlich zur vereinbarten Stunde, und wir setzten uns gemeinsam zu dem vorzüglichen Frühstück, das Mrs. Hudson zubereitet hatte. Der junge Polizist war angesichts seines Erfolgs bester Laune.

»Glauben Sie wirklich, dass Ihre Lösung zwangsläufig richtig ist?«, fragte Holmes.

»Ich könnte mir keinen klareren Fall vorstellen.«

»Mir schien sie nicht schlüssig.«

»Sie verblüffen mich, Mr. Holmes. Was könnte man noch verlangen?«

»Ist Ihre Erklärung lückenlos?«

»Kein Zweifel. Ich habe ermittelt, dass der junge Neligan genau am Tag des Verbrechens im Brambletye Hotel eintraf. Er gab an, zum Golfspielen gekommen zu sein. Sein Zimmer war im Erdgeschoss, und er konnte nach Belieben ein und aus gehen. In derselben Nacht ging er nach Woodman's Lee, traf Peter Carey in der Hütte, stritt mit ihm und tötete ihn mit der Harpune. Dann flüchtete er, erschüttert, was er getan hatte, aus der Hütte und ließ das Notizbuch fallen, das er mitgebracht hatte, um Peter Carey nach den verschiedenen Wertpapieren zu fragen. Sie haben vielleicht bemerkt, dass einige der Namen mit Häkchen markiert waren und andere – die allermeisten – nicht. Die markierten waren an der Londoner Börse aufgespürt worden, die anderen befanden sich noch immer im Besitz von Peter Carey, und der junge Neligan war, wie er selbst sagt, erpicht darauf, sie zurückzubekommen, um die Gläubiger seines Vaters zu entschädigen. Nach seiner Flucht wagte er es eine Zeit lang nicht, sich der Hütte erneut zu nähern, aber letztendlich zwang er sich dazu, um an die nötige Information zu gelangen. Das ist doch gewiss alles einfach und offensichtlich?«

Holmes lächelte und schüttelte den Kopf. »Die Sache scheint für mich nur einen Haken zu haben, Hopkins, nämlich dass es eigentlich unmöglich ist. Haben Sie einmal versucht, eine Harpune durch einen Körper zu stoßen? Nein? Na, na, mein lieber Sir, Sie sollten solchen Details wirklich mehr Beachtung schenken. Mein Freund Watson könnte Ihnen erzählen, dass ich einen ganzen Morgen damit verbracht habe, es auszuprobieren. Es ist nicht einfach, und man braucht einen starken und trainierten Arm. Dieser Stoß hier wurde aber so heftig ausgeführt, dass die Spitze tief in die Wand eindrang. Können Sie sich vorstellen, dass dieser anämische Jüngling zu einem so schrecklichen Angriff fähig war? Ist er der Mann, der mitten in der Nacht mit dem Schwarzen Peter plauderte und Grog schlürfte? War es sein Profil, das man zwei Nächte zuvor hinter dem Vorhang gesehen hat? Nein, nein, Hopkins, es ist eine andere und viel furchterregendere Person, nach der wir suchen müssen.«

Während Holmes das Wort führte, wurde das Gesicht des Polizisten immer länger. All seine Hoffnungen und Ambitionen fielen in sich zusammen. Doch wollte er seine Meinung nicht kampflos aufgeben.

»Sie können nicht leugnen, dass Neligan in jener Nacht dort war, Mr. Holmes. Das Buch beweist es. Ich glaube, dass ich genug Beweise habe, um eine Jury zu überzeugen, auch wenn Sie daran herumkritteln. Außerdem, Mr. Holmes, habe ich *meinen* Mann gefasst. Was Ihre schreckliche Person angeht – wo mag sie sein?«

»Ich nehme fast an, sie ist draußen auf der Treppe«, sagte Holmes seelenruhig. »Watson, Sie sollten lieber Ihren Revolver griffbereit halten.« Er stand auf und legte ein beschriebenes Blatt auf den Nebentisch. »Jetzt sind wir bereit«, sagte er.

Draußen hatte man raue Stimmen reden gehört, und nun öffnete Mrs. Hudson die Tür, um zu sagen, dass drei Männer nach Kapitän Basil fragten.

»Schicken Sie sie nacheinander herein«, sagte Holmes.

Der Erste, der eintrat, war ein Winzling mit roten Wangen und einem flaumigen weißen Backenbart. Holmes hatte einen Brief aus der Tasche gezogen.

»Ihr Name?«, fragte er.

»James Lancaster.«

»Es tut mir leid, Lancaster, aber die Koje ist bereits besetzt. Hier haben Sie einen halben Sovereign für Ihre Mühe. Gehen Sie einfach in dieses Zimmer hier und warten Sie ein paar Minuten.«

Der zweite Mann war ein langes, dürres Wesen, mit strähnigem Haar und blassen Wangen. Sein Name war Hugh Pattins. Auch er wurde entlassen, erhielt seinen halben Sovereign und den Befehl, zu warten.

Der dritte Anwärter war ein Mann von bemerkenswerter Erscheinung. Ein wildes Bulldoggengesicht wurde von zausigem Haar und Bart umrahmt, und zwei verwegene, dunkle Augen schimmerten hinter dichten, buschigen, tief stehenden Brauen hervor. Er salutierte und stand nach Seemannsart da, während er seine Mütze in den Händen drehte.

»Ihr Name?«, fragte Holmes.

»Patrick Cairns.«

»Harpunier?«

»Ja, Sir. Sechsundzwanzig Fahrten.«

»Dundee, nehme ich an?«

»Ja, Sir.«

»Und bereit, auf einem Forschungsschiff in See zu stechen?«

»Ja, Sir.«

»Ihre Heuer?«

»Acht Pfund im Monat.«

»Könnten Sie sofort aufbrechen?«

»Sobald ich meine Sachen habe.«

»Haben Sie Ihre Papiere?«

»Ja, Sir.« Er zog ein Bündel abgewetzter und fettiger Formulare aus der Tasche. Holmes warf einen Blick darauf und gab sie zurück.

»Sie sind genau der, den ich suche«, sagte er. »Hier auf dem Nebentisch liegt der Vertrag. Wenn Sie unterschreiben, ist alles geregelt.«

Der Seemann schlurfte durch das Zimmer und ergriff die Schreibfeder.

»Soll ich hier unterschreiben?«, fragte er, während er sich über den Tisch beugte.

Holmes lehnte sich über seine Schulter und führte beide Hände über den Hals des Mannes.

»Das dürfte reichen«, sagte er.

Ich hörte das Klicken von Stahl und ein Brüllen wie das eines wütenden Stiers. Im nächsten Moment rollten Holmes und der Seemann beide auf dem Boden. Der Mann war so ungeheuer stark, dass er sogar mit den Handschellen, die Holmes so geschickt um seine Handgelenke gelegt hatte, meinen Freund blitzschnell überwältigt hätte, wären Hopkins und ich ihm nicht zu Hilfe geeilt. Erst als ich die kalte Mündung des Revolvers gegen seine Schläfe drückte, begriff er, dass Widerstand zwecklos war. Wir fesselten seine Knöchel mit einem Seil und standen auf, vom Kampf völlig außer Atem.

»Ich muss mich wirklich entschuldigen, Hopkins«, sagte Sherlock Holmes. »Das Rührei ist nun leider kalt geworden. Sie werden jedoch das weitere Frühstück umso mehr genießen, wenn Sie daran denken, wie glorreich Sie diesen Fall zum Abschluss gebracht haben, nicht wahr?«

Stanley Hopkins fehlten vor Staunen die Worte.

»Ich weiß nicht, was ich sagen soll, Mr. Holmes«, platzte er schließlich mit hochrotem Kopf heraus. »Mir scheint, ich habe mich von Anfang an zum Narren gemacht. Ich begreife jetzt, was ich nie hätte vergessen dürfen, dass ich der Schüler bin und Sie der Meister. Sogar jetzt sehe ich, was Sie getan haben, aber ich weiß nicht, wie, noch, was es bedeutet.«

»Nun ja«, sagte Holmes gut gelaunt. »Wir alle lernen durch Erfahrung, und Ihre heutige Lektion lautet, dass Sie nie die Alternative außer Acht lassen dürfen. Sie waren derart auf den jungen Neligan fixiert, dass Sie keinen Gedanken an Patrick Cairns, den wahren Mörder von Peter Carey, verschwendet haben.«

Die raue Stimme des Seemanns unterbrach unser Gespräch.

»Moment mal, Mister«, sagte er, »ich beschwer mich nicht, dass man mich auf diese Art misshandelt, aber Sie sollten doch einige Dinge richtigstellen. Sie sagen, ich hätte Peter Carey ermordet. Ich sage, ich habe Peter Carey *getötet*, und das ist etwas ganz anderes. Vielleicht glauben Sie nicht, was ich Ihnen sage. Vielleicht denken Sie, dass ich nur Seemannsgarn spinne.«

»Keineswegs«, sagte Holmes. »Lassen Sie uns hören, was Sie zu sagen haben.«

»Das lässt sich schnell erzählen, und ich schwöre bei Gott, dass jedes Wort wahr ist. Ich kannte den Schwarzen Peter, und als er sein Messer zückte, jagte ich ihm eine Harpune durch den Leib, denn mir war klar, es hieß, er oder ich. So ist er gestorben. Von mir aus nennen Sie es Mord. Ich kann ebenso gut mit einer Schlinge um den Hals sterben wie mit dem Messer des Schwarzen Peter im Herzen.«

»Was brachte Sie dorthin?«, fragte Holmes.

»Ich erzähle es Ihnen von Anfang an. Lassen Sie mich nur ein wenig aufrecht sitzen, damit ich leichter sprechen kann. Es geschah '83 – im August jenes Jahres. Peter Carey war Kapitän der *Sea Unicorn*, und ich war Aushilfsharpunier. Wir kamen auf dem Heimweg aus dem Packeis heraus, bei Gegenwind und einer Woche lang Sturm aus Süd, als wir ein kleines Schiff bargen, das nach Norden getrieben worden war. An Bord war nur ein einziger Mann. Die Crew hatte mit Schiffbruch gerechnet und war im Beiboot zur norwegischen Küste geflohen. Ich schätze, dass sie alle ertranken. Nun, wir holten diesen Mann also an Bord, und er und der Skipper führten einige lange Gespräche in der Kajüte. Das einzige Gepäck, das er mit sich führte, bestand aus einer Blechkiste. Soviel ich weiß, wurde der Name des Mannes nie erwähnt, und in der zweiten Nacht verschwand er, als hätte es ihn nie gegeben. Man sagte uns, er sei entweder über Bord gesprungen oder in dem Unwetter, durch das wir segelten, ins Meer gefallen. Nur einer wusste, was ihm widerfahren war, und das war ich, denn ich habe mit eigenen Augen gesehen, wie der Skipper ihn an den Füßen fesselte und ihn in einer dunklen Nacht während der Mittelwache über die Reling stieß, zwei Tage bevor wir die Lichter der Shetlands sichteten.

Ich behielt also mein Wissen für mich und wartete, was noch folgen würde. Als wir zurück in Schottland waren, konnte alles leicht vertuscht werden, und niemand stellte irgendwelche Fragen. Ein Fremder war durch einen Unfall ums Leben gekommen, und niemand scherte sich darum, Nachforschungen anzustellen. Kurz darauf kehrte Peter Carey dem Meer den Rücken, und es dauerte viele Jahre, ehe ich herausfand, wo er lebte. Ich vermutete, dass er die Tat wegen des Inhalts der Blechkiste begangen hatte und dass er es sich leisten könnte, mich für mein Schweigen gut zu bezahlen.

Von einem Seemann, der ihn in London getroffen hatte, erfuhr ich, wo er wohnte, und ich machte mich auf, ihn auszuquetschen. In der ersten Nacht war er noch ganz vernünftig und wollte mir genug geben, dass ich den Seemannsberuf an den Nagel hätte hängen können. Zwei Nächte später wollten wir alles regeln. Als ich kam, fand ich ihn zu drei Viertel betrunken und bei mieser Laune vor. Wir setzten uns, und wir tranken, und wir schwadronierten über die alten Zeiten, doch je mehr er trank, desto weniger gefiel mir sein Gesichtsausdruck. Ich erblickte die Harpune an der Wand und dachte, dass ich sie vielleicht noch brauchen würde, ehe die Nacht vorbei war. Dann fiel er schließlich über mich her, spuckend und fluchend, die Augen voll Mordlust und mit einem großen Taschenmesser in der Hand. Ehe er es aus der Scheide ziehen konnte, hatte ich ihn schon mit der Harpune durchbohrt. Herrgott, wie er schrie! Die Erinnerung an sein Gesicht lässt mich nicht schlafen! Da stand ich dann, während sein Blut überall um mich herum spritzte, und wartete erst einmal ab; doch alles blieb ruhig, also fasste ich noch einmal Mut. Ich sah mich um, und dort auf dem Regal stand die Blechkiste. Ich hatte trotz allem ebenso viel Recht darauf wie Peter Carey, also nahm ich sie mit und verließ die Hütte. Dummerweise ließ ich meinen Tabakbeutel auf dem Tisch liegen.

Und nun erzähle ich Ihnen den merkwürdigsten Teil der Geschichte. Kaum hatte ich die Hütte verlassen, hörte ich jemanden kommen und versteckte mich zwischen den Büschen. Ein Mann kam angeschlichen, betrat die Hütte, schrie, als hätte er einen Geist gesehen, und lief so schnell er konnte davon, bis er schließlich außer Sicht war. Wer er war oder was er wollte, kann ich beim besten Willen nicht sagen. Ich meinerseits marschierte zehn Meilen, stieg bei Tunbridge Wells in einen Zug und erreichte London, ohne dass es irgendjemand spitzkriegte.

Nun, als ich schließlich die Kiste öffnete, merkte ich, dass gar kein Geld darin war, sondern nur Wertpapiere, die ich nicht zu verkaufen wagte. Ich hatte keinerlei Macht mehr über Peter Carey und war mit leeren Taschen in London gestrandet. Mir blieb nur mein alter Beruf. Ich sah diese Anzeigen über Harpuniere und hohe Löhne, wandte mich also an die Schiffsagenten, und die schickten mich hierher. Das ist alles, was ich weiß, und ich wiederhole, dass das Gesetz mir dankbar sein sollte, wenn ich den Schwarzen Peter getötet habe, denn ich habe ihnen die Kosten für einen Hanfstrick gespart.«

»Eine sehr klare Aussage«, sagte Holmes, stand auf und zündete seine Pfeife an. »Ich glaube, Hopkins, Sie sollten keine Zeit verlieren und Ihren Gefangenen in sichere Verwahrung überführen. Dieses Zimmer ist nicht gut als Gefängniszelle geeignet, und Mr. Patrick Cairns braucht zu viel Platz auf unserem Teppich.«

»Mr. Holmes«, sagte Hopkins, »ich weiß nicht, wie ich Ihnen meine Dankbarkeit ausdrücken soll. Ich verstehe immer noch nicht, wie Sie zu diesem Ergebnis kamen.«

»Ich hatte einfach nur das große Glück, von Anfang an den richtigen Schlüssel gehabt zu haben. Hätte ich von diesem Notizbuch gewusst, hätte mich das höchstwahrscheinlich ebenso auf die falsche Fährte geführt wie Sie. Doch alles, was ich hörte, wies in dieselbe Richtung. Die erstaunliche Kraft, der geschickte Umgang mit der Harpune, der Grog, der Tabakbeutel aus Robbenfell mit dem groben Tabak – dies alles deutete auf einen Seemann hin, der noch dazu auf einem Walfänger gedient hat. Ich war überzeugt, dass die Initialen ›P. C.‹ an dem Beutel ein Zufall waren und nicht ›Peter Carey‹ bedeuteten, weil dieser selten rauchte und man keine Pfeife in seiner Kajüte gefunden hatte. Sie erinnern sich, dass ich fragte, ob Whiskey und Brandy in der Hütte gewesen wären. Sie bestätigten dies. Wie viele an Land arbeitende Männer würden Rum trinken, wenn sie diese anderen beiden Spirituosen hätten bekommen können? Ja, ich war mir sicher, dass es ein Seemann sein musste.«

»Und wie haben Sie ihn gefunden?«

»Mein lieber Sir, dieses Problem war sehr einfach zu lösen. Wenn es ein Seemann gewesen war, musste es einer sein, der mit Carey auf der *Sea Unicorn* gedient hatte. Soviel ich erfahren konnte, ist er auf keinem anderen Schiff gesegelt. Ich habe drei Tage damit zugebracht, nach Dundee zu telegrafieren, und danach hatte ich die Namen der Crew der *Sea Unicorn* im Jahr 1883 herausgefunden. Als ich Patrick Cairns unter den Harpunieren entdeckte, näherte sich meine Suche ihrem Ende. Ich nahm an, dass der Mann sich wahrscheinlich in London aufhielt und sehr gern das Land eine Zeit lang verlassen würde. Deswegen verbrachte ich einige Tage im East End, erfand eine Forschungsexpedition in die Arktis, machte verführerische Bedingungen für Harpuniere bekannt, die unter Kapitän Basil in See stechen sollten – und seht, was dabei herauskam!«

»Wunderbar!«, rief Hopkins. »Wunderbar!«

»Sie müssen so rasch wie möglich die Entlassung des jungen Neligan durchsetzen«, sagte Holmes. »Mir scheint allerdings, dass Sie sich bei ihm entschuldigen sollten. Er muss die Blechkiste zurückbekommen, wobei die Aktien, die Peter Carey verkauft hat, natürlich für immer verloren sind. Hier ist die Droschke, Hopkins, und Sie können Ihren Mann fortschicken. Sollten Sie mich für die Gerichtsverhandlung brauchen, finden Sie mich und Watson irgendwo in Norwegen – ich schicke Ihnen später die genaue Adresse.«

Lebenschronik
Arthur Conan Doyle

1859 Arthur Conan Doyle wird am 22. Mai in Edinburgh geboren

1868–1875 Schulbesuch in Hodder und Stonyhurst, einem Internat der Jesuiten

1875–1876 Besuch einer Jesuitenschule in Feldkirch, Österreich

1876 Beginn des Medizinstudiums an der Universität von Edinburgh

1879 Erste Erzählungen werden veröffentlicht

1880 Reist als Schiffsarzt des Walfängers *Hope* in die Arktis

1881 Abschluss des Studiums. Reist als Schiffsarzt des Frachtdampfers *Mayumba* nach Westafrika

1882 Arbeitet als Assistent eines befreundeten Arztes in Plymouth, eröffnet eigene Praxis in Portsmouth

1885 Heiratet Louise Hawkins

1887 *A Study in Scarlet*, der erste Sherlock-Holmes-Roman, wird veröffentlicht

1889 Tochter Mary Louise wird geboren, *The Sign of the Four* und der historische Roman *Micah Clarke* werden veröffentlicht

1890 Veröffentlichung von *The Captain of the Pole-Star and Other Tales*

1891 Der historische Roman *The White Company* wird veröffentlicht. Studiert Augenheilkunde in Wien. Eröffnet eine Praxis in London. Die ersten sechs Sherlock-Holmes-Erzählungen erscheinen in *The Strand*. Gibt die Augenarztpraxis auf, um sich fortan nur noch dem Schreiben zu widmen

1892 Sohn Alleyne Kingsley wird geboren, *The Adventures of Sherlock Holmes* veröffentlicht

1894 *The Memoirs of Sherlock Holmes*. Erfolgreiche Lesereise in den USA

1897 Beginnt heimliche Liebesbeziehung mit Jean Leckie, während seine Frau Louise unter Tuberkulose leidet

1900 Reist nach Südafrika, dient von Februar bis Juli als Militärarzt im Burenkrieg

1902 *The War in South Africa*, *The Hound of the Baskervilles*

1905 *The Return of Sherlock Holmes*

1906 Tod seiner Frau Louise. Engagiert sich für das Justizopfer George Edalji. Der historische Roman *Sir Nigel* wird veröffentlicht

1907 Heiratet Jean Leckie. *Through the Magic Door*, ein Essay über Lieblingslektüren, wird veröffentlicht

1909 Sohn Denis wird geboren

1910 Engagiert sich für das Justizopfer Oscar Slater. Sohn Malcolm Adrian wird geboren

1912 Tochter Jean wird geboren. *The Lost World* wird veröffentlicht

1915 *The Valley of Fear*

1916 Bekennt sich zum Spiritismus und engagiert sich in dieser Sache mit Vorträgen, Publikationen und der Unterstützung eines spezialisierten Buchladens

1917 *His Last Bow*

1921 Tod seiner Mutter Mary. Australienreise

1924 Die Autobiografie *Memories and Adventures* wird veröffentlicht

1927 *The Case-Book of Sherlock Holmes*

1929 *The Maracot-Deep and other Stories*. Beginnt im Oktober eine Vortragsreise durch Holland und Skandinavien, erleidet einen Schwächeanfall in Hamburg, reist jedoch weiter nach Kopenhagen, Stockholm und Oslo

1930 Arthur Conan Doyle stirbt am 7. Juli nach mehrmonatiger Krankheit in Windlesham Cottage, Crowborough, Sussex

DIE TIERWELT DER ARKTIS – ARTHUR CONAN DOYLES ZOOLOGISCHE LISTE

Essay von Alexander Pechmann

Arthur Conan Doyle war einer der besten Geschichtenerzähler seiner Generation, seine naturwissenschaftlichen Anmerkungen sollte man allerdings mit Vorsicht genießen. Er betrachtete Tiere letztlich eher mit »sportlichem« als akademischem Interesse und benutzte sie vornehmlich als Zielscheibe, um seine Treffsicherheit mit der Flinte zu beweisen. Doch obwohl er in dieser Hinsicht meist ziemlich kaltblütig vorging, mangelte es ihm keineswegs an Wissensdurst: Seine Tagebucheinträge zeigen, dass er immer wieder die damals maßgebliche Fachliteratur wie den Reisebericht William Scoresbys konsultierte und seine Schiffskameraden oft wissbegierig über deren Kenntnisse über und Erfahrungen mit der arktischen Tierwelt ausfragte. Gerne notierte er Anekdotisches und Skurriles wie den seltsamen Wal mit der Eisenhaut; im Großen und Ganzen reflektieren seine Aufzeichnungen jedoch den Wissensstand des späten 19. Jahrhunderts. Conan Doyles Irrtümer sind also meist verbreitete Irrtümer seiner Zeit.

Ein gutes Beispiel hierfür sind die häufig erwähnten Spekulationen über ein offenes Meer am Nordpol und ein erstaunlich mildes Klima, das gemäß den Theorien einiger Naturforscher dort herrschen musste. Nach der Expedition des Norwegers Fridtjof Nansen in den Jahren 1893 bis 1896 wusste aber auch Conan Doyle, der sich insbesondere von Nansens ebenso nützlichen wie flinken Skiern beeindruckt zeigte, dass das Kerngebiet des Polarmeers ständig zugefroren und mit drei bis vier Meter dickem Packeis bedeckt ist. An dessen Rändern bildet sich jedes Jahr eine ungefähr ein Meter dicke Eisschicht, von der immer wieder große und kleine Schollen abbrechen, die sich übereinanderschieben und verkeilen und das sogenannte Jahrespackeis bilden. Gleichzeitig entsteht in den Wintermonaten »festes Eis« an den Küsten und wächst bis zu hundert Kilometer weit ins Meer hinaus. Im Frühling, der Zeit, in der auch die Walfänger aus Peterhead nordwärts zogen, bricht das feste Eis auf und treibt mit den Schollen des Jahrespackeises nach Süden. Auf dem polaren Packeis hätten auch die scharfäugigsten Jäger der Shetlandinseln nur wenige Tiere erspäht, doch bieten festes Eis und Jahrespackeis Lebensraum für Füchse, Bären und verschiedene Robbenarten, deren Kolonien die *Hope* auf ihrer langen Fahrt durch das Treibeis suchte. Die Eisdecke schließt sich nie vollständig, sondern lässt aufgrund der Strömungen und Gezeiten Rinnen, Löcher und freie Flächen entstehen, durch die Robben bis in Küstennähe vordringen können und die auch von den Fangschiffen so gut wie möglich genutzt wurden.

Conan Doyle hatte trotz seines detektivischen Spürsinns für Indizien und Beweisketten wohl nur eine vage Vorstellung davon, wie Tiere und Pflanzen des Polarmeers eng verknüpfte Lebensgemeinschaften bilden, deren wichtigste das aus zahllosen kleinen und winzigen Organismen bestehende Plankton darstellt, das in den Sommermonaten in den obersten Wasserschichten treibt. Jene Planktonart, die das Sonnenlicht als Energiequelle nutzt, so wie Pflanzen dies tun, wird als Phytoplankton bezeichnet. Unter Zooplankton versteht man die kleinen Tiere, Krebstierchen, Krustentier- und Fischlarven, die sich von den Pflanzenzellen und voneinander ernähren. Die frei schwimmenden Tiere – Fische, Tintenfische, Wale und Robben –, die in den oberen Wasserschichten oder der Tiefsee hausen, fasst man unter dem Begriff Nekton zusammen. Die vom Plankton, keineswegs aber – wie im Tagebuch angedeutet wird – von Schweinefleisch und Butter lebenden Tiere nennt man pelagisch oder oberflächenbewohnend. Zu diesen zählte auch die von Conan Doyle gefangene und nicht wirklich artgerecht gehaltene Meeresschnecke namens John Thomas – es handelte sich wohl um einen sogenannten See-Engel *(Clione limacina)*. Tiere in den mittleren Wasserregionen – einige Fischarten und Medusen oder Quallen – heißen bathypelagisch. Viele weitere, für die Reisenden unsichtbare Fische leben in der Nähe des Grundes und ernähren sich von den pflanzlichen und tierischen Bewohnern des Meeresbodens.

Wenn Conan Doyle im Tagebucheintrag vom 31. Mai auf die grünliche Färbung des Wassers hinweist, hat er sicherlich eine große Ansammlung von Phytoplankton gesehen, die tatsächlich »dick wie Erbsensuppe« werden kann. Die grünen, manchmal auch rötlichen Wolken im Oberflächenwasser sind zuweilen so dicht, dass ihre Abfallprodukte eine giftige Konzentration erreichen. Kleine Krustentiere wie Floh- und Leuchtkrebse kommen in dieser Umwelt dennoch gut zurecht, indem sie die Pflanzenzellen des Phytoplanktons geradezu abweiden. Auch größere Fische und Meeressäuger ernähren sich vom Plankton, indem sie das Meerwasser auf verschiedene Weise filtern – einige Walarten tun dies mittels ihrer Barten und Robben mittels übereinandergreifender Gebisse.

Die Wale der Arktis, welche die Männer der *Hope* in ihrem schottischen Dialekt schlicht »fush« nannten, unterscheiden sich in zwei Hauptgruppen: Bartenwale und Zahnwale. Die Bartenwale – Conan Doyle erwähnt Finnwal, Grönlandwal und Buckelwal – besitzen statt Zähnen eine Art Filter aus Hornbarten oder »Fischbein«, mit dem sie das Zooplankton aus dem Meerwasser gewinnen. Wegen seiner Biegsamkeit war das Fischbein ein begehrtes Material, das man zur Herstellung von Korsetts verwendete, eine für die Damenwelt recht schmerzhafte Mode, die gegen Ende des 19. Jahrhunderts von bequemeren Zierden abgelöst wurde. Zahnwale wie Narwal, Entenwal, Tümmler und Pottwal ernähren sich hingegen von Fischen und Tintenfischen.

Die wichtigste und wertvollste Beute der Walfänger aus Peterhead war der Grönlandwal *(Balaena mysticetus)*, der wegen seines riesigen aufgewölbten Kopfes im Englischen auch als »bowhead« (»Bogenkopf«) bezeichnet wird. Conan Doyle nannte das Tier gelegentlich »right whale«, eine Verwechslung mit dem Nordkaper *(Balaena glacialis)*, einem kleineren und schlankeren Verwandten des Grönlandwals, der ebenfalls keine Rückenflosse besitzt. Die englischen und amerikanischen Walfänger kümmerten sich freilich kaum um zoologische Unterschiede und meinten einfach, dies sei »der richtige Wal zum Töten« (»the right whale to kill« – kurz »right whale«).

Der Grönlandwal wurde durch den kommerziellen Walfang bzw. dank der oben erwähnten Damenmode weitgehend ausgerottet, und es ist kaum verwunderlich, dass die Männer der *Hope* bereits 1880 so wenige Exemplare sichteten. Die Tiere konnten bis zu zwanzig Meter lang und 120 Tonnen schwer werden. Ihre bis zu einem halben Meter dicke Fettschicht, der »Blubber«, sorgte dafür, dass die erlegten Exemplare auf dem Wasser trieben, was den Walfängern die Arbeit erleichterte, wenn sie die ungefähr sechshundert bis zu vier Meter großen Bartenplatten aus dem riesigen Maul hackten, das laut William Scoresby ein ganzes Beiboot samt Besatzung zu fassen vermochte.

Der Finnwal verdankt seinen Namen der markanten Rückenfinne, die ihn vom größeren Blauwal unterscheidet. In Conan Doyles Aufzeichnungen wird der »Finner« zu den wertlosen Tieren gezählt, die zu jagen nicht lohnt. Der wirkliche Grund für die Verschonung dieser Walart ist jedoch ein anderer: Finnwale sind zwar riesige, aber keineswegs schwerfällige Tiere; sie sind für Segelschiffe und Ruderboote einfach zu schnell und können auch die schnellsten Dampfschiffe überholen, weswegen sie einigen Seeleuten als »Windhunde des Meeres« gelten.

Für Herman Melville war der Buckelwal »der verspielteste und fröhlichste« unter den Walen. Er hat eine Länge von rund fünfzehn Metern und erreicht ein Gewicht von ungefähr vierzig Tonnen. Einer der schönsten Einträge in Conan Doyles Tagebuch schildert die Begegnung der *Hope* mit einem gewaltigen Schwarm von Buckelwalen, wobei auch ein »merkwürdiges Pfeifen« erwähnt wird. Diese typischen »Walgesänge« bestehen aus unterschiedlichen Phrasen, können eine halbe Stunde lang andauern und ändern sich von Jahr zu Jahr. Bis heute ist ungewiss, ob die Lieder der Buckelwale mit dem Paarungsverhalten in Zusammenhang stehen oder dem Zusammenhalt der weit verstreuten Herde dienen. Obwohl Buckelwale im 19. Jahrhundert als minderwertige Beute galten, wurden ihre Bestände – ebenso wie jene der Finnwale – im 20. Jahrhundert von norwegischen und isländischen Hochseewalfängern stark dezimiert. Während und nach dem Zweiten Weltkrieg verwendete man ihr Walfett auch als Maschinenschmieröl und verkaufte Walfleisch in Konserven als Nahrungsmittel.

Weitgehend verschont von der grausamen Jagd blieb der von Conan Doyle als »Schrecken der Meere« bezeichnete »Schwertfisch«. Er meinte damit allerdings keinen Fisch, sondern den rund zehn Meter langen Orca oder »Mörderwal«. Orcas sind die größten Vertreter der Delfinfamilie und alles andere als putzige Schmusetiere, wie uns der eine oder andere Hollywoodfilm weismachen will: Sie jagen in Rudeln und greifen Wale, Robben- und Delfinschwärme an, sodass die im Tagebuch (27. Mai) erwähnten Vorfälle sicherlich keine Übertreibung darstellen. Es wurde oft beobachtet, dass Orcas Robben von Eisschollen stoßen, um sie zu fressen.

Wie Conan Doyle anmerkt, hatte auch die Jagd auf Entenwale oder Döglinge *(Hyperoodon ampullatus)* in Peterhead und Dundee eine gewisse Tradition. Diese Schnabelwalart, von den Shetlandern »Bottlenose« bzw. »Flaschennase« gerufen (und in einigen *Moby-Dick*-Übersetzungen »Schnapsnasenwal« getauft), lebt vor den Küsten Norwegens und Schottlands, wird etwa zehn Meter lang und streift in Gruppen von fünf bis zehn Tieren umher. Da sie sich um verletzte Artgenossen scharen, konnten die Walfänger oft zahlreiche Tiere gleichzeitig erbeuten.

Narwale und Belugas findet man ausschließlich in der Arktis. Der Stoßzahn des männlichen Narwals wächst zu einer spiralförmig gedrehten Stange, die – nicht zuletzt, weil sie an das sagenhafte Einhorn erinnert und, in Pulverform, schwindende Manneskraft kurieren soll – eine begehrte Beute darstellte. Früher glaubte man, dass der »Einhornfisch« überaus aggressiv sei und mit seinem Horn Schiffe anbohren und versenken könne, so wie dies auch Jules Verne in *20 000 Meilen unter dem Meer* beschreibt, doch scheint er seine »Waffe« eher bei der Nahrungssuche zum Aufstochern des Meeresbodens zu nutzen.

Im Vergleich zum Walfang hatte die Robbenjagd keineswegs den Ruf, ein besonders ruhmreiches Unternehmen zu sein. »Die Robbenjagd ist mir ein schrecklicher Graus! Da bleib ich doch lieber gleich gänzlich zu Haus«, lauten die ersten beiden Zeilen eines alten amerikanischen Shantys. Doch die Walfänger aus Peterhead mussten neben »Fischen« auch verschiedene Robbenarten jagen, damit sich die gefährliche und lange Reise bezahlt machte. Man unterscheidet drei Familien: die Walrosse (Odobenidae), die Pelzrobben und Seelöwen (Otariidae) und die echten Seehunde (Phocidae), von denen es sieben Arten in der Arktis gibt: Seehund, Bartrobbe, Ringelrobbe, Sattelrobbe, Streifen- oder Bandrobbe, Klappmützenrobbe und Kegelrobbe. Die im Tagebuch erwähnte rätselhafte »Süßwasserrobbe« war vermutlich ein Seehund, da kleine Populationen dieser Art auch in Binnenseen zu finden sind. Conan Doyles zoologische Angaben sollte man insgesamt nicht allzu wörtlich nehmen: So verwechselt er die von der *Hope* gejagten Klappmützenrobben *(Cystophora cristata)* gelegentlich mit Nördlichen See-Elefanten *(Mirounga angustirostris)*, die in Kalifornien und Alaska heimisch sind. Mützenrobben, von Doyles Schiffskameraden »bladdernoses« oder »bladders« genannt, werden bis zu drei Meter lang und erreichen ein Gewicht von rund 400 Kilo. Die Bullen haben eine aufblasbare Nase, die zu einem rötlichen Ballon anschwellen kann und besonders in der Paarungszeit das Brüllen verstärkt. Ein wichtiger Fortpflanzungsort, an dem sich diese Tiere zu Tausenden sammeln, liegt in der Nähe der Insel Jan Mayen, ein weiterer vor Südlabrador. Die Paarungszeit dauert von April bis Juni, und die Jungen werden Ende März und Anfang April des darauffolgenden Jahres geboren, sodass die von Conan Doyle erwähnte Schonfrist bis zum 3. April kaum mehr als eine halbherzige Gnadenfrist vor dem alljährlichen Massaker war. Sie diente letztlich weniger dem Erhalt der Art als dem Zweck, die wegen ihres weichen Fells begehrten Jungtiere in die Jagd miteinschließen zu können. Gleiches gilt für die kleineren Sattelrobben *(Phoca groenlandica)*, deren Nachwuchs bei Jan Mayen ebenfalls Ende März zur Welt kommt.

Die im Tagebuch häufig erwähnten Ringelrobben wurden von den schottischen Seeleuten verächtlich »flaw rats« bzw. »floe rats« genannt, also »Treibeisratten«. Diese kleinste Robbenart war für die kommerzielle Jagd wenig geeignet, da die Tiere meist als Einzelgänger leben und sich nur zu kleinen Gruppen zusammenfinden. Sie sind jedoch die wichtigste Beute der Eisbären, die während des Sommers in eisfreien Rinnen, auf Schollen und an Atemlöchern im Eis nach Nahrung suchen. Im Herbst wendet sich »Meister Petz« der Küste zu und überwintert in Felsen- oder Eishöhlen.

Die Seevögel der Arktis, die nicht selten den Speiseplan der Seeleute ergänzten, ernähren sich ihrerseits hauptsächlich von Plankton. Im Unterschied zu den Robben, Walen und Fischen greifen die ungefähr fünfzig in der Polarregion heimischen Vogelarten allerdings naturgemäß von oben an, wobei sie sich je nach Schnabelform, -größe und Tauchtiefe auf unterschiedliche Arten von Krebstierchen und Larven spezialisiert haben. Conan Doyle erwähnt in seinem Tagebuch immerhin 28 verschiedene Vogelnamen und greift dabei meist auf das idiomatisch gewürzte Wissen seiner Schiffskameraden zurück: »Maulie«, »Boatswain«, »Burgomaster«, »Snow Bird« und »Tammy Norie« sind die Bezeichnungen der schottischen Seeleute für Eissturmvogel, Felsen-Raubmöwe, Eismöwe, Elfenbeinmöwe und

Papageitaucher. Leider widmete sich Conan Doyle lieber dem Abschießen als der Beobachtung dieser Tiere, sodass er kaum Interessantes über sie zu berichten wusste. Einige der von ihm erwähnten Möwenarten – z. B. Eismöwe und Mantelmöwe – sind räuberisch und töten andere Vögel im Flug oder rauben Eier und Küken. Andere – neben den Möwen auch der im Tagebuch häufig erwähnte Eissturmvogel – haben sich an die Gegenwart des Menschen gewöhnt, folgen Fischerbooten und ernähren sich von den Abfällen. Neben dem Sterntaucher gehört der Eistaucher, auf den Conan Doyles wohlverdienter Spitzname an Bord »Great Northern Diver« zurückgeht, zu den geschicktesten Tauchvögeln. Er kann bis zu sechzig Meter tief tauchen und zwei bis drei Minuten unter Wasser bleiben. Auch die Meeresenten der Arktis sind mehrheitlich Tauchvögel, die ihr Futter auf oder dicht über dem Boden seichter Gewässer suchen.

Beim Angeln hatte Conan Doyle wenig Glück. Neben dem Hering erwähnt er lediglich zwei oder drei Arten, denen er so nichtssagende Namen verleiht wie »Treibeisfisch« und »Silberfisch«, womit er sicher nicht den lästigen kleinen Badezimmergast meint. Die meisten Polarfische leben in den unteren Meeresschichten, zwischen der arktischen und der subarktischen Meereszone: Groppen, Aalmuttern, Scheibenbäuche und verschiedene Dorscharten. Der von Conan Doyle beiläufig erwähnte Grönlandhai ist ein träger Meeresgrundbewohner, der bis zu fünf Meter lang werden kann. Eskimos benutzen sein Haut als eine Art Schmirgelpapier.

Diese und vergleichbare Fakten waren Arthur Conan Doyle während seiner Reise nicht zugänglich, weshalb seine zoologische Liste lückenhaft bleiben musste. Doch obwohl seine naturwissenschaftlichen Informationen unzuverlässig und, dem kuriosen schottischen Dialekt des Schiffsarztes und seiner Kameraden geschuldet, auch stellenweise rätselhaft sind, führen sie uns doch ansatzweise die Artenvielfalt einer vermeintlich lebensfeindlichen und unwirtlichen Region vor Augen. Die Reisenden des 19. Jahrhunderts durften angesichts dieses Reichtums noch von einem neuen Land mit mildem Klima jenseits der Eisbarriere träumen. Heute erkennen wir zwar eher, wie wichtig es ist, diesen Lebensraum und seine einmalige Tierwelt zu schützen und zu bewahren, doch können wir immer noch von Conan Doyle lernen, wie man beispielhaft in unbekannte Regionen vordringt: mit einer guten Portion Neugier, Abenteuerlust und Humor.

Dank

Die Herausgeber danken für ihre Hilfe und Ermutigung: Christy Allen; Philip Bergem; Peter Blau; Catherine Cooke, Marylebone Library; Alison Corbett; Professor John Corbett, University of Macau; Richard Espley, National Maritime Museum, Greenwich; George Fletcher; Douglas Garden, Shetland Library, Lerwick; Michael Gunton, Laura Weston und Dianne Caewood, Portsmouth Central Library; Stuart N. Frank, Senior Curator, New Bedford Whaling Museum; Roger Johnson; Timothy Johnson und Julia McKuras, Sherlock Holmes Collection der University of Minnesota Library; sowie Robert S. Katz. Aberdeen University Library, The British Library, London, The Newberry Library, Chicago, Illinois, und die Library of Congress, Washington, D.C., boten ebenfalls wertvolle Unterstützung. Schließlich danken die Herausgeber den Familienmitgliedern, die als Erben von Anna Conan Doyle Eigentümer des Walfangtagebuchs Arthur Conan Doyles sind, dafür, das Original für die Herstellung dieses Buches zur Verfügung gestellt zu haben: Catherine Doyle Beggs, Georgina Doyle, Richard Doyle und Charles Foley.

Der Übersetzer dankt Nikolaus Gelpke, Katja Scholtz, Sophia Jungmann, Sandy Weps und dem ganzen Team des mareverlags für die Begeisterung und Unterstützung.

Editorische Notiz

Vorliegende Übersetzung basiert auf der von Jon Lellenberg und Daniel Stashower herausgegebenen Faksimile-Edition und Transkription des Originaltagebuches von Arthur Conan Doyle, die 2012 unter dem Titel *Dangerous Work. Diary of an Arctic Adventure* von The British Library, London, erstmals veröffentlicht wurde. Die Anmerkungen der Herausgeber zum Tagebuch wurden vom Übersetzer bearbeitet und ergänzt, der die deutschsprachige Ausgabe zudem mit einer Chronik und einem Essay über die von Conan Doyle beschriebene Tierwelt erweitert hat. Hierbei waren folgende Texte besonders hilfreich: *Tiere der Arktis* von Bernard Stonehouse (München 1972), *Mensch und Wal* von Richard Ellis (München 1993) sowie die hervorragende Biografie von Andrew Lycett *Conan Doyle. The Man Who Created Sherlock Holmes* (London 2007).

Viten

Sir Arthur Conan Doyle, geboren 1859 in Edinburgh, war ein britischer Arzt und Schriftsteller, der vor allem mit seinen Abenteuern um Sherlock Holmes und dessen Freund Dr. Watson berühmt wurde. Er starb 1930 in Crowborough, Sussex.

John Lellenberg und Daniel Stashower, beide geboren in den USA, haben als Herausgeberduo neben Conan Doyles Polartagebuch unter anderem den Band *Arthur Conan Doyle: A Life in Letters* (2007) herausgegeben sowie 2011 eine Neuausgabe von Conan Doyles ersten Roman *The Narrative of John Smith*. Neben ihren Veröffentlichungen als Conan-Doyle-Experten schreiben beide auch eigene, oft historische Kriminalromane und Sachbücher.

Alexander Pechmann, geboren 1968 in Wien, studierte Soziologie, Psychologie sowie englische und amerikanische Literaturwissenschaft. Für den mareverlag übersetzte er zuletzt Herman Melvilles *John Marr und andere Matrosen* (2013) und *Ned Myers oder Ein Leben vor dem Mast* von James Fenimore Cooper (2014).

Inhalt

Die englische Originalausgabe erschien 2012 unter dem Titel
»Dangerous Work«: Diary of an Arctic Adventure
bei The British Library, London.

FSC
www.fsc.org
MIX
Papier aus verantwortungsvollen Quellen
FSC® C014496

Verlagsgruppe Random House FSC® N001967

1. Auflage
Genehmigte Taschenbuchausgabe Januar 2017
by btb Verlag in der Verlagsgruppe Random House GmbH,
Neumarkter Straße 28, 81673 München

Umschlaggestaltung: semper smile, München nach einem Entwurf
von mareverlag unter Verwendung von Illustrationen
von Arthur Conan Doyle
Vorsatzkarte: Peter Palm/Berlin
Typografie: Farnschläder & Mahlstedt, Hamburg
Druck und Bindung: GGP Media GmbH, Pößneck
AH · Herstellung: sc
Printed in Germany
ISBN 978-3-442-71432-2

www.btb-verlag.de
www.facebook.com/btbverlag
Besuchen Sie unseren LiteraturBlog www.transatlantik.de

Thomas Hettche

Pfaueninsel

Roman

352 Seiten, btb 74983

Es mutet an wie ein modernes Märchen: Alles beginnt mit einer Königin, die einen Zwerg trifft und sich fürchterlich erschrickt. Kaum acht Wochen später ist die junge Königin tot – und der kleinwüchsige Christian und seine Schwester Marie leben fortan weiter mit ihrem entsetzten Ausruf: »Monster!« Damit ist die Dimension dieser Geschichte eröffnet. Am Beispiel von Marie, die auf der Pfaueninsel zwischen den Befreiungskriegen und der Restauration, zwischen Palmenhaus und Menagerie, Gartenkunst und philosophischen Gesprächen aufwächst und der königlichen Familie bei deren Besuchen zur Hand geht, erzählt Thomas Hettche von der Zurichtung der Natur, der Würde des Menschen, dem Wesen der Zeit und der Empfindsamkeit der Seele und des Leibes – und nicht zuletzt von die Liebe in ihren mannigfaltigen Erscheinungsformen.

»Seit Kehlmanns Vermessung der Welt habe ich keinen Erzähler mehr so souverän mit Ideen spielen sehen.«

Denis Scheck

»Ein in jeder Hinsicht schillerndes Buch über unsere Vorstellung von Schönheit – mit erschreckenden Abgründen.«

Brigitte

Paula Polanski & Håkan Nesser

Strafe

Roman

288 Seiten, btb 75606
Aus dem Schwedischen von Paul Berf

Ein Brief aus der Vergangenheit.

Der Brief kommt überraschend, und er holt den Schriftsteller Max Schmeling aus seiner Komfortzone: einen Gefallen soll er ihm tun, seinem ehemaligen Schulkameraden Tibor Schittkowski, den er seit Jahrzehnten nicht mehr gesehen hat und den er aus vielen Gründen auch nicht sonderlich gut leiden konnte. Dass er sich auf ein Spiel mit gefährlichem Einsatz einlässt, ist ihm da noch nicht klar …

Der Auftakt für ein ungewöhnliches Verbrechen …

btb

Levi Henriksen

Die Geschichte meiner Familie in Äxten und Sägen

Roman

384 Seiten, btb 74740
Aus dem Norwegischen von Gabriele Haefs

Mikael ist Anfang 30 und das, was man gemeinhin als Loser bezeichnet: Er hält sich mit Aushilfstätigkeiten für die Gemeinde über Wasser, bewohnt die morsche Hütte seines Großvaters und macht auch keine Anstalten, etwas an dieser Situation zu ändern. Erst als Daniela, seine 13jährige Nichte, die bei Mikaels Eltern lebt, gegen ihren Willen in eine Pflegefamilie gesteckt wird, vier rabiate Schuldeneintreiber vor Mikaels Tür stehen und eine junge Lettin seine Hilfe braucht, kommt Bewegung in die Sache. Mehr als es Mikael eigentlich lieb ist …